中国高等职业教育国际化研究

汤晓军 著

苏州大学出版社

图书在版编目(CIP)数据

中国高等职业教育国际化研究 / 汤晓军著. —苏州：苏州大学出版社,2021.11
ISBN 978-7-5672-3722-3

Ⅰ.①中… Ⅱ.①汤… Ⅲ.①高等职业教育-国际化-研究-中国 Ⅳ.①G718.5

中国版本图书馆 CIP 数据核字(2021)第 211390 号

书 名：	中国高等职业教育国际化研究
著 者：	汤晓军
责任编辑：	周凯婷
装帧设计：	吴 钰
出版发行：	苏州大学出版社(Soochow University Press)
出 版 人：	盛惠良
社 址：	苏州市十梓街1号 邮编：215006
印 刷：	江苏凤凰数码印务有限公司
网 址：	www.sudapress.com
邮 箱：	sdcbs@suda.edu.cn
邮购热线：	0512-67480030
开 本：	700 mm×1 000 mm 1/16 印张：15.25 字数：274 千
版 次：	2021年11月第1版
印 次：	2021年11月第1次印刷
书 号：	ISBN 978-7-5672-3722-3
定 价：	48.00 元

凡购本社图书发现印装错误，请与本社联系调换。
服务热线：0512-67481020

前言 Preface

教育国际化指在经济全球化、知识经济一体化的背景下,各国充分利用国际、国内教育市场,有效配置本国的教育资源与要素,培养出具有国际视野和国际竞争力的高素质人才。在知识经济日益凸显的时代,国家综合实力的竞争归根结底是人才的竞争。教育国际化的最终目标是要培养大批具有爱国情怀和国际视野、通晓国际规则、能够参与国际事务的国际化人才。这些人才既能立足于本国,又能放眼世界,积极参与到国际竞争当中。

"十三五"期间,我国确立了职业教育的类型地位,职业教育并非教育层次,而是一种教育类型,与普通教育具有同等重要的地位。类型地位的确立明晰了职业教育和普通教育的联系与区别,指明了职业教育的发展方向,有利于职业教育系统更明晰自己的功能和作用,进一步探索、完善职业教育独特的办学模式和人才培养模式,更好地服务国家现代化建设。

随着我国扩大教育对外开放和深入推进"一带一路"倡议,教育国际化在助力中华民族实现伟大复兴,服务我国走入世界舞台中央,推动人类命运共同体建设中发挥着越来越重要的作用。作为与经济社会发展紧密联系的教育类型,高等职业教育国际化的使命在于培养具有国际意识、国际沟通能力和竞争力的生产、建设、服务、管理第一线的技术技能人才,支撑我国产业和企业走向国际,助力国家经济发展战略和国际合作倡议的实施。同时,高等职业院校通过国际化建设,向全球共享我国高等职业教育的理念、经验和成果,提升我国高等职业教育在世界职业教育界的话语权。

本书共分为七章,第一章"高等职业教育国际化概述",介绍了高等职业教育国际化的概念、动因和内容;第二章"中国高等职业教育国际化现状研究",介绍了当前中国高等职业教育国际化面临的国际国内形势,指出中国高等职业教育国际化发展中存在的问题;第三章"中国高等职业教育国际化发展策略",从认知国际化、推进国际化和保障国际化三个方面介绍了当前中国高等职业教育国际化发展的策略;第四章"中国高等职业教育国际化办学管理",从中外合作办学、来华留学教育、来华留学生思想与文化育人、来华留学生安全管理四个方面论述了当前高等职业院校在国际化发展中比较关注的内容,并提供了相应的做法和建议;第五章"中国高等职业教育国际化助力企业'走出去'研究",介绍了中国企业对"一带一路"沿线国家的投资合作概况和"走出去"企业对人才的需求状况,以及江苏省四所高等职业院校的实践,提出了高等职业教育服务"走出去"企业的对策;第六章"江苏高等职业教育国际化研究",从江苏高等职业教育发展取得的成绩出发,介绍了江苏高等职业教育国际化发展的现状并提出了对策;第七章"苏州市职业大学国际化办学探索与实践",介绍了笔者所在单位近年来在开展中外合作办学、搭建对外交流平台、培养海外技能人才等方面的做法,供各兄弟院校参考。

本书系2021年度江苏"十四五"首批高校国际化人才培养品牌专业——机电一体化技术专业建设项目;2017年度江苏高校中外合作办学高水平示范性建设工程"苏州市职业大学与澳大利亚启思蒙学院合作举办机电一体化专科项目";2021年度苏州市人大常委会研究室委托课题"高职教育助力苏州企业'走出去'的策略研究";2019年度江苏省高校哲学社会科学研究项目"高等职业高校'一带一路'沿线国家来华留学生在华学习及文化适应研究"(2019SJA1325)研究成果。

本书的撰写得到了笔者所在单位苏州市职业大学的大力支持,在此表示感谢。由于笔者学术视野的局限性,疏漏之处在所难免,企盼读者不吝赐教。

目录 Contents

- 第一章 高等职业教育国际化概述 / 1
  - 第一节 高等职业教育国际化的概念 / 1
  - 第二节 高等职业教育国际化的动因 / 6
  - 第三节 高等职业教育国际化的内容 / 10
- 第二章 中国高等职业教育国际化现状研究 / 19
  - 第一节 中国高等职业教育国际化发展的形势 / 21
  - 第二节 中国高等职业教育国际化发展的案例 / 36
  - 第三节 中国高等职业教育国际化发展存在的问题 / 50
- 第三章 中国高等职业教育国际化发展策略 / 66
  - 第一节 中国高等职业教育国际化认知策略 / 66
  - 第二节 中国高等职业教育国际化推进策略 / 73
  - 第三节 中国高等职业教育国际化保障策略 / 91
- 第四章 中国高等职业教育国际化办学管理 / 108
  - 第一节 中外合作办学发展研究 / 108
  - 第二节 来华留学教育发展研究 / 119
  - 第三节 来华留学生思想与文化育人研究 / 127
  - 第四节 来华留学生安全管理研究 / 136

- **第五章　中国高等职业教育国际化助力企业"走出去"研究　/ 152**
  - 第一节　中国企业对"一带一路"沿线国家的投资合作概况　/ 153
  - 第二节　中国"走出去"企业对人才的需求状况　/ 157
  - 第三节　中国高等职业教育服务"走出去"企业的对策　/ 159
  - 第四节　中国高等职业教育国际化助力企业"走出去"案例　/ 166

- **第六章　江苏高等职业教育国际化研究　/ 173**
  - 第一节　江苏高等职业教育发展　/ 173
  - 第二节　江苏高等职业教育国际化发展现状　/ 176
  - 第三节　江苏高等职业教育国际化发展对策　/ 191

- **第七章　苏州市职业大学国际化办学探索与实践　/ 199**
  - 第一节　开展中外合作办学，服务地方经济发展　/ 201
  - 第二节　搭建对外交流平台，推动中外人文交流　/ 212
  - 第三节　培养海外技能人才，助力企业"走出去"　/ 220

- **参考文献　/ 229**

第一章

高等职业教育国际化概述

随着经济国际化竞争的日益加剧,世界职业教育发达地区和国家愈发重视职业教育国际化,我国的职业教育走向世界亦是大势所趋。目前,基于全国9 865所中等职业学校和1 468所高等职业院校的体量与发展,学界研究较多的是中等职业教育国际化和高等职业教育国际化。一般认为,高等职业教育国际化是指一个国家高等职业教育以国内化甚至区域化为基础和前提,面向国际发展的、动态的、渐进的过程,是把国际的、跨民族的、跨文化的、全球的观念融入高职教育教学、科研和服务中的过程。

第一节 高等职业教育国际化的概念

一、高等职业教育

2011年9月,联合国教育、科学及文化组织在巴黎召开第三十六届会议,大会批准了《国际教育标准分类》(International Standard Classification of Education,ISCED,2011年)。在《国际教育标准分类》中,职业教育被定义成为学习者掌握在某一特定的职业或行业或某类职业或行业从业所需的知识、技艺和能力而设计的教育课程(包括实习)。学习者在学完这类课程后,可以获得由相关国家主管部门或劳务市场以就业为目的而认可的与劳务市场相关的职业资格证书。

在我国,职业教育是指让受教育者获得某种职业或生产劳动所需要的职业知识、技能和职业道德的教育，是培养高素质技术技能人才、能工巧匠、大国工匠的基础性工程，是促进经济社会发展和提高国家竞争力的重要支撑。高等职业教育是一个有中国特色的概念。著名学者姜大源认为，中国高等职业教育是世界教育百花园里的一朵奇葩，这是以千余所高职院校的体量生存于中国广袤国土上的一种教育，是与中国改革开放同步发展起来的一种教育，是伴随中国 30 多年高速发展成为世界第二大经济体背景之下成长起来的一种教育。①

中国高等职业教育诞生于 1978 年改革开放之时，为适应地方经济对应用型人才的迫切需求，缓解经济快速发展与人才需求紧缺的矛盾，一种新型高等院校——专科层次、学制三年的职业大学应运而生，如 1980 年创办的南京金陵职业大学、武汉江汉大学，1981 年创办的苏州市职业大学等学校。1985 年颁布的《中共中央关于教育体制改革的决定》首次将高等职业教育纳入国民教育体系。1999 年 6 月颁布的《中共中央、国务院关于深化教育改革全面推进素质教育的决定》指出要大力发展高等职业教育，培养一大批具有必要理论知识和较强的实践能力，生产、建设、管理、服务第一线和农村急需的专门人才。关于高等职业教育培养目标的表述尽管几易其词，但其基本内涵没有变化。高等职业教育的发展历程表明，其从出生那一天起就与中国经济发展紧密相连，就带有浓厚的、深刻的中国特色的烙印，是中国改革开放的重大成果。中国高等职业教育的出现，丰富了世界高等教育的内涵和形式。

国内外对高等职业教育的定义都是从其类别性和层次性两个角度界定的，认为高等职业教育是由"高等教育"和"职业教育"相结合形成的，同时具备"高等教育"和"职业教育"两者的属性。高等职业教育属于职业教育。相对于中等职业教育而言，它是一种以较高学历为基础的更高阶段的职业教育，接受高等职业教育至少要获得高中学历或高中同等学力。高等职业教育具有明确培养目标，即培养具有一定文化、理论知识和较强实践操作技能的人才，使其能够胜任一线服务的工作。"十三五"期间，我国确立了职业教育的类型、地位，职业教育并非教育层次，而是一种教育类型，与普通教育具有同等重要的地位。普通教育和职业教育在人才培养的模式、手段、途径、方法及目的等诸多方面存在巨大差异，两者各自扮演不同的育人

---

① 姜大源. 高等职业教育：中国对世界教育的独特贡献［N］. 光明日报，2015 - 10 - 27（015）.

角色，承担不同的社会功能，对受教育者未来的人生发展产生着不同的影响，高等职业教育不能理解为是普通高等教育的低级或高级层次。

2021年5月发布的《2020中国职业教育质量年度报告》显示，为适应区域经济社会发展需求，各省、自治区、直辖市在国家政策的指引下不断进行职业教育区域布局结构优化调整。2015年到2019年，我国高职专科学校增加82所，达到1468所，本科层次职业学校15所，高职学生增加232.1万人，本科层次职业学校开始招生，打破了职业教育止步于专科层次的"天花板"，我国正构建纵向贯通、横向融通的涵盖专科层次职业教育、本科层次职业教育、研究生层次职业教育的现代职业教育体系。

2020年全国各省市高职院校统计数据显示，江苏省共有高职院校90所，居全国榜首；广东省以87所排在全国第二位；河南省有84所，居全国第三；山东省有76所，居全国第四；安徽省、湖南省、四川省各有74所，并列全国第五。高职院校数最少的是西藏，仅有3所。从民办高职院校数量来看，四川省和广东省民办高职院校最多，分别为29所和25所。其次是江苏省、福建省和河南省，各有民办高职院校20所。青海、西藏无民办高职院校。从行业和学科类型来看，数量最多的高职院校是理工类院校，共有550多所，占比为38.9%；排在第二和第三的是综合类和财经类院校，分别有325所和121所，占比分别为22.9%和8.5%；医药类、师范类、艺术类、农林类的院校数量分别为90所、80所、56所和51所；政法类、语言类、体育类、民族类等类别的院校相对较少，四者的总和为70所。

高职院校立足区域经济发展，为社会输送了大批技术技能人才。2019年，高职院校共扩招116万人，百万扩招如期顺利完成，为经济可持续发展积蓄了人力资源。依托创新平台大力研发科技成果，积极开展技术转化服务，各项成果和技术服务实现新的突破，480个协同创新中心获得教育部认定。充分发挥类型教育的特色，依托人才和资源优势，大力开展多种形式的社会培训，服务脱贫攻坚、乡村振兴、军民融合、"东西协作"等重大战略和"一带一路"建设，全国高职院校在2019年面向社会人员的培训到款额超过60亿元，较2018年增长了将近20%。与此同时，从学生与雇主满意度均有不同程度的提升、社会捐赠日益深厚和多元、国际影响力进一步扩大和国（境）外认可标准大幅增加等方面也可看出，我国职业教育社会吸引力不断提高。

二、高等职业教育国际化

国际化已成为当前高等职业教育发展的重要趋势之一，但学界对国际化的内涵并没有形成统一认知。早在20世纪80年代末，高等教育国际化（Internalization of Higher Education）一词便在西方国家被广泛用来指代高等学校国际交流具体活动。1992年，美国学者史蒂芬·阿鲁姆（Stephen Arum）和德威特（Van de Water）首先提出了"教育国际化"的学术定义，认为教育国际化是一切与国际学术研究、国际教育交流和技术合作相关联的活动、项目与服务①，他们的观点引发了学界对教育国际化的学术争论。

高等职业教育是我国高等教育的重要组成部分。国内关于高等职业教育国际化的理论研究以借鉴加拿大学者简·奈特（Jane Knight）对高等教育国际化的分类框架（能力取向、精神气质取向、过程取向和活动取向）为主。奈特的教育国际化观点包含宏观和微观两个维度，其中，国家教育国际化政策和动机属于宏观层面的发展战略，高等教育国际化策略与实施路径属于微观层面的建设实践，主要包括高等教育理念国际化、人才培养国际化、教育教学资源国际化、学术研究与交流国际化、人员交流国际化、实验实训国际化等方面。国家层面的宏观发展战略为高等教育国际化实践指明了发展方向，而高等教育国际化微观实践又为国家宏观愿景的实现提供了现实支撑，两者间形成了相互融合、协调发展的共存关系。②

当前，关于高等职业教育国际化的内涵主要有四种观点。一是过程观。姬玉明借鉴OECD（Organization for Economic Cooperation and Development，经济合作与发展组织，简称"经合组织"）对高等教育国际化的界定，认为高等职业教育国际化是跨国界、跨民族、跨文化的高等职业教育交流与合作，即一国高等职业教育面向世界，博采各国高等职业教育之长，并把本国的教育理念、国际化活动及与他国开展的相互交流与合作融合到高等职业院校教

---

① Arum S., Van de Water. The need for a definition of international education in U. S. Universities [A] // Klasek C. B., Garavalia B. J., Kellerman K. J. Bridges to the futures: Strategies for internationalizing higher education. Carbondale, IL: Association of International Education Administrators, 1992: 191 – 203.

② 李健. 基于"双高计划"的我国高职院校教育国际化问题与对策 [J]. 天津中德应用技术大学学报, 2020 (4): 26 – 36.

学、科研和服务等诸功能中的趋势和过程。① 二是活动观。以杨旭辉②、孙芳仲③等为代表的研究者认为,高等职业教育国际化是高等职业教育资源在世界范围内,尤其是国家与国家之间,按市场规则的合理流动,是一种依靠市场这只"看不见的手"所进行的资源配置活动。三是路径观。胡忠喜等将其看成是高等职业院校内涵与外延发展的新路径。"在全球经济一体化向纵深发展,国内与国外两个市场的经济、文化、科技等交互日益密切,国家综合实力日益增强,人民生活水平快速提高的背景下,高等职业教育国际化是高职院校谋求既外延有所拓展又内涵更上水平的新发展的蝶变之路。"④ 四是目的观。孙芳仲等认为高职教育国际化的核心是"培养具有国际视野,具有国际竞争力的高素质人才,尤其是具有创新能力、实践能力的技术型人才"⑤。

  以上关于高等职业教育国际化内涵的观点都有其合理性,也呈现出一些规律性的特征。当从教育层次的视角进行界定时,高等职业教育国际化通常被看作过程与活动的综合体;当以高等职业院校类属特征为基础时,高等职业教育国际化通常被认为是一种发展模式或发展路径。但是,以上界定在借鉴高等教育国际化内涵的同时,并没有从本质上关照国际化载体"高等职业教育"的特殊性。高等职业教育国际化内涵应体现出其特性。国际化是一个用以表征人类历史进程的范畴,即用以表征人类由狭义的地域联系走向社会化普遍交往的程度和水平范畴,是生产社会化发展到现阶段的历史形式。⑥ 其中,作为主体的"人类"是决定国际化实质的核心。国际化具有主体的依附性与鲜明的阶段性特征。就高等职业教育国际化来说,核心就是"高等职业教育",因此,对高等职业教育国际化内涵的科学认知必须与高等职业教育的类型属性与阶段特殊性相结合。高等职业教育国际化是高等职业教育这

---

  ① 姬玉明. 关于我国高职教育国际化现状的思考 [J]. 教育与职业,2015 (10):107-109.

  ② 杨旭辉. 高职教育国际化:内涵、标准与策略 [J]. 中国高教研究,2006 (12):64-65.

  ③ 孙芳仲,林若红. 高职教育国际化发展策略探析 [J]. 闽西职业技术学院学报,2006,8 (3):39-42,72.

  ④ 胡忠喜. 高职教育国际化探析 [J]. 中国成人教育,2013 (17):22-25.

  ⑤ 孙芳仲,林若红. 高职教育国际化发展策略探析 [J]. 闽西职业技术学院学报,2006,8 (3):39-42,72.

  ⑥ 王少东,朱军文. 教育国际化的内涵、动因与路径设计 [J]. 苏州大学学报 (哲学社会科学版),2002 (2):123-127.

一载体在特定阶段条件下的一种路径选择与生存方式,是高等教育国际化与职业教育国际化的融合。它既需要遵循知识与技术国际流动的本质诉求,也需要遵循生产要素国际流动的内在诉求。高等职业教育国际化不只是高等职业教育资源的跨国流动,也不仅是高等职业院校提升自我竞争力的发展路径,其根本目的还是培养学生具有国际水准的职业技能和开阔的国际视野,从而实现在生产要素全球流动基础上的国际化就业。①

第二节 高等职业教育国际化的动因

高等职业教育国际化有其必然性:首先,高等职业教育国际化是适应经济全球化的需要;其次,高等职业教育国际化有助于国家教育战略部署的落实;最后,高等职业教育国际化有利于高等职业教育自身的发展。②

一、适应经济全球化的需要

经济全球化是一个必然的历史过程,从19世纪的工业革命开始,社会化大生产就出现了经济全球化的雏形。第二次世界大战之后,美国及欧洲的一些发达国家,经济快速发展,资本高度膨胀,它们在全球范围内寻找新市场的欲望也随之增加。尤其是在20世纪下半叶,信息技术在全球经济发展和资源配置中起到了至关重要的推动作用。作为一种新兴的生产要素,信息技术彻底摆脱了国界的限制而在全球范围内实现了自由流动,并成为经济全球化的重要前提与基础。经济全球化是以全球市场化为目标,以全球信息为条件,使世界各国在市场和生产上的相互依存日益加深,全球化推动了人力、资金、商品、服务、知识、技术和信息等实现跨国界的流动,促进了各种生产要素和资源的优化配置。③

诚然,经济全球化的主要特征是生产国际化、资本国际化、贸易自由化

---

① 莫玉婉. 高职教育国际化:内涵、实践及改革趋势——基于国家百所高职示范校的调查分析[J]. 职业技术教育,2017,38(16):24-28.

② 任君庆,等. 宁波高等职业教育国际化研究[M]. 杭州:浙江大学出版社,2018:7-10.

③ 杨德广. 经济全球化与教育国际化[J]. 中国高教研究,2002(3):25-27.

和金融自由化，但其并不仅限于经济领域的国际化，经济全球化必然带来政治、文化、教育领域的相互渗透与影响。从经济视角来看，在一体化的全球大市场内，资本、物资、信息、人才等生产要素都可以自由流动，跨国公司的数量不断增加。跨国公司的快速发展推动了人才国际化。跨国公司成为世界生产的主要组织者，其跨国经营的分支机构在不同区域内持续扩张，此过程急需大量高素质的人才。这些人才既要把握跨国公司的经营理念与企业文化，同时也要了解目标国的政治、经济、文化特征和截然不同的市场需求。

一方面，随着我国加入世界贸易组织，在世界经济发展的生态圈中，我国经济与其他国家经济的依存关系也逐步强化，国际标准和惯例成为我国经济运行和发展的总规则。若要在短期内赶超发达国家，我国必须抓住技术突破口和抢占制高点，这需要大量高素质的具有创新能力的人才作为支撑。以现代服务业为例，目前国内五星级酒店多数由国外的酒店管理公司经营管理，相当多的总经理为外国人，甚至有些酒店的中层干部会议使用的语言为英语。如果高等职业院校对这种状况视而不见，不及时加强学生的国际化视野，其培养的学生在中高端技能型人才市场竞争中很可能处于劣势地位。

另一方面，国内一批有实力的现代制造、服务、贸易企业开始走出国门，寻找新的市场和发展机遇，这些企业几乎都遇到了同样的难题，即很难找到懂外语、掌握相关技术及有国外工作经历、熟悉国外法律和文化的职业经理人。高等职业院校若不能培养此类人才，我国现代制造、服务、贸易企业在国外的发展将因人才匮乏而步履维艰。因此，我国的高等职业院校必须未雨绸缪，紧跟经济全球化的趋势，及时调整办学策略和培养方案。

二、落实国家教育战略部署的需要

国以人兴，政以才治。人是生产力中最活跃的要素，人力资源是第一资源。人才历来是一个国家经济和社会发展最重要的战略资源，是决定一个国家兴衰存亡的关键。世界各国都非常重视人才开发，尤其注重国际化人才的培养。比如，日本在20世纪80年代提出了"要培养世界通用的21世纪日本人"的教育战略目标，强调只有做一个出色的国际人，才能做一个出色的日本人，在国际社会中要想生存下去，除了牢固掌握日本文化外，还应该对各国文化和传统加深理解。日本在教育国际化战略中提出了具体的培养目标，要求学生"懂技术、通外语、会经营管理，具有较强的国际意识，通晓国际贸易、金融、法律知识，能够适应国外工作和生活环境"①。

2002年，中共中央办公厅、国务院办公厅印发《2002—2005年全国人才队伍建设规划纲要》，要求大力实施"人才强国"战略，"抓住机遇，迎接挑战，走人才强国之路，是增强我国综合国力和国际竞争力，实现中华民族伟大复兴的战略选择"。2003年，在北京召开的首次全国人才工作会议对"人才强国"战略的实施进行了全面部署，并且通过了《中共中央、国务院关于进一步加强人才工作的决定》，进一步强调人才问题是关系党和国家事业发展的关键问题，21世纪新阶段人才工作的根本任务是实施"人才强国"战略，并特别指出："努力造就数以亿计的高素质劳动者、数以千万计的专门人才和一大批拔尖创新人才，建设规模宏大、结构合理、素质较高的人才队伍，开创人才辈出、人尽其才的新局面，把我国由人口大国转化为人才资源强国，大力提升国家核心竞争力和综合国力，完成全面建设小康社会的历史任务，实现中华民族的伟大复兴。"

2006年，在中共中央政治局第三十四次集体学习会上，胡锦涛总书记强调，必须坚定不移地实施"科教兴国"战略和"人才强国"战略，切实把教育摆在优先发展的战略地位，推动我国教育事业全面协调可持续发展，努力把我国建设成为人力资源强国，为全面建设小康社会、实现中华民族的伟大复兴提供强有力的人才和人力资源保障。"科教兴国"战略和"人才强国"战略体现了我国对生产力中人的要素的高度重视，而高等职业教育国际化则是我国实施"科教兴国"战略和"人才强国"战略部署的重要举措，也是我国自强于世界民族之林的重要保障。

2021年5月，在中国科学院第二十次院士大会、中国工程院第十五次院士大会和中国科协第十次全国代表大会上，习近平总书记强调，世界科技强国必须能够在全球范围内吸引人才、留住人才、用好人才。我国要实现高水平科技自立自强，归根结底要靠高水平创新人才。要激发各类人才创新活力，建设全球人才高地。要更加重视人才自主培养，更加重视科学精神、创新能力、批判性思维的培养、培育。要更加重视青年人才培养，努力造就一批具有世界影响力的顶尖科技人才，稳定支持一批创新团队，打造更多高素质技术技能人才、能工巧匠、大国工匠。

当前，在教育国际化的背景下，劳动力就业市场的国际界限越来越模

---

① 李春红. 高职教育人才培养国际化目标模式的探讨［J］. 教育理论与实践，2005，25（20）：27-29.

糊,越来越多的企业在全球范围内招聘员工,在全世界范围寻找市场并进行人力资源配置。高等职业院校作为与社会经济发展关系最为密切的教育类型,在培养和培训能适应国内外就业市场需求的高质量应用型人才方面责无旁贷。

三、高等职业教育自身发展的需要

作为高等教育的重要组成部分,高等职业教育同样肩负着传承人类优秀文化、发展科学技术、推动社会进步的使命。高等职业院校只有不断向国际社会开放,创造条件吸收外国留学生和外籍教师,同时通过各种途径让本国教师和学生走出国门进修深造,尽可能地借鉴和吸收国外优秀高等职业院校的办学经验,取长补短,逐步提升办学水平,提高国际声誉。当前,国际化水平已经成为衡量高等职业教育质量的一个重要指标。在高等职业教育的发展战略规划中,国际化已经成为一个关键要素。

自1999年扩招以来,我国高等职业教育的发展速度与规模扩充速度之快是有目共睹的。高等职业教育的快速发展在一定程度上满足了经济发展对较高层次技术应用型人才的需求,从而实现了高等职业教育的跨越式发展。然而,在繁荣发展的表象背后,我国的高等职业教育也面临着诸多困难。总体而言,这些困难可以归纳为"五少":社会认同少、法律明细少、政府作为少、办学特色少、就业出路少。这些问题已经严重影响了我国高等职业教育未来的可持续发展。总而言之,较之传统大学,高职院校不仅办学历史较短,而且文化积淀较浅、核心办学理念尚未真正形成。但是对于高职院校而言,完全可以化不利为有利,因为高职院校更容易摆脱本土传统办学思想的束缚。高职院校可以通过合理吸收国际化的办学理念,根据国内外社会发展和产业结构升级的需求,创新人才培养模式,合理设置专业和调整人才培养方案,面向全球培养具有国际交往能力和国际竞争能力的高端技能型人才,从而在国际化进程中获得更大的发展空间。

此外,为打造我国技术技能人才培养高地和技术技能创新服务平台,引领职业教育服务国家战略、融入区域发展、促进产业升级,推进中国教育现代化,2019年4月,教育部、财政部发布《关于实施中国特色高水平高职学校和专业建设计划的意见》(教职成〔2019〕5号),指出"集中力量建设一批引领改革、支撑发展、中国特色、世界水平的高职学校和专业群……到2035年,一批高职学校和专业群达到国际先进水平,引领职业教育实现现代化，为促进经济社会发展和提高国家竞争力提供优质人才资源支撑。职业教育高质量发展的政策、制度、标准体系更加成熟完善，形成中国特色职业教育发展模式"。

"双高计划"把提升高等职业教育国际化水平作为重要建设目标，要求深入推进与职业教育发达国家（地区）之间的交流合作，引进优质职业教育资源，参与制定职业教育国际标准。开发国际通用的专业标准和课程体系，推出一批有国际影响力的高质量专业标准、课程标准、教学资源。积极参与"一带一路"倡议和国际产能合作，培养国际化技术技能人才，促进中外人文交流。探索援助发展中国家职业教育的渠道和模式。开展国际职业教育服务，承接"走出去"中资企业海外员工教育培训，建设一批鲁班工坊，推动技术技能人才本土化。"双高计划"既为我国高职院校教育国际化发展提供了国家层面的政策支持，又为高等职业教育国际化建设实践指明了具体方向，无论是否入选"双高"计划建设校，高职院校都应积极推进在教育教学资源、师资队伍水平、人才培养体系等方面的国际化办学实践，不断提升高等职业教育国际化水平，推进落实"双高计划"战略目标。

综上，高等职业教育国际化是高等职业教育持续发展的内在动力和长远目标，可以促使我国高等职业院校在教育理念、培养模式、课程设置等方面依据国际标准和要求进行调整与改革。目前，世界各国都在逐步调整本国的高等职业教育发展战略，积极通过国际合作与交流、扩大留学生规模、建立海外分校和实训基地等方式走国际化道路。我国应主动融入高等职业教育国际化发展的浪潮之中，借鉴发达国家的成功办学经验，结合本校的优势学科和特色专业，促进我国高等职业教育的可持续发展。

第三节　高等职业教育国际化的内容

高等职业教育国际化包括国际职业教育本土化和本土职业教育全球化，换言之，即"引进来"和"走出去"。"引进来"是指借助国外先进的高职教育理念、技术和资源提升自身办学能力和人才培养质量，主要策略包括引进和利用职业教育发达国家的教育资源、标准，开展中外合作办学、境外师资培训、招收和派遣留学生等。"走出去"是将国内的办学模式、标准和资源输出到国外，参与国际标准制定，以国内教育模式培训海外员工，服务国家"一带一路"倡议。一般来看，高等职业教育国际化的内容主要有七个，即高等职业教育理念国际化、人才培养目标国际化、课程国际化、教育资源国际共享、学术交流与合作研究国际化、人员国际交流、实验实训国际化。①

一、高等职业教育理念国际化

理念是行动的先导。一定的发展实践都是由一定的发展理念来引领的。发展理念是否正确，从根本上决定着发展成效乃至成败。对于高等职业教育国际化来说，只有实现了高等职业教育理念国际化，即用国际化的视野来认识和理解高等职业教育的本质和作用，高等职业院校才能走出一条成功的国际化道路。

1983年，邓小平同志给景山学校题词："教育要面向现代化、面向世界、面向未来。"这实际上就体现了我国教育国际化的一个基本理念，即教育要"面向现代化"就必须"面向世界"。尽管高等职业教育已经取得了诸多令世人刮目相看的成就，但是由于我国高等职业教育的办学时间并不长，目前尚存在一些不足之处。较之发达国家高等职业教育上百年的历史和丰富的办学经验，我国的高等职业院校应当虚心学习他国之长，主动迎接教育国际化的挑战，加强国际合作与交流。世界各国的职业教育交流有助于扩展人类的知识广度，通过获得知识和技能，能够使人们在更多的文化和教育交流中增进理解并发挥更大的作用。

近年来，随着我国职业教育的飞速发展和高职院校国际化进程的加快，高职教育国际化出现了一些问题，社会上出现了"高等职业教育国际化活跃但不成气候""高等职业教育国际化是亏本赚吆喝""高等职业教育中外合作办学项目是否即将消亡""高等职业教育还要不要国际化"等质疑的声音，部分高职院校在办学过程中也生出这样的疑惑。这皆是因为高职院校并未明晰符合自身办学实际的国际化发展理念，陷入了"为国际化而国际化""朝秦暮楚的国际化"等办学误区。因此，基于区域经济建设和院校自身发展的需求，制订适合的高等职业教育国际化的理念是高等职业院校实施高等职业教育国际化战略的首要前提。

为拓宽自身的发展空间和提升自身的竞争力，高等职业院校应坚持特色

---

① 任君庆，等. 宁波高等职业教育国际化研究 [M]. 杭州：浙江大学出版社，2018：12-18.

办学,明确自身的优势领域和强势资源,从全球视角出发,探寻适合自身发展的国际化道路,有计划地推进教育国际化并据此打造自身的个性和魅力。如义乌工商职业技术学院积极发挥义乌世界第一大市场、全球最大的小商品集散中心等优势,以国际化教育作为发展导向,形成"感知中国、梦行浙江、留学义乌"的办学理念,在西班牙、马来西亚等多个国家建立丝路学院,推进电商孵化中心建设,为中外中小企业主搭建交流合作的桥梁;开设了英语、西班牙语、阿拉伯语、葡萄牙语等9个语种,培养了大量"外语+技能"人才;留学生来自70多个国家和地区,涵盖了大部分"一带一路"沿线国家;开发了适合海外高校的直播电商课程体系和专业标准,合力提升教育国际交流合作水平,推动标准互通、经验互鉴。

理念归根结底是由相关的人员制定并付诸实践的。对于高等职业院校的领导层而言,必须从长远的角度和为国家服务的高度审视办学实践,思考如何合理利用国际资源来服务学校的科学发展;对于高等职业院校的一线教师而言,必须努力把握世界范围内有关本学科、本专业的最新动态和学术成果;对于高等职业院校的学生而言,必须树立国际化的就业观念,掌握处理国际事务的各项能力。

二、高等职业教育人才培养目标国际化

人才培养目标规定了人才培养的基本维度与质量,决定了人才培养的方向和层次。高等职业教育国际化的根本目的在于培养国际化人才,使他们不仅能够适应经济全球化和信息社会的发展需要,而且能够成为有责任感的高素质公民。因此,应当根据学生国际化职业发展的需要设计相应的能力、素质培养框架。高等职业教育国际化是为了培养高端技能型专门人才,这样的人才既需要基本操作技能的支撑,又需要高级专业技能的支撑。

国际化人才应该具有的基本素质包括具有全球化视野;掌握国际最新、最先进的知识、技术与信息动态;具有较强的创新能力及国际竞争能力;熟悉国际规则;熟悉多元文化,具有良好的跨文化沟通能力及国际合作与交流能力;具有在海外学习、培训进修及在跨国公司多年工作的经验等。[①] 为了增进学生对不同文化的了解和认同,首先,应当着重培养学生的国际视野和

---

① 徐国祥,马俊玲,于颖. 人才国际化指标体系及其比较研究 [J]. 上海财经大学学报,2006 (3):85-90.

综合素质，使学生能够深刻理解多元文化，从国际社会和全人类的视角看问题，树立向全球开放，向全球服务的观点。加强国际理解教育，使学生在保持本国文化个性的前提下，深刻理解多元文化，在国际文化交流中充分沟通思想，从国际社会和全人类的广阔视野出发判断事物，避免仅从本国利益出发判断事物的弊病。其次，高等职业院校还应当使学生树立参与国际竞争的意识，并重点培养学生的外语应用能力、跨文化交际能力，以及在国际化和多元化社会生存的能力。如培养学生至少熟练掌握一门外语，了解一定的国际贸易、金融和法律知识，涉猎国外的历史、政治、地理和风土人情等，能够适应在国外的工作和生活。

目前，我国诸多企业都加大了在全球高端市场的投入，希望通过进一步突破技术瓶颈，实现从"中国制造"到"中国创造"的跨越，创造更多的"中国研发""中国设计""中国服务""中国品牌"。对照现实的差距，我们缺乏的是创新的人才、创新的机制、创新的精神。与此同时，我们实施"走出去"战略，也需要大量外向型人才，包括来华留学技能人才。因此，我国的高等职业教育在人才培养方面必须与国际惯例接轨，按照参与国际竞争的标准设置人才培养目标，使高等职业院校培养的人才不仅能在国内大展宏图，而且能在国际上大显身手，这是我国高等职业院校共同努力的方向。

如苏州市职业大学依托苏州是全国第一大工业城市、第三大出口城市，制造业企业数量众多，外向型经济发达的优势，从2005年起开展中外合作办学，至今已连续办学16年，培养了大量服务地方经济发展的高素质技能人才。为满足苏州制造业"走出去"企业对目的国本土技能人才的需求，学校构建了"政校企联通·语文专融通·来归去贯通"的来华留学技能人才育人理念与路径，搭建了职业教育国际化办学平台，制订了人才培养方案，构建了人才培养模式，开发了多样化教学资源，建成了来华留学教育中外教师团队，开展了形式多样的"感知中国"文化活动，培养"知华友华"的来华留学人才，精准服务"走出去"企业对海外高技能人才的需求。

三、高等职业教育课程国际化

作为高等教育国际化的重要组成部分，课程国际化是指把国际的、跨文化的知识与观念融入课程之中，通过课程内容、课程结构、课程管理、教材建设、外语教学等各种形式，培养出具有国际观念、国际视野和技能的国际性人才的动态发展过程。①

　　课程国际化不是课程"单一"的国际化,而是以课程为核心,围绕课程开展的一系列活动的国际化,主要包括人才培养规格的国际化、课程内容的国际化、师资的国际化三方面。第一,高职教育培养的人才应具有国际知能(含知识、技能与价值观)和国际流动的条件与能力,能适应全球化人力发展的需要。第二,高职课程设置以培养学生在国际化和多元化环境中的学习能力、生存能力为目标,包含融入国际通用技术准则、国际新技术资讯、主要国家和地区对技术操作的不同要求等内容,将适应全球化工作的职业素质、职业技能的知识通过课程传授给学生,实现育人效果。第三,教师是实现高职课程国际化的策划者、组织者与推进者,高职院校应采取境外培训、校际交流、入企锻炼等方式提高教师的技术技能素养和国际化育人水平。

　　目前,国外有许多优质的职业教育课程模式值得我国学习和借鉴,如德国的双元制课程、国际劳工组织的 MES 模式(Module of Employable Skill,模块技能培训)、北美盛行的 CBE 模式(Competency Based Education,能力本位教育)等。高等职业院校可以深入研究国内外不同行业的用人标准,并据此分析相关专业的人才素质、知识结构及技能标准,从而引进或开发相应的课程。比如,广东农工商职业技术学院与英国爱德思(Edexcel)国家职业学历与学术考试机构合作,开发了 BTEC 课程(Business & Technology Education Council,由英国商业与技术教育课程委员会开发),根据该课程标准,学生修完规定课程并通过考试之后,将得到具有国际水准的 BTEC 证书文凭,这意味着学习者已经完成了英国大学二年级的课程,且不论学习者是在英国本土还是在海外,都可以选择就业或者申请进入英国大学学习一年获得学士学位。

　　金华职业技术学院卢旺达穆桑泽国际学院依托学校优势专业——电气自动化技术专业与电子商务专业,组建标准研制团队,按照卢旺达 TVET 体系标准进行研制。标准研制与卢旺达国家认证整体进程同步推进,两个专业标准进入卢旺达教育部劳动力资源发展局的最终认证环节。同时,学校多方自筹资金开展鲁班工坊建设,已完成电工技术、网络技术、农机维修等一期实训室建设,信息通信技术、自动化、电子商务、汉语言训练、华为 ICT(Information and Communications Technology,信息与通信技术)认证中心等二期

---

① 李盛兵. 大学国际化评价指标体系初探 [J]. 华南师范大学学报(社会科学版), 2005 (6): 113-116, 160.

专业实训室已完成设备采购,进入设备外运环节。

在高等职业教育课程国际化过程中,有三个问题需要特别关注。第一,更新课程观念。高职课程国际化是高等职业教育国际化的必然结果。高职课程国际化要在全球化背景下制定课程目标和构建课程体系,依据全球化发展生成的国际化人才培养规格制定高职课程目标,选择并组织具有国际导向的课程内容,依托现代信息化传播手段,构建国际化课程体系。第二,开展技术技能人才培养中外合作课程改革试点,着力引进国际先进的职业标准、专业课程、教材体系和数字化教育资源,推动专业核心课程与国际通用职业资格证书相衔接。第三,课程的国际化绝不是全盘西化,而是借鉴适合本国高等职业教育的学时学制、课程设置、教学理念等内容。各个国家应当积极寻求与他国名校合作的方式,特别是要合理利用国外优质课程资源,使学生不出国门便可学习一流的国际化课程。

四、高等职业教育资源国际化

高等职业教育资源化是指不同国家的职业院校通过教师互聘、学分互认、课程开放、图书馆和实验实训基地共同使用等方式实现教育教学设施及相关资源的共享。随着高等职业教育国际化的推进,在全球范围内公开教学资源这种做法已被各个国家的职业教育资源所有者纳入议事日程。高等职业教育资源国际共享包括无偿共享和有偿共享两种模式。无偿共享的高等职业教育资源是针对一些相对简单的、投入成本较低的公益性高等职业教育资源或者体验性高等职业教育资源而言的。有偿共享的高等职业教育资源本质上并没有脱离商品交换的范畴,资源的配置、开发与利用需要相应的市场机制,这有助于保证高等职业教育资源共享的质量和效果。

由于高等职业教育资源具有稀缺性,如何在全球范围内实现高等职业教育资源的共享已成为高等职业教育资源配置的重要议题。伯顿·R. 克拉克指出:"试图通过自上而下的监督、规划和管理等手段在系统的大部分范围内保证质量的做法几乎是无补于事的,甚至是自讨没趣的。"[1] 因此,通过高等职业教育资源市场化管理与经营的方式保证各方主体的利益,是高等职业教育资源国际共享的关键。

---

[1] 伯顿·R. 克拉克. 高等教育系统:学术组织的跨国研究 [M]. 王承绪,等,译. 杭州:杭州大学出版社,1994:288.

五、高等职业教育学术交流与合作国际化

早在20世纪90年代，联合国教科文组织就提出，国际合作是世界学术界的共同目标，而且是保证高等教育机构的性质和效果所不可或缺的条件。高等教育已在知识的发展、转让和分享方面发挥了重要作用，学术上的国际合作应为全面开发的潜力做出贡献。科学无国界，学术研究归根结底属于全人类的共同工作。在浩渺的科研海洋之中，任何一个民族、一个国家都难以仅仅依靠自身的力量全面掌握先进的科技知识，唯有通过世界范围内的交流与合作，才能加快科技发展的步伐。作为获取他国经验的重要途径，学术交流与合作研究可以大幅提升高等教育国际化的成效。高等职业院校国际学术交流是吸收世界先进科学技术和管理经验，提高教学质量和科研水平，加强实验实训基地建设的重要措施。其方式包括校际交流、学术人员交流、举办或参加国际会议等。国际学术交流有利于高等职业院校学习、借鉴他国在高等职业教育发展方面的前沿理论和经验，同时有利于推动全球范围内高等职业教育的对话与合作。

以应用为导向的科研活动是高等职业院校服务社会、提高学术声望的重要途径。一般根据科研活动的基本构成要素和国外科研国际化的实践来衡量高等职业院校国际合作研究水平，如科研课题组成员的国际化、研究经费获得的国际化、研究资源的国际化、科研成果发表与应用的国际化及与跨国公司就某些重大国际性问题联合开展的攻关项目等。

六、高等职业教育人员国际交流

人员国际交流是国际交流中最活跃、最基本的方面，主要包括教师的国际交流和学生的国际交流。

教师的国际交流是高等职业院校建立具有国际意识的高素质教师队伍的重要途径之一。教师的国际交流有助于提高教师的外语交流能力，推动教师的教学、科研向国际化方向发展，进而提升教学和科研的质量与水平。除此之外，它还有助于教师所在学校重点专业、特色专业和核心课程的建设与发展。高等职业院校可以与国外高等职业院校结成友好学校，通过签订教师交流学习互访协议、教师交换和联合教学等形式，以及校企联合在境外设立培训基地，教师赴境外开展或接受培训等多种形式探索教师国际交流与培训的新模式。具体而言，高等职业院校教师的国际交流有两种途径：一是"请进

来",即通过聘请外籍专家任教、讲学等方式使其参与高等职业院校的教育管理和学术交流;二是"走出去",即通过有计划地派遣教师到国外进修、考察、访学等方式,使其了解和学习国际先进的高等职业教育理念、方法和模式。

学生的国际交流主要包括两个方面的内容:一是招收外国学生;二是本国学生前往他国就读。前者是为了拓宽国际教育市场,在全球范围内选择优秀生源,以扩大学校的国际知名度;后者则是为了充分利用他国的教育资源为本国的人才培养服务。学生的国际交流有利于各国学生的相互学习,学习者可以获得相应的语言能力和文化经验。除此之外,它还有利于扩展课程内容的国际维度和开展跨文化的研究与讨论。但是从现实的角度来看,学生的国际交流对发达国家和发展中国家的意义大不相同。对于发达国家而言,学生国际交流的价值在于吸收国际人才,开展多元学术和文化交流,并由此带来经济收益。而对于发展中国家而言,学生国际交流的价值在于缩小发展中国家与发达国家之间知识和技能的差距。

七、高等职业教育实验实训国际化

高等职业院校的实验实训基地在高等职业教育国际化进程中扮演着不可替代的重要角色。实验实训的国际化首先要求实验实训基地在建设过程中善于吸收国外先进的管理经验和科学方法,加强项目建设和管理。与此同时,实验实训国际化还倡导通过合作办学或者项目合作的方式吸引资金和引进设备。国内一些高等职业院校已经在这方面进行了有益的尝试,比如山东日照职业技术学院曾开创了向国外(奥地利)政府贷款,引进先进设备,建设食品分析、机械加工、电气焊和汽车检测维修等4个国际先进、国内领先的实验实训室的先河。该校还与韩国现代汽车集团合作,筹建了现代汽车学院,并获得了大量教学设备捐赠。①

一方面,实验实训国际化有助于高等职业院校实验实训基地项目建设的管理模式从封闭化的自建自管走向权责关系明晰,资源配备优化的合作共建和科学管理;另一方面,实验实训国际化鼓励高等职业院校通过实施"走出去"战略,加强和国外教育界、工商界的合作,并适时建立海外实习实训基

---

① 黄华. 高职院校开展国际交流与合作的战略分析[J]. 职业技术教育,2011(22):45-48.

地，有助于高等职业院校通过国内培养，国外实训等方式，为学生提供基于国际化的实验实训、顶岗实习、工作留学、访学交流等平台。比如，广西英华国际职业学院曾与中国对外友好协会、美国教育资源发展基金会等机构合作，组织开展了赴美带薪社会实践合作项目，从而为更多学生赴美参加美国政府指定交流项目创造了机会，使学生进入美国企业，收获从基础实践到专业实习等丰富多彩的海外工作生活经验，不仅拓宽了学生的视野，增强了学生创业、就业综合竞争力，而且获得了美国企业的好评，提升了学校的社会美誉度。①

目前，面向高等职业院校的国际化实训实习项目主要包括为期一年的专业实习、为期三个月的社会实践或为期一个月的社会调研，部分国家允许学生在实习期间参加所在国的高校入学考试，这也为学生在国外留学深造以及寻找工作提供了诸多机会。

---

① 李德正. 对高职院校实现教育国际化改革的初探：以广西英华国际职业学院为例 [J]. 太原城市职业技术学院学报，2012（2）：24－26.

第二章

中国高等职业教育国际化现状研究

改革开放 40 余年来，我国已建成世界上规模最大的职业教育体系。2020 年，全国共有职业院校 11 360 万所，其中，中职学校 9 865 所，高职专科院校 1 468 所，本科层次职业学校 27 所。中职招生 627.56 万人，在校生 1 628.14 万人，招生和在校生人数分别占高中阶段教育的 41.73%、39.44%；高职专科招生 524.34 万人，在校生 1 459.55 万人，招生和在校生人数分别占普通本专科的 54.2%、44.43%；职业本科招生 4.8 万人。职业教育占据整个中、高等教育的半壁江山，每年向社会输送毕业生近 1 000 万人，每年培训上亿人次，为国家经济社会发展提供了不可或缺的人力资源支撑。

2018 年，全国教育大会后，教育部多次召开专题会议研究，提出要真正把职业教育当作职业教育来办，不能以普通教育作为参照系来研究职业教育，不能简单地参照普通教育的体制、标准和办法，要把职业教育和普通教育区分开来，把科学和技术区分开来，把知识和技能区分开来。2019 年，国务院印发《国家职业教育改革实施方案》，指出职业教育与普通教育是两种不同教育类型，具有同等重要地位，正式确定职业教育在我国教育体系中是一个单独种类的教育。从"层次"教育到"类型"教育，我国的职业教育迈入了高质量发展新阶段。

2021 年 4 月 12 日至 13 日，全国职业教育大会在北京召开，习近平总书记对职业教育工作做出重要指示。他指出，在全面建设社会主义现代化国家新征程中，职业教育前途广阔、大有可为。要坚持党的领导，坚持正确办学方向，坚持立德树人，优化职业教育类型定位，深化产教融合、校企合作，深入推进育人方式、办学模式、管理体制、保障机制改革，稳步发展职业本科教育，建设一批高水平职业院校和专业，推动职普融通，增强职业教育适应性，加快构建现代职业教育体系，培养更多高素质技术技能人才、能工巧匠、大国工匠。各级党委和政府要加大制度创新、政策供给、投入力度，弘扬工匠精神，提高技术技能人才社会地位，为全面建设社会主义现代化国家、实现中华民族伟大复兴的中国梦提供有力人才和技能支撑。

李克强总理做出批示指出，职业教育是培养技术技能人才、促进就业创业创新、推动中国制造和服务上水平的重要基础。近些年来，各地区各相关部门认真贯彻党中央、国务院决策部署，推动职业教育发展取得显著成绩。要坚持以习近平新时代中国特色社会主义思想为指导，着眼服务国家现代化建设、推动高质量发展，着力推进改革创新，借鉴先进经验，努力建设高水平、高层次的技术技能人才培养体系。要瞄准技术变革和产业优化升级的方向，推进产教融合、校企合作，吸引更多青年接受职业技能教育，促进教育链、人才链与产业链、创新链有效衔接。加强职业学校师资队伍和办学条件建设，优化完善教材和教学方式，探索中国特色学徒制，注重学生工匠精神和精益求精习惯的养成，努力培养数以亿计的高素质技术技能人才，为全面建设社会主义现代化国家提供坚实的支撑。

孙春兰副总理出席会议并指出，要深入贯彻习近平总书记关于职业教育的重要指示，落实李克强总理批示要求，坚持立德树人，优化类型定位，加快构建现代职业教育体系。要一体化设计中职、高职、本科职业教育培养体系，深化"三教"改革，"岗课赛证"综合育人，提升教育质量。要健全多元办学格局，细化产教融合、校企合作政策，探索符合职业教育特点的评价办法。各地各部门要加大保障力度，提高技术技能人才待遇，畅通职业发展通道，增强职业教育认可度和吸引力。

随着我国扩大教育对外开放和深入推进"一带一路"倡议，教育国际化在助力中华民族实现伟大复兴，服务我国走入世界舞台中央、促进人类命运共同体建设中发挥着越来越重要的作用。作为与经济社会发展紧密联系的教育类型，高等职业教育国际化的使命在于培养具有国际意识、国际沟通能力和竞争力的生产、建设、服务、管理第一线的技术技能人才。这些人才立足于本土，放眼于世界，支撑我国产业和企业走向国际，助力国家经济发展战略和国际合作倡议的实施。同时，高职院校通过国际化建设，向全球共享我国高等职业教育的理念、经验和成果，提升我国高等职业教育在世界职业教育界的话语权。

第二章 中国高等职业教育国际化现状研究

第一节　中国高等职业教育国际化发展的形势

经过数十年的发展，我国高等职业教育在数量上、规模上已可与普通高等教育比肩。据教育部数据，截至2020年6月30日，全国高等学校共计3 005所，其中，普通高等学校2 740所，含本科院校1 272所、高职（专科）院校1 468所，成人高等学校265所（名单未包含港澳台地区高等学校）。高职（专科）院校占据高等教育的半壁江山。高职院校开设专业747个，覆盖社会发展的各个领域和市场需求的各个岗位。每年向社会培养输出的技术技能人才近1 000万人，年培训规模近亿次。在世界经济全球化加速和世界职业教育发达国家推动职教国际化的背景下，我国高等职业教育国际化迎来了新的发展机遇，高职院校国际化发展内驱力十足，国际化迈向"引进与输出"并重的新阶段。

一、世界职业教育国际化发展趋势明显

随着经济国际化竞争的加剧，世界职业教育发达地区和国家越发重视职业教育国际化。早在1994年，欧盟就提出了著名的职业教育和培训行动计划——"达·芬奇计划"（Leonardo da Vinci Programme），试图通过跨国合作的方式提高职业教育和培训的质量，促进职业教育和培训的革新，建立职业教育制度和实践方面的"欧洲维度"。2008年，欧盟委员会发布了《欧洲议会和部长理事会关于推荐建立欧洲职业教育和培训学分体系的建议书》，推出了欧洲职业教育与培训学分系统（European Credit System for Vocational Education and Training，ECVET），允许欧洲公民在不同国家接受职业教育与培训，通过职业教育获得的知识和技能可得到欧盟各国的正式承认。该体系旨在提高职业教育学历资格证书的透明度、可比性和可携性，支持欧洲公民流动，使他们根据自己的需要决定何时何地接受正规或非正规职业教育与培训，该体系的推出标志着欧盟职业教育一体化进程取得了实质性进步。近年来，欧盟职业教育政策中取得显著成效的还有欧洲资格框架、欧洲职业教育与培训质量保证参考框架等方面。2010年发布的《支持欧盟2020战略：欧盟职业教育和培训合作的新动力》明确了2011—2020年欧盟职业教育和培

训政策的趋势是以"开放式协作"为原则，完善以证据为基础的政策制定，承继哥本哈根进程，充分吸收利益相关者参与，并强调成员国在政策实施中的作用，欧盟职业教育与培训"一体化"进程仍将继续，上述等措施都为欧洲劳动者的就业流动和终身学习创造了条件。

作为欧盟的重要成员，德国的职业教育在全世界享有较高的声誉。为推动职业教育国际化改革，德国通过重塑职业资格认证、改革学位制度、搭建终身学习资格框架等措施，实现了与欧盟职业教育体系的兼容对接。澳大利亚发布了《国际教育国家战略 2025》等战略文件，以法律手段确保职业教育国际化的规范和质量。设立专门的职教国际化职能机构——教育国际发展署负责对外援助计划，包括职业教育与培训的海外援助。新西兰《教育（职业教育改革）修正案》三读通过，新西兰通过建立劳动力发展委员会（Work-force Development Councils）、成立新西兰技能与技术学院、引入职业教育与培训新的监管框架等措施，给予职业教育与培训方面行业更高的领导地位。① 美国把"国际教育"提升至国家安全的战略高度，颁布了《全球性的成功：国际教育及参与（2012—2016 年)》（2012 年），德国出台了《职业教育国际化战略报告》（2013 年），日本发布了《面向 2040 高等教育总体规划报告》（2018 年），英国颁布了《国际教育战略：全球增长和繁荣》（2013 年），加拿大发布了《国际教育：加拿大未来繁荣的关键驱动力量》（2012 年）。

面对教育国际化浪潮，新兴发展中国家努力减少本国优质资源的流失，并积极寻求引进优质国际教育资源。印度政府认为，其过去几十年智力外流的主要根源就是没有完善的高等教育管理制度。为此，2011 年印度通过了《外国教育机构法案》，实施积极的高等教育国际化政策，规范管理外国教育机构。在 2017 年中国与东盟举办的职业教育联展暨论坛上，印度尼西亚科技高教发展司司长认为，职业教育的发展需要不断加强国际合作，并表示愿意与中国和东盟其他国家一道解决区域内的职教发展问题。泰国劳工部技能与发展司巡视员表示，泰国非常支持"一带一路"倡议，本着各国之间互相学习、相互促进的目的，愿意与中国、其他东盟国家在职业教育领域建立紧密的合作关系。各国正通过教育体制改革、国际课程开发、社会力量支援等多种方式构建符合自身发展需要的国际化职业教育体系，世界职业教育的国

---

① 刘一顺. 新西兰《教育（职业教育改革）修正案》三读通过[J]. 世界教育信息, 2020, 33 (4): 75.

际化发展趋势不可阻挡。

二、中国高等职业教育国际化发展政策

从国家政策层面来看,我国高等职业教育每一次重大变革都与国家政策安排相关,同样,政策也主导了高等职业教育国际化的发展。

2014年6月,国务院印发《关于加快发展现代职业教育的决定》(国发〔2014〕19号),提出"加强国际合作与交流。完善中外合作机制,支持职业院校引进国(境)外高水平专家和优质教育资源,鼓励中外职业院校教师互派、学生互换。实施中外职业院校合作办学项目,探索和规范职业院校到国(境)外办学。推动与中国企业和产品'走出去'相配套的职业教育发展模式,注重培养符合中国企业海外生产经营需求的本土化人才。积极参与制定职业教育国际标准,开发与国际先进标准对接的专业标准和课程体系。提升全国职业院校技能大赛国际影响"。《关于加快发展现代职业教育的决定》将职业教育国际化融入办学模式当中,标志着我国职业教育国际化开始由单向的借鉴与引进变为双向的交流与共享,为我国高等职业教育国际化明确了发展目标。①

2017年12月,国务院办公厅印发《关于深化产教融合的若干意见》(国办发〔2017〕95号),指出加强国际交流合作。鼓励职业学校、高等学校引进海外高层次人才和优质教育资源,开发符合国情、国际开放的校企合作培养人才和协同创新模式。探索构建应用技术教育创新国际合作网络,推动一批中外院校和企业结对联合培养国际化应用型人才。鼓励职业教育、高等教育参与配合"一带一路"建设和国际产能合作。

2019年2月,中共中央、国务院印发《中国教育现代化2035》,文件提出要开创教育对外开放新格局。全面提升国际交流合作水平,推动我国同其他国家学历学位互认、标准互通、经验互鉴。扎实推进"一带一路"教育行动。加强与联合国教科文组织等国际组织和多边组织的合作。提升中外合作办学质量,优化出国留学服务。实施留学中国计划,建立并完善来华留学教育质量保障机制,全面提升来华留学质量。推进中外高级别人文交流机制建设,拓展人文交流领域,促进中外民心相通和文明交流互鉴。促进孔子学院

---

① 熊建辉,高瑜,王振,等. 新时代职业教育国际化发展战略与创新路径思考(下)[J]. 中国职业技术教育,2019(36):5-16.

和孔子课堂特色发展。加快建设中国特色海外国际学校。鼓励有条件的职业院校在海外建设鲁班工坊。积极参与全球教育治理，深度参与国际教育规则、标准、评价体系的研究制定。推进与国际组织及专业机构的教育交流合作。健全对外教育援助机制。文件将开创教育对外开放新格局和推进共建"一带一路"教育行动分别确定为战略任务和重点任务，强调全面提升国际交流合作水平在实现教育现代化战略目标中的重要支撑作用。

2020年9月，教育部等九部门印发《职业教育提质培优行动计划（2020—2023年）》（教职成〔2020〕7号），指出职业教育要加快培养国际产能合作急需人才和提升职业教育国际影响力。要加强职业学校与境外中资企业合作，支持职业学校到国（境）外办学，培育一批鲁班工坊，培养熟悉中华传统文化、中资企业急需的本土技术技能人才。鼓励国家开放大学建设海外学习中心，推动中国与产能合作国远程教育培训合作。统筹利用现有资源，实施"职业院校教师教学创新团队境外培训计划"，选派一大批专业带头人和骨干教师出国研修访学。鼓励引进国（境）外优质职业教育机构来华合作办学，促进国际经验的本土化、再创新。推进"中文+职业技能"项目，助力中国职业教育走出去，提升国际影响力。引导职业学校与国（境）外优秀职业教育机构联合开展学术研究、标准研制、师生交流等合作项目，促进国内职业教育优秀成果海外推介。对接联合国教科文组织，积极承办世界职业教育大会，在"一带一路"沿线国家举办中国职业教育发展成果展，贡献职业教育的中国智慧、中国经验和中国方案，展示当代中国良好形象。

三、中国高等职业教育国际化发展内驱力足

在2018年中共中央办公厅、国务院办公厅印发的《加快推进教育现代化实施方案（2018—2022年）》文件中，"推进共建'一带一路'教育行动"被列入十大重点任务；2019年中共中央、国务院印发的《中国教育现代化2035》把"开创教育对外开放新格局"作为十大战略任务之一。自此，我国的教育国际化事业被列入国家中长期的战略规划之中。根据上述文件精神，我国职业教育国际化发展的重要使命就是在构建人类命运共同体的思想指导下，服务"一带一路"倡议，把我国的职业教育融入世界职教话语体系，推进职业教育国际化。为此，我们应当秉持"全球治理理念"，以培养"世界公民"为目标，不断完善职业教育国际合作交流机制，深化职业院校内涵建设，增强职业教育国际影响力。

根据第一届"一带一路"国际合作高峰论坛发布的公告，与中国签订学历学位互认协议的46个国家和地区中有24个是"一带一路"沿线国家。根据第九届全国中外合作办学年会发布的内容，截至2018年9月，经批准我国设立或举办的中外合作办学机构和项目总数有2 365个，合作项目涉及的国家和地区有34个，涵盖200多个专业，培养的毕业生超过160万人。《2019年中国高等职业教育质量年度报告》显示，截至2018年12月，在高职院校设立的海外分校中，分布在"一带一路"沿线国家的数量占总数的72.7%；国（境）外采用的中国高职院校开发的专业教学标准为595个，课程标准为3 349个；300余所高职院校招收全日制国（境）外来华留学生，2018年我国高职院校吸收全日制来华留学生1.7万人。以江苏省为例，2018年全省42所高职院校共招收了8 353名来华留学生。"一带一路"沿线国家逐步认同中国职业教育发展经验，中国在国际高等职业教育领域的影响力正稳步提升。

从世界经济一体化的大环境、高职院校自身的发展诉求，结合前文提到的国家政策层面对高职院校国际化给予大力支持等角度看，高职院校国际化发展势在必行。

从经济方面来看，我国已全面融入世界经济体系，是世界第二大经济体和第一贸易大国，与世界各国在资本、商品、信息、技术、服务之间大规模交换、互动，人才交流规模日趋扩大。"一带一路"倡议的提出与推进为沿线国家教育改革与发展开启了新的机遇之窗，也为高职院校推进国际合作与交流搭建了新平台，为广泛开展文化交流、学术往来等双多边合作奠定了基础，将推动与"一带一路"沿线国家高等学校开启更深层次、更广泛层面的合作与交流。我国鼓励"一带一路"沿线各国高等学校推动联盟内或校际教育资源共享，在语言、交通运输、建筑、医学、能源、环境工程、水利工程、生物科学、海洋科学、生态保护、文化遗产保护等沿线国家发展急需的专业领域联合培养学生，高职院校在为我国和"一带一路"沿线国家培养人才上大有可为。此外，作为我国实施制造强国战略第一个十年的行动纲领，《中国制造2025》提出要继续扩大开放，积极利用全球资源和市场，加强产业全球布局和国际交流合作，形成新的比较优势，提升制造业开放发展水平。随着中国经济的稳步增长及海外投资、进出口贸易的快速扩大，周边国家与中国共同发展的紧密程度在逐步增大，接受中国教育资源的输出成为周边国家的共同需求。这为高职教育推进基于国际化的校企合作提供了广阔空间，为海外企业培养技术技能人才、借企业之船出海成为高职院校助推企业

"走出去"战略的有效模式。①

从高职院校的自身发展来看,职业教育国际化是学校提升内涵建设和竞争力的重要路径。当前,高职教育国际化正在由"表观形象展示"的定位向切实提高国际化教育教学能力、提升发展内涵的定位转变,树立中国高职院校"走出去"的自信,向世界讲好中国高职故事、贡献中国高职发展经验和模式成为转型发展的主要方向。如何由服务于内向型经济增长向服务于外向型经济发展转型,如何将国际化教育融入各类专业教学,如何提高升高职院校来华留学规模及质量,如何提高职院校智库的国际对话能力和国际化教育教学能力,诸如此类的研究将会更加深入具体,相关的理性实践将会更加丰富多样。另外,高等职业教育面临着内部和外部的竞争,国内同类院校之间的竞争日趋激烈,国外的职教机构也瞄准了国内庞大的职业教育市场,迫切要求我国高职院校走特色和高质量发展之路,方能在竞争中立于不败之地。

在专业建设上,国际化发展能助推高职院校专业、课程和资格标准与国际接轨。我国高职教育已形成了丰富的办学模式和方法体系,可向国外,尤其是"一带一路"沿线国家传播我国的职业教育理念。在社会分工越来越细化的产业发展背景下,高职教育对应的专业门类齐全,专业设置调整更新速度加快,高职院校在办学过程中始终保持与行业发展同步,许多院校参与我国相关行业和产业技术标准的制定。高职院校可将我国自成体系的产业技术标准作为标准化的教学内容,在某些国家尚未建立产业技术标准体系的某些领域抢占先机,使我国成为这些国家部分行业标准和产业技术标准的主导者,在世界各国发挥引领、示范作用。②

在人才培养上,国际化发展能助力培育具备国际视野和思维的、高专业水准和外语水平的技术技能人才,为国家经济稳定增长、产业转型升级和对外开放建设提供人力资源支持。人才是发展经济必不可少的基础条件,没有适应国际化环境的新型人才,就难以敲开别国市场的大门。伴随着经济全球化,在工程技术、创新型国际贸易、境外基础设施投资建设管理等领域中通晓国际规则的高素质、外向型、复合型技术技能人才越来越受欢迎。面对这样的人才需求,高职院校须不断深化改革,越来越重视复合型的跨界人才培

---

① 唐现文,吉文林. 新时期高职教育国际化:形势、对策与评价[J]. 教育与职业,2019(7):44-51.

② 凌镜. "一带一路"背景下高职教育输出助推经济国际化的若干思考[J]. 教育与职业,2019(1):38-42.

养。此外，高职教育以产教融合为特征，注重实践教学，注重立足岗位培养学生解决实际问题的能力。高职院校可与国外开展广泛的技术培训合作，接受国外政府和企业的委托，根据当地的产业发展现状和产业工人受教育现状，面向当地人才急需产业开展技术技能培训，批量解决当地经济社会发展所需普通层次的技术技能人才短缺问题。

在师资建设上，国际化发展能推动高职院校吸收和借鉴国际先进教学理念与方法，建成基于国际化需求的师资培训体系，促进教师的专业化发展，优化师资队伍结构，缩短与职业教育发达国家师资建设上的差距，形成一支熟悉国际化教育理念，深谙外事规则的，懂专业、懂管理的师资队伍，提升学校国际化服务能力。

此外，国际化发展能拓宽高职院校在科技创新、社会服务、文化交流、教育输出等方面的发展新路径，激发院校办学新活力，促进我国高职教育内涵式发展，加快推进我国职业教育现代化。

四、高职院校国际化迈向"引进"与"输出"并重的新阶段

高职院校国际化初级阶段的关键词是"引进"。由于我国高职院校办学层次、办学实力、师资水平等因素，高职院校的国际化始于学习澳大利亚、德国、新加坡、日本等职业教育发达国家的职教模式、教学资源、专业标准、师资建设等。如设立中外合作办学机构或开展合作办学项目，通过学习外方先进的办学经验，加强己方师资的境外培训，提升学科和专业建设能力与师资队伍水平。这些先进的教育理念和方法进入国内，通过高职院校的消化、吸收和创新，形成了中国特色的职业教育模式和理念，逐渐成为许多国家效仿和学习的对象。当前，中外合作办学仍是众多院校开展国际化合作的主要方式，院校通过合作办学项目积累了大量的国际化办学经验，为高等职业教育的输出奠定了坚实的基础。

近年来，高职院校积极服务国家扩大教育对外开放的战略，与70多个国家和国际组织建立了稳定联系。一是在境外办学方面进行了有效的探索，有400余所高职院校与国外办学机构开展合作办学，如天津市教委统筹规划的"鲁班工坊"、无锡商业职业技术学院与红豆集团联合申办柬埔寨西哈努克港工商学院等，成立海外独立举办的第一所高职院校"中国-赞比亚职业技术学院"等，输出我国的职教理念和专业技术，得到了国际上广泛的赞誉。二是招收来华留学生，培养理解中国国情和文化、会讲中文、熟悉中国

设备和技术标准的技术技能人才,为"一带一路"沿线国家的经济发展和我国企业"走出去"提供人力资源支撑。三是通过国际合作教育联盟,如国际职业技术教育大会、中国-东盟职业教育合作联盟等平台,同世界各国扩大国际交流合作,总结分享职教发展经验,推动国际职业技术教育发展。新时期,政府、高职院校、企业等各方在世界舞台上共同讲好中国高等职业教育的故事,努力提升中国在世界职业教育中的话语权。

五、中国高等职业教育国际合作概述

（一）国际影响力

国际影响力指标主要涵盖来华留学生培养培训、专业课程标准采用、国（境）外服务与影响等3个维度,包括全日制国（境）外来华留学生人数、非全日制国（境）外人员培训量、在校生服务"走出去"企业国（境）外实习时间、专任教师赴国（境）外指导和开展培训时间、在国（境）外组织担任职务的专任教师人数、开发并被国（境）外采用的专业教学标准数、开发并被国（境）外采用的课程标准数、国（境）外技能大赛获奖数8个指标项目,强调专业课程标准水平、国（境）外服务与影响,重视国际合作的内涵和质量。

国（境）外采用的专业和课程标准、专任教师国（境）外服务时间、国（境）外担任职务、国（境）外大赛获奖是体现国际影响力的重要指标。2019年度相比于2018年度,50强院校这几项指标的平均值增长接近或超过一倍,增幅分别达到92.0%、143.9%、93.1%、102.4%。与此同时,来华全日制留学生人数、非全日制培训规模等指标平均值的增幅分别为24.9%、5.5%。这反映了高职院校在进一步扩大来华留学生数量的同时,更加注重提升内涵质量。

（二）来华留学

来华留学生规模扩大与规范管理服务同步。2019年,我国高职院校留学生规模（含境外在籍学生）达到17 097人,相比2015年的5 186人,增长率达到230%。2015—2019年,留学生规模年增长率达34.75%,留学生人数占总学生人数的比例由2015年的0.046%上升到2019年的0.164%。50余所高职院校来华留学生数量过百人,26所高职院校来华留学生数量超过200人,其中江苏分别有25所和11所高职院校留学生数量过100人和200人,占比分别达到近50%和42%。来华留学生国别范围从集中于我国周边

数个国家，逐步扩展到东盟、中亚、非洲等数十个国家。来华留学生规模扩大和来源多样性增加了管理服务的复杂性和挑战性。

为适应新形势，高职院校在持续扩大来华留学生规模的同时，更加重视规范管理服务，通过不断完善规章制度、强化管理队伍建设、优化保障服务，使来华留学生日益融入高职院校日常教学、实习实训和校园生活。大部分高职院校配套制定来华留学生管理办法、生活管理制度，提供奖（助）学金、实习实训和生活服务，为来华留学生培养营造了良好环境。同时，将来华留学生专业管理、日常教学、学籍管理等纳入学校统一管理，使来华留学生与国内学生共同享受各类教育资源和学习机会。

来华留学生多元协同培养模式逐步形成。高职院校来华留学生来源国以新兴市场国家和发展中国家为主，多处于工业化初、中期阶段，亟须大量与当地经济社会发展相适应的技术技能人才。高职院校主动对接生源国人才需求，发挥职业教育产教融合、校企合作、工学结合特色优势，深化与境内外政府、企业、院校合作，瞄准来华留学生毕业后可能从事的行业岗位需求修订人才培养方案，探索构建政校企多元主体协同培养模式，提升了来华留学生培养的系统性、针对性和培养质量，得到了不少国家、地区政府和企业的认可，增强了高职院校的留学吸引力。

比如，浙江商业职业技术学院与雷迪森旅业集团深度合作，以现代学徒制模式培养了101位尼泊尔学生，校企协同制定专业课程标准，实行校企双导师、校内外双课堂、学生学徒双身份，实现来华留学生知识、技能双提升。重庆工程职业技术学院与中兴通信、乌兹别克斯坦塔什干国立东方大学联合培养移动通信技术专业留学生，与坦桑尼亚联合建设国际有限公司、坦桑尼亚达累斯萨拉姆大学联合培养在海外中国企业工作的坦桑尼亚建筑类高级技术人才。宁夏职业技术学院承担阿曼苏丹国杜古姆经济特区"中国产业园"留学生教育，开设能源、建筑、石化等7个专业，首批50名阿曼籍留学生于2017年3月入学，旨在助推中国（阿曼）杜古姆经济特区建设，促进当地经济发展。

（三）境外办学

截至2019年12月，广东农工商职业技术学院、北京信息职业技术学院等高职院校在国（境）外建立了337个办学点，覆盖亚洲、非洲、北美洲、欧洲、大洋洲等五个洲。无锡商业职业技术学院与红豆集团联合申办柬埔寨西哈努克港工商学院获准建校办学，成为我国首个高职院校在海外成立的校企合作股份制应用型本科大学。金华职业技术学院与卢旺达北方省穆桑泽职业技术学校合作设立职业技能发展中心，帮助卢旺达培养机械制造、信息技术、酒店管理、建筑和农业等方面的实用型技术技能人才，在校生超过1 000人，成为卢旺达北方省最大的职业技术培训中心。

"鲁班工坊"成为中国职业教育国际交流合作新名片。自2012年以来，部分高职院校先后在泰国、英国、印度、印度尼西亚、巴基斯坦、柬埔寨等国与当地机构合作成立"鲁班工坊"，培养培训数千名技术技能人才。2018年，天津渤海职业技术学院成立"鲁班工坊"研究与推广中心，天津轻工职业技术学院成立"鲁班工坊建设体验馆"；天津市教委与葡萄牙合作成立"鲁班工坊"。国家确定在非洲设立10个"鲁班工坊"，向当地青年提供职业技能培训，成为打造中非命运共同体的重要行动。

"十三五"期间，我国建立了专业目录、专业教学标准、课程标准、顶岗实习标准、专业实训教学条件建设标准五位一体的职业教育国家教学标准体系，修（制）订并发布347个高职专业教学标准、51个职业院校专业实训教学条件建设标准、136个专业类顶岗实习标准，基本形成了政府调控与院校自主设置专业的动态调整机制和执行情况检查机制。立项建设203个国家级职业教育专业教学资源库，全面覆盖高职教育19个专业大类，1 300余所职业院校、80余个行业组织的3 000多家企业深度参与，校际、校企之间优质资源共建共享。此外，形成了如"产教融合"、"现代学徒制"、"职业教育园区建设"、"中高职衔接"及"示范校建设"等带有鲜明中国职业教育特色的发展经验和办学模式，为高职院校对外输出奠定了坚实的基础。高职院校携手国外学校、跨国公司和企业，发挥产业和专业优势，共同制定具有国际水平的专业标准和课程标准，得到发展中国家甚至发达国家和地区的认可。2019年，高职学校开发并被国（境）外采用的专业教学标准数为957个，开发并被国（境）外采用的课程标准数达到5 881个，比2018年分别增长33%和53%。

广西工业职业技术学院与广西建工集团等企业联合开发制糖生产技术、电气自动化技术、机械制造技术等3个专业标准和甘蔗制糖生产过程等30余门课程，被埃塞俄比亚、泰国等国家的企业和学校采用。广东农工商职业技术学院与广东农垦橡胶集团海外公司合作开发《橡胶加工安全生产规范标准》，被泰国、柬埔寨、马来西亚、印度尼西亚等4个国家的20多家海外公司认定和使用，提高了集团海外公司的安全生产水平，为世界橡胶行业安全生产提供借鉴和参考。云南交通职业技术学院面向东南亚与东欧，以专业和课程教学标准输出为切入点开展国际合作办学，累计开发城市轨道交通、机电技术与运营管理、物流管理和汽车运用与维修技术等 3 个专业 46 门课程的教学标准，获得了泰国邦帕空工业及社区教育学院、俄罗斯远东国立交通大学的高度认可。黄河水利职业技术学院开发的"土木工程制图"等 132 个课程标准被俄罗斯南乌拉尔国立大学、赞比亚职业教育与培训局采用，"控制测量"等 78 个课程标准被美国西北密歇根学院、赞比亚职业教育与培训局采用，"机电一体化"等 35 个课程标准被赞比亚职业教育与培训局、南非北联学院采用。

助推中国先进技术"走出去"。高职院校瞄准外向型行业企业，在高速铁路、道路桥梁、现代农业、信息通信等行业开展技术和培训服务，向世界推广具有中国自主知识产权的先进技术。潍坊职业学院选派教师团队参加援非合作，培训技术人员 400 余人次，为当地选育良种 11 个，繁种面积 0.15 平方千米，3 名教师被当地政府授予"突出贡献外国专家"称号。湖南城建职业技术学院与湖南建工集团共建"中湘海外"技术人员培训基地，共同开发海外建筑工程技术技能人才培训资源包，订单培养学生 110 名，培训当地技术人员 20 450 人次，助推湖南建筑企业"走出去"。云南农业职业技术学院立足产业技术优势，承建国家在柬埔寨的农业科技园项目，连续 7 年为柬埔寨开展水稻、玉米等农作物和园艺园林品种的技术示范与推广，累计为当地开展农业技术培训 20 余场、400 余人日，为当地调整农业种植结构，实现粮食增产、农业增效、农民增收、农村发展做出了贡献。2019 年，我国高职院校国（境）外人员培训量达到 4 429 856 人日，相比 2018 年的 3 464 712 人日，增长率达到 27.86%；2019 年，专任教师赴国（境）外指导和开展培训工作量达到 360 182 人日，相比 2018 年的 258 746 人日，增长率达到 39.20%。专任教师在国（境）外专业性组织担任职务的为 2 678 人，比 2018 年的 2 016 人增加 32.84%；在校生服务"走出去"企业国（境）外实习工作量达到 360 182 人日，比 2018 年的 258 746 人日增加 25.22%。

（四）服务"一带一路"倡议

"一带一路"沿线国家成为高职院校来华留学生主要生源地。高职院校面向"一带一路"沿线国家，"引进来""走出去"并举，开展职业学历教育和技能培训，推动技术技能人才本土化。高职院校设立的 33 个海外分校中，72.7% 分布于"一带一路"沿线国家。江苏、浙江等省份高职院校的来华留学生有约 90% 来自"一带一路"沿线国家。北京 4 所高职院校建设了沿线国家人才培养基地。来华留学生学成归国反哺当地。宁波职业技术学院为东帝汶培养45名学生，东帝汶总理夫人伊莎贝尔在感谢信中写道："随着东帝汶毕业生的归国，这些学员的生活开始了一个新的阶段，他们正在用学到的先进知识和技能，提升他们的生活和工作水平，为国家和家庭的发展做出贡献。"

广西、云南等9个陆上沿边境省份院校发挥服务桥梁作用。我国陆上沿边境有9个省份，通过陆地与15个国家相邻，9省共有296所高职院校，占全国高职院校总数的比例超过五分之一。2018年高职院校来华留学生招收总规模最多的10个省份中，有4个为边境或西部省份。沿边境省份高职院校依托区位有利条件，探索建设"国门高职"新模式，通过人才培养、技术服务等模式，逐步发挥了睦邻、安邻、富邻的作用，努力为国家民间外交做出贡献。广西成立55家中高职院校及行业企业参加的"中国-东盟边境职业教育联盟"，借助与东盟各国文化相近、地缘相邻优势，发展边境地区职业教育交流合作，共招收548名全日制来华留学生。兰州石化职业技术学院设立"丝绸之路校长奖学金"，招收50名来自巴基斯坦、哈萨克斯坦、吉尔吉斯斯坦、老挝、泰国、文莱等国家的来华留学生。

"中国-东盟交通职业教育联盟"等15个合作体"组团"服务"一带一路"。沿线国家一批高职院校与"一带一路"沿线国家政府、企业、院校等合作，通过组建联盟、职教集团、研究中心等，构建"一带一路"教育合作体，"组团"开展合作办学、来华留学生培养、技术服务、文化交流等，推动职业教育资源共建共享，提升国际合作水平。各院校质量年度报告显示，高职院校牵头成立的职业教育合作发展平台已经超过15个，推动国际合作更为机制化、长效化，增强职业教育共建共享的持续性、稳定性和深入性，更好地推动了职业教育服务"一带一路"倡议落地、落实。

高职院校国际合作已经取得一定成效，正在形成多渠道扩大国际影响的新态势，300余所高职院校招收全日制来华留学生，1 400余名专任教师在国（境）外组织担任职务，学生在国（境）外技能大赛中获得约1 200个奖项。但是，目前高职院校的国际合作与交流主要依靠各地院校自主探索发展，缺乏政策、资金的配套，亟待加强统筹规划与监督管理，进一步提升国际合作的水平和质量。

六、中国高等职业教育质量年度报告数据统计（2017—2019年）

当前，关于高职教育国际化发展的理论研究成果非常丰富，但具体针对高职教育国际影响力的研究不多，实证研究更少，这一领域最主要的研究成果来自上海教科院和麦可思研究院发布的《中国高等职业教育质量年报》，其中的"国际合作"部分从来华留学、境外办学、服务"一带一路"倡议等视角对高职教育国际化发展状况进行了评价并发布了高职院校"国际影响力50强"。至今已有3期"国际影响力50强"的评选结果。"国际影响力50强"是研究促进高职教育国际影响力提升的很好的基础材料。深入分析高职教育国际影响力的评价指标，从数据驱动的视角提出促进高职院校国际影响力提升的对策，具有重要的价值和意义。

（一）高职院校国际影响力评价指标

高职质量年报制度源自《国家中长期教育改革和发展规划纲要（2010—2020）》的要求，《国家职业教育改革实施方案》（简称"职教20条"）继续延续和强调质量年报制度。按照教育部《关于做好2020年高等职业教育质量年度报告编制、发布和报送工作的通知》精神，"国际影响表"是反映高职院校国际合作和发挥影响力的管理评价工具，表中列出了高职院校国际影响力评价指标。高职院校国际影响力主要体现在以下3个方面。一是国际交流中的"请进来"和"走出去"，"请进来"体现在"国（境）外人员培训量"，即全日制来华留学生的规模和非全日制国（境）外人员培训规模，"走出去"通过"在校生服务'走出去'企业国（境）外实习时间""专任教师赴国（境）外指导和开展培训时间""在国（境）外组织担任职务的专任教师人数"等指标来反映。二是专业影响力，这是国际影响力的核心表现和内涵体现。通过"开发并被国（境）外采用的专业教学标准数和课程标准数""国（境）外技能大赛获奖数量"指标体现。三是服务国家"一带一路"倡议和中国制造业强国战略等的优质资源输出，体现在"国（境）外办学点数量"。国际影响力评价指标是动态调整的，例如，"国（境）外办学点数量"为2019年新增指标；2019年的指标"国（境）外人员培训量"替代了往年的2个指标——"全日制国（境）外来华留学生人数（一年以上）"和"非全日制国（境）外人员培训量"。评价指标遵循发展性原则，在不同的发展阶段评价的侧重点有所不同。同时，国际影响力评价指标突出了内涵评价原则，整个指标围绕高职国际影响力的内涵要素设计，也体现了职业教育特征属性评价原则。但"国际影响表"中的评价指标仅仅是数量规模的量化指标，有一定的局限性，为全面分析问题，表中的文本备注信息也要充分利用。

(二) 高职院校国际影响力发展的特征分析

由 2017—2019 年的高职质量年报可见,高职院校国际化发展依托"一带一路"倡议,从开始呈现"引进来"和"走出去"的并重态势,到进一步面向"一带一路"沿线国家发挥专业技术优势、技术技能人才培养优势,再到深化对外开放办学,高职教育国际化发展走过了核心内涵亟待丰富的初步发展阶段,到了有国际合作亮点的形成阶段。中国高职教育国际影响力有了比较显著的提升。

1. "国际影响力 50 强"院校的分布特征

第一,从地域分布变化上看,2017 年"国际影响力 50 强"院校来自全国 18 个省份,来自沿边的内蒙古自治区、黑龙江、吉林、广西壮族自治区、云南 5 个省份共 9 所学校,占比 18%,其中云南有 5 所学校进入 50 强,占比 10%;来自沿海的 8 个省份(直辖市)有河北、天津、山东、江苏、上海、浙江、广东、海南,共 34 所学校,占比 68%;来自中西部的 5 个省份(直辖市),分别是重庆、湖南、湖北、江西和贵州,共 7 所院校,占比 14%。

2018 年"国际影响力 50 强"院校来自全国 17 个省份,来自沿边的内蒙古自治区、黑龙江、云南、广西壮族自治区 4 个省份,总共 8 所学校,占比 16%;来自沿海的 7 个省份(直辖市)有河北、山东、江苏、浙江、广东、海南和北京,总共 34 所学校,占比 68%;来自中西部的 6 个省份(直辖市),分别是贵州、重庆、湖北、江西、陕西和河南,共 8 所院校,占比 16%。

2019 年"国际影响力 50 强"院校来自 17 个省份,来自沿边的 4 个省份仍然是内蒙古自治区、黑龙江、吉林、云南,总共 4 所院校,占比为 8%;来自沿海的 8 个省份(直辖市),分别是河北、天津、山东、江苏、浙江、福建、广东、海南,总共 39 所学校,占比 78%,以及来自中西部 5 个省份(直辖市),分别是陕西、河南、湖北、重庆、贵州,总共 7 所院校,占比 14%。

比较这 3 年"国际影响力 50 强"高职院校地理区域分布发现,沿边的省份学校数量占比由 18%下降到 8%,沿海省份学校数量占比由 68%上升到 78%,其中沿海的江苏、山东、浙江 3 省占比由 52%上升到 58%,江苏省的"国际影响力 50 强"高职院校数量 3 年来不仅年年第一,而且数量占比也从 28%上升到 38%。"国际影响力 50 强"高职院校地域分布变化特征呈现出向部分区域和个别省份集中的趋势。

第二，从院校上榜变化上看，"国际影响力50强"高职院校的上榜变化也呈现出一定的分布特征。2017年首次发布的50所高职院校，在2018年发布的"50强"中剩下30所，到2019年发布的"50强"中剩下26所；2018年新进了20所院校，到2019年还剩下12所，2019年新进了12所院校。每一年的淘汰率在40%左右。比较大的淘汰率说明高职院校竞争激烈，有的高职院校国际化发展步伐较快，同时也说明高职院校提升国际影响力的空间很大，高职院校国际合作与交流是一个发展的蓝海。

第三，从与"双高"院校分布的比较上看，2019年12月教育部、财政部公布了中国特色高水平高职学校和专业建设计划建设单位名单，56所高职学校入选高水平学校建设，141所高职学校入选高水平专业群建设。2019年"国际影响力50强"高职院校有37所是"双高"建设单位，占比74%。2017年、2018年的"50强"院校中"双高"建设单位分别有30所和29所。"双高"建设有国际影响力显著提高的任务目标，致力于促进国际影响力提升的行动能促进"双高"的全面建设。

2. 专业"走出去"的分析

被认可的专业标准数量规模呈上升趋势，但现阶段具体哪些专业"走出去"被认可，这些专业有什么特征，对国际影响力的真实评价和促进国际影响力提升更有意义。高职质量年报的国际影响力表里备注含有"走出去"专业标准的文字信息，采集最近一届"国际影响力50强"院校质量年报对应的文字信息，提取文本的关键词，清理出专业标准共计229条。数量规模排在前几位的专业是物流管理、汽车检测与维修技术、旅游管理、酒店管理、会计等。这些专业属于高职类的传统专业，传统专业建设比较成熟，易于"走出去"，但是扎堆在这些专业上，可能会造成资源的浪费和后续的竞争力不足。"走出去"专业应该与服务国家战略的专业、融入地区发展的专业、战略性新兴产业发展相关专业适配。随着我国云计算、大数据、物联网、移动互联网、人工智能等新一代信息技术的发展，工业机器人技术、物联网技术、无人机技术、移动互联应用技术等专业也出现在了词云图中，彰显出我国在这些专业领域的影响力。但还有一些紧缺人才的专业未出现在词云图中，如《关于教育支持社会服务产业发展提高紧缺人才培养培训质量的意见》提出，在一流本科专业建设"双万计划"、中国特色高水平高职学校和专业建设计划等项目实施过程中，向家政、养老、育幼等相关领域专业倾斜，这些相关专业暂时还未"走出去"。

第二节　中国高等职业教育国际化发展的案例

近年来，高等职业教育国际化取得了较大的发展，一些院校在国际化发展中形成了特色，做出了成绩，在全国范围内起到了示范引领的作用。本节以深圳职业技术学院、天津渤海职业技术学院、江苏经贸职业技术学院和金华职业技术学院四所院校为例，介绍高职院校在国际化办学上所做的探索和实践，供各方学习和借鉴。

案例一　深圳职业技术学院国际化办学探索

深圳职业技术学院紧扣国家发展战略，加快国际化办学步伐，充分利用区域与自身优势，深化国际教育交流与合作。截至2020年12月，已累计与35个国家和地区的167所高校与教育机构建立了友好合作关系，包括英国、德国、法国、美国等发达国家，以及新西兰、马来西亚、保加利亚、土耳其、波兰、匈牙利、缅甸、老挝等14个"一带一路"沿线国家。双方在学生交换、课程合作、科研合作、短期研修等领域开展了全方位、多层次、形式多样的教师和学生国际交流活动，取得了丰硕的成果。

学校开办了国际商务（中澳）、金融管理（中澳）、物流管理（中美）和软件技术（中美）4个中外合作办学专业；与香港专业教育学院黄克竞分校合办电气服务工程高级文凭合作课程，毕业生获得深、港两地毕业资格，并成为首批获得招收来华留学生资质的高职院校和首个获批面向港澳台自主招生的高职院校。学校还联合中兴、招商港口等一批世界一流企业"走出去"，服务国家"一带一路"倡议。在马来西亚马六甲应用技术大学设立职业教育与培训中心，推动马来西亚全国各类职业院校全面对接深圳职业技术学院标准。依托在保加利亚成立的职业教育与培训中心，输出学校专业标准。应邀为柬埔寨、蒙古等国家职业教育代表团举行专题培训班，输出职业教育经验。加强与职业教育国际组织的合作，成为联合国教科文组织国际职教全球联系中心之一，获批成立联合国教科文组织职业教育计划亚非研究与培训中心。在提高学校国际知名度与影响力的同时，为推动中国职业教育与语言文化走出去做出了积极贡献。

一、引进来

学校自2005年招收自费来华留学生,每年有来自30多个国家约200名来华留学生来校学习,其中超过60%的留学生来自"一带一路"沿线国家和地区,生源地国家主要是韩国、俄罗斯、西班牙、美国、加拿大、德国、荷兰、法国、日本、哈萨克斯坦、菲律宾和巴基斯坦等。学校通过校际的对等交流项目,招收部分国外学生来学校进行各种形式的学习,如专业课程的对等交流、语言课程的对等交流、夏令营对等交流及教师的对等交流等。

学校在人才培养方案上致力于与国际接轨。首先,引进国际先进的人才培养理念。在吸收国外最新高职教育理论成果的基础上,学校学习借鉴了德国、澳大利亚等国家高职人才培养的成功经验,积极引进国际先进的人才培养理念。一是树立全球性人才观念,以全球性眼光审视人才培养的标准、内容和机制,使培养的人才具有国际适应能力。二是树立人才流动性观念,始终坚持"走出去,请进来"的方针,加强人才的流动,在流动中提高人才培养的国际化水平。三是强化市场观念,面向深圳外向型产业,培养市场急需的高技能人才。四是强化竞争观念,培养学生的竞争意识和较强的国际竞争力。

其次,按照国际通用的技能型人才标准制订人才培养方案。学校通过与外向型企业合作和引进国际权威职业资格证书等途径,将国际通用的技能型人才标准和人才规格融入培养方案,初步实现了人才培养标准的国际化。一是与外向型企业合作,按国际化标准共同制订人才培养方案。例如,学校港口与航运专业在参考澳大利亚职业培训的基础上,联合深圳港航企业,制定出适应"双通型"人才(国际、国内通用人才)培养要求的港航专业职业能力标准;检测技术及应用专业与香港物料研究化验有限公司合作制订专业人才培养方案。目前,学校共有8个专业与外向型企业合作,按照国际化标准制订人才培养方案。二是引进国际权威职业资格证书,并将其融入人才培养方案。目前学校的18个专业共引进了63种国际权威职业资格证书。例如,计算机网络技术专业引进思科(CISCO)公司的CCNA(Cisco Certified Network Associate,思科认证网络工程师)及以上等级高级国际IT认证证书,并借助于学校与来自San Francisco公司共建的"思科网络学院"平台,将证书内容融入人才培养方案。楼宇智能化工程技术专业引进加拿大北方电信综合布线设计、施工认证工程师证书;汽车运用技术专业引进美国汽车维修资格认证协会的ASE(Automotive Service Excellence,卓越汽车服务)认证体系；外语类专业引进英国国家职业技能评估标准［NVQ，National Vocational Qualification，（英国）国家职业资格认证］，并用于课程开发、课堂教学和教学评估中，确立了"以实践为核心，以英语为主线，以商务为背景"的PEB［Practice（实践），English（英语），Business（商务）］国际化人才培养方案。

再次，实现教学内容与国际接轨。学校对国外来华留学生主要进行学历教育、职业技能培训和汉语语言培训。为了使来华留学生获得国际化教育，学校深化教学内容改革，打破教学内容的地域观念，构建科学合理的、与国际接轨的课程体系和教学内容。一是将国际型企业的先进技术标准引入课程。例如，印刷技术专业按德国海德堡公司印前、印中、印后的生产流程设置课程体系，按照企业岗位技能和职业能力设计课程内容，共同开发了印刷色彩、数字印前技术、印刷工艺、印前综合训练、胶印机操作等专业课程；珠宝首饰工艺及鉴定专业以美国宝石学院GIA（Gemological Institute of America，美国宝石学院）和国家《钻石分级》（GB/T—16554-2003）标准作为课程体系主要内容。二是引进与开发国际通用教材，保证教材内容紧跟国际前沿。如引进牛津大学、剑桥大学等国际一流大学的《护理英语》《会计英语》《汽车英语》《商务英语》等最新原版职业英语教材。学校开发的《希望英语》教材被韩国购买版权，个性化的校本课程为学生提供最合适的职业教育。三是实行双语教学，提高学生外语应用能力。目前，网络互联技术（英语）、专业项目实训（日语）、首饰英语、楼宇智能化工程技术等25门课程采用双语教学；与澳大利亚TAFE［Technical and Further Education，（澳大利亚）职业技术教育学院］北悉尼学院合作开办的国际商务（中澳合作）专业实现了全英文授课。

最后，加强师资队伍建设。学校在引进来华留学生与国际化人才培养标准的同时，也在促进教师队伍国际化，接受国际化课程培训，提高本校教师国际化教学水平。在教师职业成长中，积极为教师提供出席国际会议的机会，为教师搭建自身能力提升与国际交流合作的沟通平台，开阔眼界，提高知名度和国际参与意识。

二、走出去

学校重视对外合作办学，与英国、日本、澳大利亚、韩国、美国及我国港台地区等113所高校签订了校际合作协议，开展学生对等交流。学校把学生毕业后继续深造作为一项重要工作，把学生的留学工作作为国际教育部工作的重中之重。自1997年起，先后与英国胡佛汉顿大学和澳大利亚巴拉瑞特大学建立了合作关系，为毕业生开辟了赴英国、澳大利亚留学深造的渠道。近年来，又与美国西雅图城市大学订立合作协议，为学生开辟了前往美国留学的通道。迄今为止，推荐赴英国、澳大利亚留学的人数达700多人，其中近半数的学生已经获得或正在攻读硕士或博士学位。为方便在校学生的出国申请，学校国际教育部为学生提供咨询、指导、资料翻译、申请入学通知书、代办签证等全程留学服务。在服务过程中，国际教育部工作细致，严格把关，签证成功率非常高。

在联合办学中，学校与美国、英国、澳大利亚、新西兰地区的不同高校先后开展"3+1""2+2"形式的联合办学。目前有与英国胡佛汉顿大学、澳大利亚巴拉瑞特大学的所有专业，澳大利亚埃迪斯科文大学的动画、传媒、建筑和工程等专业，新西兰国立理工大学汽车专业，英国曼彻斯特城市大学的服装设计和酒店管理专业，英国坎布里亚大学医护专业开设的"3+1"合作办学项目。学生在学校读完三年专科后到国外学校学习一年或一年半专升本课程取得本科学士学位。学校与美国西雅图城市大学在外语、经管、电信专业开展"2+2"合作办学，即学生读完专科两年后到国外学校学习两年专升本课程取得本科学士学位。

学校积极践行自上而下的国际化理念，坚持两个思想原则：一是将高等职业教育的国际化与普通高等教育的国际化区别开，不用同一把尺子衡量，不断找寻高职院校国际化发展的立足点；二是在寻求国际合作伙伴关系中坚持"没有最好，只有最合适"的观念，根据实际情况组织交流合作。

案例二　天津渤海职业技术学院国际化办学探索

"鲁班工坊"是中国职业教育国际化发展的重大成果，是在教育部支持与指导下，由天津市原创并推动实施的职业教育国际合作的知名品牌，是国家现代职业教育改革创新示范区建设的标志性成果。天津市深入贯彻落实习近平总书记关于职业教育的重要指示精神，紧紧围绕《关于做好新时期教育对外开放工作的若干意见》《天津市人民政府关于加快发展现代职业教育的意见》等相关政策要求，全力推进鲁班工坊的建设工作，在项目建设的规模化与标准化，服务成果的多元化与优质化等方面都取得了显著的成效，在国内外形成了巨大影响力，得到党和国家的高度认可，受到合作国政府、社会各界的广泛赞誉。

2016年3月，天津渤海职业技术学院和泰国大城技术学院合作共建的鲁班工坊投入使用，成为我国在海外设立的首家职业教育领域的孔子学院。它的成立标志着天津作为国家现代职业教育改革创新示范区，配合中国装备企业"走出去"，积极参与国际产能合作，正式启动把自己的优秀职业教育成果输出国门，并搭建起天津职业教育与世界对话、交流的实体桥梁，标志着天津职业教育的国际化发展已经开启从中低水平国际交流合作迈向中高水平国际交流合作的发展新阶段。

2017年，鲁班工坊登陆欧洲，在这片被称为工业革命摇篮的土地上，英国鲁班工坊成功运营。随后，天津职业教育海外布局的脚步逐渐加快。印度、印度尼西亚、巴基斯坦、柬埔寨、葡萄牙……鲁班工坊实现"多点开花"，并在海外建立起从中等职业教育到高等职业教育，再到应用本科、专业硕士，从技术技能培养到技术综合应用，从学历教育到社会培训全覆盖的职业教育输出体系。截至2020年12月，天津已在亚、非、欧三大洲16个国家建成17个鲁班工坊。

作为天津高等职业教育"走出去"的典型代表，本文通过对天津渤海职业技术学院"鲁班工坊"的实际案例研究，为我国高等职业教育"走出去"提供具有可借鉴性的对策与建议。

一、鲁班工坊的内涵

《天津市人民政府关于加快发展现代职业教育的意见》（津政发〔2016〕3号）明确提出鼓励有条件的学校积极拓展海外职业教育市场，到2020年，天津在境外将建设10个鲁班工坊，配合"走出去"企业面向当地员工开展技术技能培训和学历职业教育。鲁班工坊依据"国家现代职业教育创新改革示范区"的要求，依托鲁班这一"大国工匠"形象，结合学历教育及职业培训，服务企业"走出去"，输出天津先进的高等职业教育理念。

鲁班工坊的三个建设体系为建设标准体系、运营管理体系、机制保障体系。建设标准体系明确了国际化专业的各种要素。运营管理体系即投资、招生、就业、监控评价等过程要素。机制保障体系包含三方面："四个发展定位"、"三种建设模式"和"五个基本原则"。在合作院校中按照中国的人才培养方案及配备的教学资源，培养适合当地中资企业所需求的国际化技术技能人才的职业教育国际合作新模式，助力中资企业"走出去"，进一步深化产教融合，基于输入国的经济社会发展需求及产业现状，采取学历教育与职业培训等方式，将天津先进的职业技术教育输出给"一带一路"沿线国家。

二、鲁班工坊的办学实践

（一）建立国际化的专业教学标准和课程标准

自 2013 年以来，天津市教育委员会颁布了《关于进一步推进职业教育国际化专业教学标准开发工作的通知》《天津市国际化专业教学标准体例要求》等一系列与国际化教学标准相关的政策法规。建立国际化的专业教学标准是高职院校培养国际化人才的基础，天津市教育委员会秉承国际化专业教学标准开发的基本原则，通过开展调查研究、确立人才培养规格、确定职业资格证书等路径，实现了中国高等职业教育标准的境外输出与国际认证。

2016 年 10 月，"中泰职业教育研究中心"在学校成立；2017 年 5 月，"EPIP 教学研究中心"在泰国大城技术学院成立。两个研究中心致力于推动中泰职业教育理念的交流与借鉴，推广先进技术教育。由天津和泰国的职业教育研究专家与学者组成研究开发团队，共同开展中泰职业教育改革发展和政策研究，开发中泰职业教育国际化标准，为中泰职业教育国际化专业建设等提供决策咨询、推广和宣传等服务，开展中泰职业教育学术、教学交流活动，增加中泰职教合作，以达到职业教育对外开放，促进对外输出先进技术。中泰双方选拔精英教师组建成"机电一体化技术"国际专业教研室，按照泰国 VEC 和中国教育行政部门的要求，基于泰国职业教育教学的具体情况，共同研发"机电一体化技术国际专业"的人才培养方案，并通过泰国职业教育委员会的审批，得到了中泰双方教育部门的认可。毕业后，泰国学生可从事机电设备（数控设备、自动生产线等）的安装调试、操作运行、维护维修、技术改造等生产一线工作，将成为熟悉中国技术、中国标准和中国产品的海外本土化技术技能人才。

（二）外籍学生到中国进行交流

泰国大城技术学院的外籍学生在天津渤海职业技术学院分别进行为期 3 年的长期班与 2 个月的短期班的学习，并且与中方学生建立"互学一帮一"的帮扶机制，有效提升了汉语水平。短期班则组织外籍学生体验中国的文化实践教学活动，例如练书法、画脸谱、朗诵诗歌、做花瓶等。短期班负责老师表示："来自大城高中女子学校的学生因其具备一定的汉语基础，对中国文化了解得更加透彻，在访学结束后纷纷表示今后希望来中国继续深造。"由于"一带一路"沿线国家语言众多，在实际交流中存在很多的障碍，学校任课教师表示："语言是目前最大的问题，泰国学生经过一年的中文学习，一开始只能进行日常的交流，对于专业课的学习特别是专业词汇的学习还是比较吃力，专业课教师只能尽量用浅显易懂的语言进行授课。随着他们在中国待的时间越长，其语言能力有所提高，对于理论课的学习内容理解得就越来越透彻，值得一提的是，泰国学生具有很强的动手实践能力，实践操作课的学习效率很高。"柬埔寨国立理工学院目前已有两批学生进入天津中德应用技术大学的"中高本硕"学习。

语言问题是中外合作办学面临的首要难题，虽然实训课讲求动手能力，可以通过教师的言传身教，不需要过多的汉语教学，但是由于语言障碍，外籍学生在基础教学中对专业理论经常一知半解，不少外籍学生表示课业负担比较重，既要学习中文又要学习专业课，所以希望能增加汉语的学习时间。然而囿于留学生在华学习的时间，高职院校应该根据自身的特色提出具有针对性的解决方案。

（三）积极开展师资研修

鲁班工坊每年均积极开展师资研修班学习交流，促进中外教师的深度交流。双方院校共同组织教师培训和中外短期学生互换培训项目，外籍教师在中方院校中进行2~3个月的短期培训，选派中方教师到泰国实施技术培训和现场指导，实现中外教师教育资源共享、师生两国互换交流学习，使更多的外籍师生受益，提升了人才培养的软实力。学校成立对泰培训领导小组，抽调教学经验丰富的一线教师对泰国学生进行有计划的专门培训，并且在课余时间为学生开展丰富多彩的具有中国特色的活动。通过教学过程及学生座谈反馈，接受培训的泰国学生及教师一致认为培训效果显著，受益颇多。在对泰国学生进行培训教学过程中，教师获得了对外教学的经验，双语教学水平也得到了大幅度的提升。

现阶段，鲁班工坊以国际化专业为载体，通过与具有先进技术的企业合作，致力于打造一批高水平的师资队伍。由于当前正处于起步阶段，师资数量还比较匮乏，虽然每年会有一定数量的外籍教师到天津高职院校进行培训，但是能够受训的教师数量始终有限，培训的时间也集中在一两个月的短期教学。

（四）利用实训基地进行实时教学

鲁班工坊采用了最先进的现代职业教育技术——"工程实践创新项目"，项目汇聚了最先进的教学装备，集中了最优质的双语教学资源，采用了最经典的远程网络视频交互空中课堂，中泰双方选派了最优秀的"双师双语"师资队伍，正在编制中、英、泰三种文字教程。工坊在学生技能培训方面突出多元智能训练，是中泰双方互研、互建、互学、互用、互赢的实践平台，也是与泰方分享"鲁班工匠精神"的国际实践基地。

鲁班工坊设置各种实训区域，如工程实践创新实训区、汽车维修与应用智能实训区、专业汉语培训区等。实践课上需要运用的设备皆由天津企业提供，如机器人设备、数控机床、电动自行车及无人机设备等，填补了国外职业院校在实训设备上的空白，使外籍学生真正了解中国先进的设备与技术。学校与天津各兄弟院校实现跨区域同步教学，利用空中课堂、现场音视频通道、国际化微课网站平台等多媒体设备进行实时教学，实现教学研讨的日常化。专业汉语培训区则进行专业汉语及中国职业技能文化课程的培训，让学生了解中国职业技能的历史和职业教育现阶段的发展现状。多功能的实训条件不仅优化了学生的科技创新环境，而且促进了教学内容和教学方法的更新。通过平台可以实施更多的人才培养方案，中外学生不仅可以在实训场所进行课程的培训和企业调研，还可以学习了解双方国家的习俗和文化，增进两国之间的友谊。

自创建以来，鲁班工坊就备受中外政府和社会各界的广泛关注，《人民日报》《光明日报》及泰国、印度、印度尼西亚和巴基斯坦等中外各大媒体都相继对其建设历程进行了深度报道。

案例三　江苏经贸职业技术学院国际化办学探索

江苏经贸职业技术学院根据《国务院关于加快发展现代职业教育的决定》，立足现代服务业，以引进国（境）外优质教育资源和服务"走出去"的中资企业为宗旨，主动对接省市主导产业和新兴战略产业发展，不断拓宽国际交流合作渠道，持续进行"高平台、多层次、宽领域"融合性国际合作办学模式探索，全面提升人才培养质量，服务"一带一路"倡议和区域经济发展需要。

一、着力引进国外优质教育资源，丰富专业建设内涵

为加强和丰富高等职业教育的内涵建设，学校在中外合作办学过程中，不仅重视引进先进的课程体系，而且重视引进先进的办学理念和办学方式。为借鉴西方发达国家先进的教育与管理经验，服务区域经济发展，学校先后与澳大利亚、荷兰、新加坡、韩国合作，举办中外合作办学项目8个。其中，学校与澳大利亚TAFE学院合作开设的会计专业，有85%的毕业生获得澳大利亚TAFE颁发的高级文凭证书（Advanced Diploma Certificate），该项目入选"江苏省高水平中外合作办学示范建设项目"。

学校下设的健康学院引入日本加贺谷·宫本式音乐照顾活动设计和中高龄身心活化指导员这两个具有国际水准的专业技术证书认证体系，联合合作企业和院校开发新的行业教学标准。通过艰苦建设，两个认证体系实现了专业课程设置与职业标准相对接，职业教育人才培养与行业、岗位相对接，通过了相应的业内认证，并在国内企业和同类院校中推广。健康学院年均培训获得上述两个证书的养老护理员约500人，所培养的学生获得全国职业技能"养老服务技能"比赛一等奖2项、民政职业技能大赛"养老护理员"特等奖1项、全国行业职业教育教学指导委员会比赛特等奖4项。目前，学校的专业课程与国际通用职业资格证书对接率已达到50%。

教学质量是中外合作办学获得良好声誉的基础，学校注重从多个方面提高人才培养的质量。首先，任课教师借鉴国外先进的教育理念、多样化的教学手段，进一步完善教学方法，采用"教中学、学中做"一体化教学模式。其次，在课堂教学中突出学生的主体地位，坚持先进的中外合作办学理念，培养学生自主学习能力，提高育人质量。最后，借助学校主持的移动商务、连锁经营、"一带一路"贸易文化传承与创新等三个国家级的专业教学资源库，按照有利于专业建设、教师施教、学生受教的原则，不断建设和完善中外合作办学的管理制度和质量监督体系。

二、多渠道、全方位提升国际化育人水平

实现课程国际化的关键因素是提升骨干教师的国际化育人水平。学校以中外合作办学项目为引领，以培养跨文化的教师队伍为导向，围绕"两标杆、两特色"核心专业集群的建设需要，积极拓展教师国外访学研修渠道。通过实施境外研修、国外师资认证等方式，培育具有国际视野、掌握国际规则的专业带头人和专业骨干教师，进而提升整个专业师资团队的国际化育人水平。根据境外办学的需要，遴选优秀教师赴海外执教，促进师资团队提高外语授课能力和理论教学水平。

通过持续14年的中外合作办学项目和持续7年的来华留学生项目的建设，学校师资队伍的国际化育人水平显著提升。目前，学校具有国（境）外短期研修培训经历的专业教师占80%。2019年10月，学校与马来西亚人力资源部人力资源局签署谅解备忘录，为马来西亚47所职业院校培养电子商务、物流管理专业的师资力量。学校与国外院校建立的"双向互动"教师培养机制日趋完善，通过多重举措打造的管理团队和教学团队提升了学校国际化办学水平。

三、搭建职教共同体平台，多主体实施境外办学

职教共同体是多元主体参与职业教育的重要载体，也是实现产教深度融合的必由之路，这是由职业教育的本质属性所决定的。学校牵头成立"一带一路"现代商贸流通职教联盟，联盟设立商贸流通协同育人中心、国际师资培训中心，负责具体合作项目的落实与拓展。通过抱团的方式，联盟主动服务"走出去"的中资企业，满足我国产业在海外布局时对国际化人才协同培养培训的需求，有助于促进"一带一路"沿线国家和地区在商贸流通领域进行双边或多边对话。

打造"电商谷"，培养"新商贸"技术技能人才。作为中国特色高水平高职学校电子商务专业群重点建设项目主持单位和全国跨境电子商务专门人才培养示范单位，学校以二级学院——贸易与物流学院的"国家级职业教育电子商务专业教师教学创新团队"为依托，联合北京博导前程公司、南京云开数据公司等合作企业，在柬埔寨王国工业技术学院设立"电商谷"海外基地，打造校企共同参与、多主体协同育人、孵化与创业带动为一体的产教融合生态圈，实施集专业设计、师资培训、人才培养、基地运行、创业指导等为一体的"新商贸"项目，促进东盟地区的数字经济创新和职业教育发展。2018年，学校打造的"中柬合作电商谷及培训中心项目"入选首批"中国-东盟高职院校特色合作项目"。

根植在校企合作基础上的职业教育共同体，是境外办学模式的最佳选择。2018年，学校与江苏德龙镍业有限公司在印尼东苏拉威西省德龙印尼冶金工业园联合成立"江苏经贸-德龙印尼学院"，学校负责汉语教育和专业基础技能培养，跨国中资企业负责专业实践和实习工作，毕业生可自主选择是否在德龙冶金工业园就业。依托中国教育部与肯尼亚教育部签署的"肯尼亚教育部大中专项目升级改造协议"，中国航空技术国际控股有限公司作为项目承办方，遴选学校制冷与空调技术专业团队担负外方人才培养任务。为此，学校开发了包含8门核心课程在内的教学大纲及相应教材、23种教学仪器设备操作训练手册、200多个实训项目方案和1套专业考核标准，提供了总计800个教学课时的制冷与空调专业的整体解决方案。3位骨干教师远赴肯尼亚，开展了为期150天的援教工作，为当地培养了22名教学骨干，输出了真正意义上的"江苏职业教育标准"。境外办学成果进一步提升了学校的影响力，学校多次入选全国高职院校"国际影响力50强"。

四、实施留学经贸工程，完善两栖培养模式

为在"一带一路"沿线国家推进教育合作，学校积极响应国家倡议，主

动对接"一带一路"建设要求，自2013年起，成建制招收学历来华留学生，成为江苏省高职院校接收留学生的首批学校。目前，学校共招收与培养了来自15个国家的700余名留学生，在校留学生规模达200人，面向留学生开设的专业共12个。经过多年的国际合作办学，学校已形成独具高职特色的留学生两栖培养模式，该模式包含学校下设的二级学院与跨国中资企业相互配合的两栖管理体系、中文与专业课程相融合的两栖课程体系、校内实训和跨国中资企业实习相结合的实训体系、国际化与本土化相结合的两栖人才培养通道、跨国施教和学生来华学习相结合的两栖跨国培养路径。

五、持续开展海外研修实习项目，促进中外学生双向交流

依托中外合作办学项目，面向欧洲、美洲和澳洲等地区，学校与全球20余所应用型大学建立了稳定的合作关系，合作双方学分互认，学校学生可到合作的大学参与本硕连读项目。学校重视拓宽学生的国际视野，强化学生综合素质和国际竞争力的培养，积极为学生甄选海外留学通道。学校与合作院校每年定期开展师生短期交流项目，实施基于学分互认的学期交流、跨国分段人才培养措施，有效提高了学校的国际影响力。

江苏经贸职业技术学院正加大执行"一带一路"倡议的力度，围绕江苏省教育厅制定的《江苏省职业教育质量提升行动计划（2020—2022年）》，参与实施江苏职业教育领域正在推进的"郑和计划"，面向"一带一路"沿线国家，搭建"一带一路"江苏高职院校培养合作联盟，推广江苏职业教育专业教学标准和核心课程标准，更好地服务江苏企业走跨国发展道路。

案例四 金华职业技术学院国际化办学探索

金华职业技术学院自建校以来，积极开展国际教育合作和校际合作，已与美国、英国、加拿大、澳大利亚、德国、新加坡、法国、芬兰等10多个国家的高校和教育机构建立了长期合作关系，招收有尼泊尔等6个国家的来华留学生。学校还与新疆乌鲁木齐职业大学、四川乐山职业技术学院、贵州铜仁职业技术学院等8所中西部地区院校开展对口交流合作。拥有中澳护理专业、中美会计专业、中加酒店管理专业、中澳建筑设计专业、中美体育服务与管理专业等5个中外合作办学项目，项目总数位居浙江省高职院校第一，其中中澳护理专业被评为"浙江省示范性中外合作办学项目"。学校2019年被评为国家重点优质高职校建设单位。

学校按照浙江省重点优质高职院校建设要求及学校实际，积极推进教育国际化发展新方略"三稳、三增、三新"。"三稳"即中外合作办学稳质量，来华留学生学历教育稳增长，师资培训稳长期；"三增"即两岸交流增亮点，师生交流增项目，外教管理增文化；"三新"即建设新平台，拓展新合作，办好新学院。结合优质高职院校建设确立了"四个一"目标：建设一个怀卡托国际学院、创办一所卢旺达海外分校、设立一个"一带一路"国际交流中心、搭建一个科研人文交流平台。引进"三个一批"：一批国际标准、一批优质课程、一批认证项目；实施"双百"培养工程：年培养百名来华留学生，年派出百名交流交换生。学校积极主动地融入全球化进程，实现从"引进来"到"引进来"与"走出去"并重。

一、做出品牌，两次入选"国际影响力50强"

学校积极响应国家"一带一路"倡议、服务"南南合作"和中非合作论坛约翰内斯堡峰会精神，主动对接沿线国家教育需求，拓展"一带一路"及沿线国家合作项目，增强辐射效应，助力优质产能"走出去"。通过多元化的国际教育合作，成功推动高等职业教育先进理念走进非洲。2017年和2018年入围全国高等职业教育"国际影响力50强"，2018年9月荣膺"亚太职业院校影响力50强"。学校组织开展了多层次的学生交流交换，以增强跨文化交流互动。学校组织学生赴埃及、泰国、美国、新西兰等国家进行短期游学、实习、长期交换或学历深造。学校海外办学的实践和尝试先后获得国务院副总理孙春兰、教育部及浙江省教育厅领导的批示和肯定，被国内外权威媒体多次报道。

学校依托泰国西那瓦大学华夏学院国际教育中心，以"一带一路，'泰有意义'"交流交换生项目为主导，大力拓展学生境外交流工作，共计85名师生赴西那瓦大学进行短期交流，2名教师前往攻读博士学位。积极拓展与新西兰怀卡托国际学院、埃及坦塔大学、约旦语言学院的"互学互鉴，丝路'新'行"合作项目，与卢旺达等国家的"携手同行，'非'爱不可"项目，累计输送43名阿拉伯语专业学生赴埃及深造，目前13人在埃及坦塔大学就读本科，1人在读博士。

二、做强内涵，建好怀卡托国际学院

怀卡托国际学院自创办以来，通过深化合作内容、增进合作内涵和提升合作层次等途径专注内涵建设，做强"引进来"品牌。目前设有应用电子技术、计算机网络技术、计算机应用技术、建筑工程技术、模具设计与制造、艺术设计6个招生专业，在校生906人。自2018年以来，学校通过"常规

+创新"抓实教学运行、内培外引提升教学团队、专注学生成长、坚持党建引领、校际交流常态化等工作积极推动怀卡托国际学院建设。学校主动对接新西兰NZQA(New Zealand Qualification Authority,新西兰学历评估委员会)标准,建设优质专业资源库,目前已建成国家教学资源库8个标志性子项目及4门国家精品课程、4门国家精品资源共享课、6门省级精品课程、5门省级在线开放课程、1门智慧职教云委托开发课程、16门"校六个一"批课程;2项教学改革案例入选首届中外合作办学教师教学创新优秀成果展。1项浙江省微课竞赛三等奖、1项浙江省信息化实训教学竞赛三等奖、学校还通过中外师资培养孵化优质教学团队,怀卡托国际学院教师团队中外教硕士学位比例超80%,中方教师高级职称占比达40%以上,有海外学习或3个月及以上中长期培训经历的教师占专任教师的76%。此外,怀卡托国际学院开展多元活动提升学生综合能力,通过组织海外游学、网络创新实训、思科工程师国际职业资格认证等各类活动,充分调动学生学习积极性,就业竞争力显著提升。怀卡托国际学院首批149名毕业生初次就业率达94%以上,其中17人赴新西兰留学深造。

三、聚焦输出,建设穆桑泽国际学院

学校积极响应国家"一带一路"倡议和中非合作论坛约翰内斯堡峰会精神,围绕服务非洲发展、提升教育国际化水平,坚持"授人以渔"的工作理念,主动对接卢旺达职业教育需求,通过多元化深层次国际教育合作,积极探索中国高等职业教育"走出去"的金华模式,成功推动高等职业教育先进理念和模式走进卢旺达。2018年7月21日,习近平主席访问卢旺达前夕,学校在当地主要媒体《新时代报》发表题为"中卢友谊情比山高"的署名文章,文中提到"穆桑泽职业技术学校已成为卢旺达北方省最大的职业技术培训中心"。该校是我国政府援建的"交钥匙"工程,也是金华职业技术学院在海外进行高等职业教育合作的学校。8月,金华市委办上报中办的《金华职业技术学院面向卢旺达实施高等职业教育"走出去"的调查与思考》获得孙春兰副总理、教育部部长陈宝生及副部长田学军等领导的批示。浙江省教育厅分管外事的领导对金华职业技术学院上报的《金华职业技术学院面向卢旺达实施高等职业教育"走出去"的实践与思考》做肯定性批示。

学校自2013年以来与卢旺达保持了良好的关系,并通过推进卢旺达学生来华留学,培养了大批对华友好人士,使他们成为我国政治外交利益的忠实维护者。学校创办穆桑泽国际学院,为卢旺达及其周边国家培养的应用型人才,将跻身卢旺达社会各界,未来定能够为积极推动多边友好关系与维护中国的良好国际形象,以及传播中国故事做出应有的贡献。《人民日报》、新华社、卢旺达国家电视台等媒体10余次报道学校海外分校办学成效。

四、多措并举,助推浙江企业"走出去"

为顺应企业"走出去"发展需要,学校建立了国际教育职业培训中心,以泰国西那瓦大学华夏学院为基地,设计与开发分行业、分类型的培训体系。学校先后调研华孚时尚等50余家企业"走出去"的需求,并形成《海外员工培训意向企业名单》1份,相关调研报告4份;积极开发企业培训外包服务,现已开发"汉字教学课程包""国际工程项目管理"等培训项目9个;制作《初次商务会面原则与话题》等微课8个;开发《初级汉语词汇手册》;同时,为有意愿"走出去"的企业普及相关语言、文化及技能知识,累计开展各项技术技能及跨文化交流培训476人次,还建立校企互动QQ群、微信群等信息交流平台,为企业提供政策咨询等,进一步推进了"丝绸之路"师资培训计划的实施。学校自2013年9月与印度尼西亚教育代表团签署合作备忘录以来,已累计为印度尼西亚培训6批次98人次各类中小学教师。此外,还与老挝、柬埔寨、非洲的高校签订合作协议,在师生交流技能培训等领域开展合作,累计培训了6批次162名来自巴勒斯坦、莫桑比克、南非等国的校长和高级行政官员。而且派出骨干教师前往卢旺达穆桑泽国际学院为卢旺达8所职业院校培训师资,并开展了777人次的面向青年的农业、烹饪技术培训。

五、开展"专业+文化"教育,打造来华留学生教育品牌

学校先后招收60多个"一带一路"沿线国家的1 000多名来华留学生,坚持以传播和弘扬优秀中华文化为己任,培养"懂汉语,有技能,亲中华"的跨国使者;坚持严格参照国内学生培养计划,采用"一年学语言、三年学专业"的教育模式;利用学校11个"校企利益共同体",全面实施"师生结对""师徒结对""生生结对",与国内学生一起进行"分阶段培养、双基地轮训",扎实推进来华留学生实践教学;每年组织民俗村考察、民间技艺体验、走进"新农村"等系列活动10期以上;连续三年参加"梦行浙江"活动获好评。鼓励教师与来华留学生建立"师生伙伴关系",依托全校近20个社团引导中外学生建立"学生伙伴关系",并通过组建语言、技能学习小组等形式促进互学互进、共同成长。

六、"齐发力",各项工作硕果累累

一是服务师生,持续推进两岸文化交流合作。成功举办八届"青春飞扬 书香两岸"浙台大学生文化交流活动,共计有20余所台湾高校的2 000余名师生参与,2015年获全国高校校园文化建设优秀成果二等奖。2018年8月,24名台湾师生来金华职业技术学院参加跨境电商实习,拉开了第九届活动的序幕。

二是促进文化融合,积极开展"外籍教师"团队建设。学校已组织开展五届"外教之星"评选活动,评选出"外教之星"41名;以"文化交流合作共赢"为主题,共计为5 000多名师生举办外籍专家系列学术讲座78场;组织外籍教师参加校内外各项活动,丰富其业余生活,使其融入当地文化;制作了《国(境)外专家系列学术讲座集》和《外教之星风采录》。

三是严格按照中外合作办学原则引进优质资源,建立新的课程体系与标准,优化课程内容与教学模式,引进127门优质课程,建成120个双语课程;以项目认证及示范建设为抓手,实现规范管理。中美会计、中美体育专业合作顺利延期,中加酒店专业通过中国国际交流协会质量认证,中美护理专业引进AHA认证项目。

四是与9所国外院校和机构签署了科研合作协议,围绕学校重点研究课题建设国际科研合作平台,开展"内涵型"科研交流合作。例如,与美国罗克韦尔公司、TI公司先后合建工业网络控制协调创新中心、DSP(Digital Signal Processing,数字信号处理)联合实验室,并获1 500万元设备及20套DSP28377开发板;与德国伯福集团、医卫教育集团成立"中医研究与推广基地"、"医护类师资培养培训基地"和"护理专业海外实习就业基地"等。

第三节 中国高等职业教育国际化发展存在的问题

一方面,在世界迎来百年未有之大变局背景下,不同国家、地区之间的人力资源流动日渐便利和频繁,人才从国内流动转向全球流动,人才竞争从国内竞争走向全球竞争,特别是南北国家之间的竞争更趋激烈。劳动力市场的国际化催生了对高素质国际化人才的需求,从而对职业院校发展和人才培养提出了新要求。另一方面,全球竞争格局的重塑,导致部分发达国家贸易

保护主义、单边孤立主义等势力抬头，"逆全球化"思潮一度甚嚣尘上，为我国职业教育国际化发展带来一些风险和不利因素。与此同时，逐步走向世界舞台中央、迎来民族复兴最好历史时期的中国，为职业教育国际化积极主动、大力作为带来了重大机遇。

伴随着"一带一路"建设、全面对外开放、构建人类命运共同体等理念从提出到落地，以应用型技术技能人才培养为特色的职业教育服务经济社会发展和对外开放战略、服务中华民族伟大复兴的作用越来越凸显，职业教育的国际化发展空间和巨大潜力也越来越凸显，职业教育体系建设、办学模式、标准制定、人才培养的国际视野变得日益重要。从结构视角和本质上说，职业教育国际化是由众多相互联系、相互依赖的结构要素或者部件构成，具有涌现性、非线性、开放性、自发组织性和多元性等特点，与人才培养、社会转型、经济发展和人文交流等紧密勾连，具备典型的复杂系统特征。

面对我国经济国际化发展对高等职业教育提出的新要求，高职院校国际化发展成为服务国家经济建设和对外战略不可或缺的重要内容。由于我国高职院校发展存在分布区域广、专业门类多、发展基础不一等影响因素，国际化工作开展得较好的院校都集中在地缘和经济优势明显的沿海地区，以及部门行业优势突出的院校，大部分高职院校的国际化还处于起步和学步阶段。同时，一些院校在国际化上具有明显的本科院校依附性特征，未体现出高等职业教育"职业"的属性。

2020年，中国教育国际交流协会职业技术教育国际交流分会对83所成员单位开展了国际化办学调查（本章中以下简称"职教分会调查"）。在所调查的单位中，国家"双高计划"建设单位占比65.06%，国家示范性高等职业院校占比44.58%，省级示范性高等职业院校占比28.92%，省一流高等职业院校建设单位占比16.87%，其余为普通职业院校。依据调查结果，当前，高职院校在国际化发展中存在办学机制不健全、办学层次不深、校企合作不够、师资队伍建设不足等主要问题。

一、国际化办学机制尚不健全

独立设置的国际合作与交流机构在院校国际化发展中起到协调管理、设计执行及监督评价等作用。职教分会调查结果显示，大部分院校已设置独立的国际合作与交流机构，但仍面临任务繁重及人手不足等问题，具体情况如下：75所院校（90.36%）已成立国际化工作领导机构，其中71所院校（85.54%）设立独立的国际合作与交流机构，8所院校（9.64%）尚未成立国际化工作领导机构。另外，虽然大部分院校成立了国际合作与交流机构，但仍存在以下情况：人手不足，工作任务繁重；部分院校的国际合作与交流机构同时担负行政和教学职能；起步较晚，大部分院校的国际化工作机构一开始均是与学校党政办公室合并办公，近年来才逐步独立出来。

从国际化发展规划上看，大部分院校已制定明确的校级国际化发展规划。其中，74所院校（89.16%）制定了校级层面的国际化发展规划，9所院校（10.84%）尚未制定，其中普通职业院校5所。由此可见，大部分院校尤其是国家示范性高等职业院校等重点院校，已明确将国际化发展作为院校建设的重要指标内容之一，并制定相应的发展规划。在二级学院制定国际化发展规划方面，32所院校（38.55%）的所有二级学院均制定了国际化发展规划，33所院校（39.76%）只有部分二级学院制定了国际化发展规划，18所院校（21.69%）的二级学院尚未制定国际化发展规划。其中，国家"双高计划"建设单位表现较突出，所有二级学院均已制定国际化发展规划的占比为50%，部分二级学院已制定规划的占比为38.89%，没有制定规划的占比为11.11%。校级层面的国际化发展规划需要各二级学院配合实施，各二级学院应该根据校级层面的国际化发展规划，结合学院自身情况及发展方向，制定更具体、更具针对性的国际化发展规划，形成自上而下、行之有效的制度，否则院校的国际化发展规划和目标则会变成"纸上谈兵"。

从制订服务国家或区域发展的合作交流计划上看，大部分受访院校已制订了服务国家或区域发展的合作交流计划，尤其是服务"一带一路"建设。其中，57所受访院校（68.67%）已制订了服务国家或区域发展的合作交流计划，26所受访院校（31.33%）尚未制订相应计划。从规划内容上看，57所受访院校（100%）均制订了服务"一带一路"建设的合作交流计划。25所高职院校在制订了服务国家发展的合作交流计划的同时，也制订了相应的服务区域发展的合作交流计划，其中，服务粤港澳大湾区建设的合作交流计划以华南地区院校为主（11所），服务长江经济带建设的合作交流计划以华东地区（4所）和华中地区（3所）院校为主。由此可见，院校在制定国际化发展规划时，能够紧紧围绕国家和区域发展战略，服务国家及其所在区域的经济发展。

从国际交流专项经费上看，大部分院校已设立了国际交流专项经费，但经费额度存在差异，具体情况如下：72所院校（86.75%）已设立国际交流专项经费，11 所（13.25%）尚未设立。由此可见，大部分受访院校均有独立的经费支持国际化发展建设，尚未设立国际交流专项经费的院校主要为普通及其他类职业院校（6 所）。在国际交流专项经费额度上，23 所受访院校（31.94%）每年经费额度在 100 万元以下，14 所（19.44%）为 100～199 万元，15 所（20.83%）为 200～299 万元，20 所（27.78%）为 300 万元及以上。其中，经费额度在 300 万元及以上的院校主要集中在华东（8 所）和华南地区（5 所），且均为国家"双高计划"建设单位。经费额度在 300 万元以上的 20 所院校的国际化建设表现比较突出，这些院校均设立了独立的国际合作与交流机构、制定了校级层面的国际化发展规划和外事管理相关规章制度，90% 的高职院校的二级学院全部或部分制定了国际化发展规划，85% 的院校制订了服务国家或区域发展的合作交流计划。由此可见，经费的支持与院校的国际化建设和发展有着紧密的联系。

从外事管理规章制度方面看，大部分受访院校已制定了相关外事管理规章制度，但境外办学管理规定等占比较小，具体情况如下：75 所受访院校（90.36%）已制定外事管理规章制度，仅有 8 所（9.64%）尚未制定，主要为普通及其他类职业院校（5 所）。大部分院校在国际化建设中做到规范化、制度化管理。院校制定的外事管理规章制度主要包括教师因公临时出国（境）管理规定（97.33%）、外籍教师管理规定（86.67%）、来华留学生管理规定（84%）、资助学生出国（境）管理规定（61.33%）等，而境外办学管理规定（13.33%）等其他规章制度占比较小，说明院校目前国际交流仍以教师因公临时出国（境）、外籍教师招聘、招收来华留学生、学生出国（境）交流等活动为主。

从教职员工了解学校国际化发展上看，大部分院校的教职员工表示基本了解学校的国际化发展，但非常了解的院校占比较低，具体情况如下：57 所（68.67%）受访院校认为本校教职员工了解院校的国际化发展，16 所（19.28%）院校认为不了解，仅有 7 所（8.43%）的受访院校认为非常了解，3 所（3.61%）的受访院校认为非常不了解。教职员工对本校国际化发展的了解程度与本校自身国际化发展水平息息相关。对本校国际化发展完全不了解的院校（3 所）均为普通及其他类职业院校，而这 3 所院校的国际化发展相对缓慢，没有成立国际化领导机构，没有制定校级层面的国际化发展规划，且国际化建设经费均在 100 万元以下。

综上所述，从现阶段我国高职院校国际化办学的实践来看，办学理念认识不充分，国际化办学机制不健全是制约高职院校国际化发展的突出问题。

一是大部分学校虽然都把国际化列入了学校的中长期发展规划，但缺乏具体的、切实可行的实施方案，仍属于被动适应的发展现状和态势，未把国际化作为一项战略性任务来抓。二是部分学校尚未建立国际化发展组织架构，缺乏完善的工作机制，国际化工作开展具有随意性和不确定性，无法高水平高质量地推进工作。开展的国际化活动往往流于形式，达不到预期效果，造成了教育资源的浪费。三是学校国际化发展的经费得不到保障，主要体现在学校未充分利用上级财政经费，未将国际交流合作经费单独编入年度预算；国际化办学经费来源渠道不足，比如民办院校和边远地区院校；未建立经费使用的规定和制度，开展国际化工作时常面临处处被掣肘的局面。

二、国际化办学层次尚且不深

当前，部分高职院校对国际化办学的理解还停留在聘用外籍教师、师生互派互访等浅层次合作层面，缺乏深度国际合作的内容和多元载体。有的学校国际化工作只是停留在签订框架合作协议层面，表面上往往是热热闹闹，一派繁荣景象，实则冷冷清清，后续并无实质性合作内容，对学校的发展无实质性推动。有的学校认为制定了外籍教师管理办法、学生出国管理规定等制度，开展了中外合作办学项目，招收了来华留学生就完成了国际化，往往会忽视国际化与时俱进的特点和国际化建设提质增效不停步的内在需求。综合来看，国际化办学层次尚且不深主要体现在中外合作办学内涵建设不深，课程建设和参与国际标准开发制定不足、境外办学成效不够等方面。

（一）中外合作办学内涵建设不深

首先，大部分高职院校国际化办学是以学习借鉴起步，如开设中外合作办学项目，积极引进国外优质的教育资源，如引进外方优势专业、优秀教师和工程师、先进设备和管理经验等，中外共建实习实训基地，合作开设理实一体化课程、实训课程等。但当前高职院校中外合作办学还存在一系列的问题。

第一，高职院校对接的境外资源层次不高。高职院校的境外合作对象以社区学院、职业技术与继续教育学院等职业教育专科层次的高校为主，本科以上层次优质的高校资源占比较少，优质资源引进工作难度较大，限制了境外优质资源引进工作的质量提升。

第二，高职院校开办的大部分中外合作办学项目集中在对办学条件要求较低的人文社科专业类别上，比如国际商务、商务英语、会计、计算机应用、旅游管理、酒店管理等专业。符合产业发展趋势、属于新兴产业领域的相关专业却因为实训建设要求高、教育资源建设投入成本大等原因，国际化合作较少。以外向型经济发展发达的江苏省为例，其支柱产业主要集中在智能制造、电子信息、纺织服装等领域，2016—2018年，江苏省内11所高职院校举办的14个中外合作办学高水平示范性建设工程培育项目中，会计、酒店管理、市场营销等非工科专业达到6个，占比43%。这就造成高职院校中外合作办学的整体层次不高，很多学校的特色专业无法与国外优质教育资源相结合。

第三，就读中外合作办学专业的学生分数比普通高职专业低，生源质量不理想，在很大程度上影响了合作办学的质量和效果，比如学生因英语雅思成绩问题获外方文凭的比例低等。另外，中外合作办学专业收费较高，是普通专业学费的2~3倍，国内学生家长对中外合作办学项目的热情下降，报考生源不足，使得高职院校的合作办学专业无以为继，慢慢走向消亡。以TAFE为例，很多中澳合作办学机构和项目都声称学生可以进入TAFE学院完成本科甚至研究生课程的学习，收取高昂学费，但很多专业课程不结合国内情况开展教学，目的只是能使学生们可以在国外继续开展学习，这样看似与国际接轨的教育形式并不利于学生的成长与成才，以升学为目的的合作办学形式很难满足未来就业的需要。

其次，中外合作办学项目内涵亟待深化。第一，项目建设管理话语权不对等。由于西方发达国家高等职业教育发展程度较高，在中外合作项目建设实践中，外方单位在国际化课程体系建设、专业教学标准制定、核心专业课程设置及项目管理等方面拥有更多的话语权，合作双方在项目建设管理话语权上的不对等导致现有项目不能十分贴合我国高等职业教育学科专业发展和教学管理实际需求，客观上限制了中外合作项目的健康发展。第二，外方单位实际参与不足。受政治导向、文化偏见和管理模式等多重因素影响，现有中外合作项目外方教师在专业建设、计划制订、课程设置、学术研讨和课堂教学等方面的实际参与度较低，给资源引进、联合授课、项目管理等方面带来现实影响，合作成效难以保证，客观上制约了中外合作项目的质量提升。

再次，中外合作办学容易受到合作国外交关系的影响。截至2021年7月，依据合作国家统计，中外合作办学项目的数量由高到低排列，占前六位的分别是澳大利亚（204个）、加拿大（148个）、美国（123个）、英国（116个）、韩国（97个）、德国（41个），如表2-1所示。这些国家均经济发达、职业教育产业化明显。随着中国与这些国家关系的变化，近些年，一部分中澳、中加、中美等合作办学项目已名存实亡。一大批早期签约的合作项目已进入协议办学晚期，能否续签办学协议存在很大的变数。

表2-1 各省市高职院校与国外合作办学项目数量（取项目总数排前六的国家）

省市	合作国家（项目个数）					
	澳大利亚	加拿大	美国	英国	韩国	德国
北京	2	4	4	8	0	0
上海	11	7	15	5	2	3
天津	2	0	3	0	0	0
重庆	9	7	0	1	3	1
江苏	37	42	29	21	17	4
浙江	25	5	21	7	6	0
广东	18	9	4	10	1	0
海南	6	4	4	3	0	0
福建	2	0	2	0	0	0
山东	9	3	13	5	33	10
江西	4	6	0	4	9	0
四川	10	5	4	8	3	0
安徽	15	4	1	3	0	0
河北	7	7	4	5	11	13
河南	6	0	1	6	0	0
湖北	19	5	10	3	1	3
湖南	11	3	0	12	0	1
陕西	4	3	0	2	0	2
山西	3	11	2	3	1	1
黑龙江	0	0	0	1	0	0
辽宁	0	4	0	0	0	0
吉林	1	2	1	0	10	0
广西	0	4	1	3	0	0
云南	1	6	0	1	0	2
贵州	1	6	4	2	0	0
内蒙古	1	0	0	2	0	0
新疆	0	0	0	1	0	1
甘肃	0	1	0	0	0	0
总计	204	148	123	116	97	41

数据来源：教育部中外合作办学监管工作信息平台。

（二）课程建设和参与国际标准开发制定不足

首先，外语课程建设不足。近年来，我国高等职业教育积累了大量优秀的职业教育课程，但以外语为载体的精品课程数量相对不足。2020年，江苏省验收合格的外国留学生英文授课精品课程有300门，其中高职课程仅有45门，占比为15%，"工程制图与数字化表达""光纤通信工程""轮机自动化"等工科类专业课程不到10门。

其次，双语教学效果欠佳。大部分中外合作项目均对双语教学提出了明确的要求，但在教学实践中，受教师本人外语水平及学生语言交际能力等因素的限制，大部分中方教师采取"英文PPT展示+汉语讲解"的简化模式，未能实际模拟真实双语教学环境，使得双语教学沦为形式，客观上影响了学生外语专业阅读写作和实用交际能力的提升。

再次，高职院校引进的国际优质教育资源本土化不足。大部分引进的国际优质资源未能完全融入课程教学，"落地"教学规模及层次较低，既浪费了国家的外汇投入，又不能为国际化专业课程建设服务。资源的本土化二次开发利用不够深入，优质境外资源的优势没有得以充分发挥，资源本土化利用没有真正落到实处。教学中落实国际化程度不高，影响了专业课程国际化水平的整体提升，对建设世界一流水平的国际化专业，吸引更多优质生源来华学习非但未能形成优势，反而构成了障碍。

最后，参与国际标准开发制定不足。参与国际职业教育标准制定是我国高等职业教育提升国际影响力的重要途径。当前，高职院校对国际职业教育标准体系的研究认知不够深入，对比研究学术兴趣不足，参与国际标准开发制定工作的主动性不高，在对国际专业教学标准的借鉴参考和本土化开发利用等方面较为欠缺，中国特色的高等职业教育标准体系建设推进力度不够。

（三）境外办学成效不够

职教分会调查显示，受访院校中23所院校（27.71%）已经开展了境外办学，进行了招生和培训，14所院校（16.87%）已经签署了境外办学合作意向书，16所院校（19.28%）已经把境外办学纳入学校的发展规划，30所院校（36.14%）尚未将境外办学纳入发展规划。由此可见，在国家的大力倡导下，各院校境外办学意识逐渐增强，并有很多院校已取得实质性进展。同时，停留在规划阶段甚至没有规划的受访院校占比高达55.42%。已经开展境外办学招生和培训的院校中，华东地区占比43.48%，华北和华南地区均为17.39%，华中地区和西南地区均为8.7%，西北地区占比4.35%，东北地区尚无院校进行招生和培训,不同区域之间在境外办学方面存在较大差异,如图2-1所示。

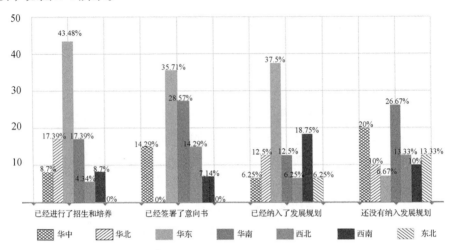

图2-1 高职院校境外办学阶段与院校所属区域分布情况

从院校层次和办学形式上看,境外办学已经进行了招生和培训的院校中,国家"双高计划"建设单位占比91.3%,国家示范性高等职业院校占比60.87%,省一流高等职业院校建设单位和省级示范性高等职业院校均为21.74%,普通及其他类职业院校尚未进行招生和培训,调研结果显示,国家级和省级高等职业院校在境外办学方面步伐更大一些。受访院校开展境外办学的形式主要为海外分校(37.74%)、职业培训中心(24.53%)和鲁班工坊(20.75%),个别院校采取海外独立大学、海外教学点和丝路学院等办学形式。

从发展历史与地域分布上看,受访院校总体上境外办学历史较短,处于起步阶段。具体情况为:截至2019年年底,33所院校(62.26%)具有不到1年的境外办学历史,12所院校(22.64%)具有1~2年境外办学历史,3所院校(5.66%)具有3~4年境外办学历史,5所院校(9.43%)具有5年及以上境外办学历史,由此可见,绝大部分职业院校处于境外办学起步阶段。受访院校境外办学所在地的地域分布具有局限性,亚洲占比最高,为71.7%,非洲占比20.75%,欧洲占比5.66%,北美洲占比1.89%,尚无院校在南美洲和大洋洲开展境外办学,总体而言境外办学主要围绕"一带一路"沿线国家展开。

从发展规模与专业设置上看,受访院校境外办学规模总体不大。44所院校(83.02%)每年招生规模少于50人,5所院校(9.43%)招生规模在

50~99人，3所院校（5.66%）招生规模在100~199人，仅有1所院校（1.89%）招生规模超过200人及以上。专业数量方面，26所院校（49.06%）开办1个专业，16所院校（30.19%）开办2个专业，5所院校（9.43%）开办3个专业，6所院校（11.32%）开办4个及以上专业。

专业领域方面，工程技术占比66.04%，人文社科占比13.21%，汉语语言文化占比11.32%，专门手工技能占比9.43%。受访院校境外办学效果整体良好，"效果优秀，具有良好的社会和经济效应"占比45.28%，"效果良好，学生认可度较好"占比49.06%，"效果一般，学生认可度一般"占比5.66%，"效果较差，学生不认可"占比为0。

从收益上看，受访院校境外办学非物质收益较高，经济收益较少，具体情况为："学校声誉得到提升"占比100%，"师资水平得到提升"占比77.36%，"得到上级主管部门的认可"占比60.38%，"获得了经济回报"占比仅为3.77%。数据显示，各校比较看重的是非物质方面的回报，包括品牌提升、师资水平提升和上级部门认可等，经济上的回报则比较少。问卷结果显示，受访院校境外办学在职业教育领域的辐射带动作用明显，但辐射面仍有较大提升空间。通过境外办学"给东道国带来了新的职业教育理念与方法"占比75.47%，"提高了东道国的职业教育水平"和"提高了合作院校的职业教育水平"占比均为66.04%，"对东道国的职业教育影响有限"占比7.55%。随着中国经济、科技实力的不断增强，职业教育的水平也在不断提高，相对于绝大多数东道国来说，中国的职业教育从内容到教育理念和方法都具有一定的比较优势，因此，境外办学的辐射带动作用比较显著。同时，通过中国职业院校境外办学的东道国地缘分布可以看出，中国的境外办学主要集中在亚洲和非洲，而欧美等职业教育比较成熟发达的国家涉足很少，因此，还不能就此推断中国职业教育的绝对水平已经处于领先地位。客观来说，中国职业教育的境外办学还没有进入"深水区"，境外办学的辐射面还有相当的提升空间。

从经费来源上看，受访院校境外办学经费来源单一，其中"学校经费"占比84.91%，"校企合作企业方资金"占比11.32%，"上级政府划拨专项经费"占比3.77%，暂无"东道国政府或合作学校提供资金"。在经费来源单一、办学规模总体不大的形势下，境外办学难以做到收支平衡，可持续性易受影响。

从教学实施上看，受访院校境外办学实施过程以合作模式为主，具体体现在教学团队构成、教学方案制订和教材选定及招生形式等方面。教学团队

"中外双方共同派遣教师"占比50.94%,"中方独立派遣本校教师"占比41.51%,"境外当地招聘教师"仅占比3.77%,教学团队构成也佐证了师资派遣确实是影响境外办学的一个重要因素。问卷结果显示,受访的中方院校针对派遣教师自身发展的激励机制不够完善等问题,主要采取以下措施加以解决,如保留校内待遇并提供驻外补贴(77.55%),减免教学工作量(46.94%),考核、评优中优先考虑(34.69%)和职称晋级中有加分(16.33%)。整体来看,补贴或者减免工作量均为物质方面的激励措施,而对于教师自身发展包括职称晋级、考核、评优等方面并没有太大的激励举措。然而职称晋级、考核、评优是高校教师重要的利益关注点,如果这方面的激励不足,将会影响外派教师的积极性。

从制订教学方案和选定教材等分工方面看,"由中外双方合作完成"占比43.4%,"由中方学校负责"占比32.08%。整体来看,在境外办学中,采取合作模式开展教学以适应当地的教学需求是一个趋势,也是保证教学效果的关键。

从招生上看,受访院校境外办学以合作招生为主,辅之以外方合作院校负责。"中外双方共同负责"占比41.51%,"外方合作院校负责"占比32.08%,"中外双方联合第三方机构共同负责"占比15.09%,"由境外办学合作企业负责"占比11.32%。

总体而言,缺乏国家政策支持、缺乏资金支持、师资派遣困难(教师外语水平有待提高)和缺乏成熟模式是目前困扰职业院校境外办学的主要因素。受访院校认为"缺乏政策支持"是境外办学的最主要困难,占比高达81.13%,"缺乏资金支持"占比77.36%,"没有成熟的模式"占比67.92%,"师资派遣困难"占比66.04%,"办学风险大"占比49.06%。从地域来看,"缺乏政策支持"和"缺乏资金支持"是受访院校境外办学面临的主要困难,在华东、华南和华北地区占比均超过80%,"师资派遣困难"占比均超过60%;受访院校中认为境外办学"没有成熟的模式"在华南和西南地区占比均超过80%;"办学风险大"在华中和华北地区占比分别为40%和33.33%,其余地区占比均超过50%。问卷结果显示,师资派遣难易与区域经济发达与否并无直接关联。"师资派遣困难"在东北地区占比100%,在华东地区占比85.71%,在华北地区和华南地区占比分别为66.67%和60%,在西南和西北地区占比均为50%,在华中地区占比20%。对已经进行了招生和培训的职业院校分析发现,"缺乏政策支持"占比高达95.65%,"缺乏资金"占比78.26%,"师资派遣困难"占比73.91%,"没有成熟的模式"

占比60.87%。此外，个别办学东道国的政局不稳定，在一定程度上影响境外办学；由于境外办学主要在亚洲和非洲，东道国的经济条件相对差，职业教育的基础相对薄弱，因此，教学硬件、学生基础比较弱。受经济社会发展水平制约，东道国政府的支持和保障也会受到一定影响。

此外，高职院校境外办学的惠及面尚有较大空间，像土耳其、白俄罗斯、哈萨克斯坦等"一带一路"沿线的重要节点国家尚未覆盖。另外，与中外合作办学已建成了教育部层面的中外合作办学监管工作信息平台和办学质量评估机制相比，高职境外办学迄今尚未建立规范的评估评价体系，还处于"各自为政"、监管缺位的局面。

三、国际化校企合作尚且不够

高职院校的重要属性之一就是产教融合、校企合作。在"一带一路"建设推进过程中，越来越多的中国企业，尤其是制造类、建筑类企业参与到"一带一路"沿线国家和地区的基础设施项目，诸如装备制造、新能源、高铁等产业急需大量目的国家的技术技能人才。高职院校应了解我国"走出去"企业和沿线国家本土企业对人才的具体需求，校企深度合作，针对人才培养中存在的主要问题，解析问题要素，针对性地提出解决问题的措施，将解决问题的措施融入人才培养体系中，真正培养出企业所需要的国际化技术技能人才。

首先，校企缺乏合作需求沟通的平台，学校对"走出去"企业的需求调研不深，企业对学校是否能提供人才、技术、管理等方面的支持了解不足。当前，高职院校"走出去"项目多采取与目的国院校合作的模式，大多数"走出去"的项目缺乏政府或企业的介入，项目质量难以保障，项目建设可持续性差。笔者依据《江苏省高等职业教育质量年度报告》中江苏高职院校境外办学的数据，采访了相关院校国际合作与交流处、国际教育学院等部门的负责人，被访谈对象均表示，当前高职院校缺少足够的具有相应国际视野和语言能力的师资团队与管理团队，也缺乏资金的有效投入和使用，且院校国际化发展与政府、企业联系还不够紧密（表2-2）。这些现象直接导致高职院校无法成为"政校企"跨境合作的桥梁，合作办学"走出去"无法形成人才培养的长效机制。其次，高职院校对"走出去"企业海外人才培养目标不明确，教学标准与职业标准、教学过程与生产过程无法统一，培养的学生达不到在"走出去"企业就业的要求，人才就业匹配度差。再次，国际化育人平台,尤其是瞄准世界产业发展前沿及国内产业结构转型升级的需要,校企共同推动专业建设与高端产业发展相适应的协同育人平台建设不足,校企无法实现资源共享、优势互补、协同发展。最后,校企国际化合作面临着成本分担、利益共享等问题,如缺失校企双方均能接受的利益调节机制,双方的合理诉求无法满足,将会影响合作的积极性甚至合作基础。如在缺乏利益机制的前提下,高职院校学生赴企业往往以参观考察等低层次学习为主,企业未给学生提供实习机会,难以培养出符合"一带一路"建设所需的技术技能人才。

表2-2 2019年江苏省高职院校国际合作与交流部门负责人访谈结果

学院	意愿	现状
A学校	师资团队	积极引进有留学或海外工作经验的教师,但困难较大
B学校	政企介入	缺乏政府企业介入,学校单打独斗困难重重,需加强与政府和有意愿走出去的中资企业合作
C学校	资金投放	增加国际化办学经费,并吸引"走出去"企业的资金注入
D学校	管理团队	积极创造管理团队的境外培训机会
E学校	师资团队	加大师资境外培训力度,融入跨境企业实际经验

2016—2018年间,我国高职院校专任教师赴境外指导和开展培训时间超过10日的院校数分别为162所、353所和401所,境外培训量超过10人日的院校数在全国院校总数中占比较小,分别为11.9%、25.4%和28.9%。究其原因,一方面是高职院校对"走出去"企业人才需求的针对性调研不足,还停留在国内产业发展状况和趋势上,培养的人才不符合"走出去"企业的要求;另一方面,"走出去"企业并未真正意识到或者未尝到高职院校培养的人才给企业发展带来的甜头。从院校参与度和服务水平角度而言,我国大部分高职院校服务"走出去"企业开展境外培训工作仍有较大提升空间。

四、国际化师资力量尚有不足

教师作为国际化人才培养的主要引导者和参与者,是影响高等职业教育国际化的关键因素,是高等职业教育国际化人才培养的前提和保障条件。衡量高职院校师资构成的国际化水平主要有以下指标:在海外取得学历、学位的教师数量,具有1年以上海外留学经历的教师数量(不含在海外取得学历、学位教师数量),具有1年以上海外工作经历的教师数量,具有3个月到 1 年海外短期培训（访学）经历的教师数量，外籍教师比例（外籍教师占全校教师总数的比例）和外籍教师授课比例（外籍教师授课时数占全校课时数的比例）等。在国内教师双语教学率这个核心指标上，更是不容乐观。当前，高职院校国际化师资力量不足，表现在国际化师资引进机制不健全，教师外语水平欠缺、跨地域适应能力不足、跨文化沟通能力不够，教师基于国际化要求的专业探索能力和自我提升能力不强等方面，擅长使用小语种进行专业教学的教师更是凤毛麟角。

从"外引"上看，主要存在以下问题。

第一，高职院校境外高端人才引进体制机制不够健全。部分院校在境外高端人才的引进模式、招聘方式、激励机制、福利待遇、职业规划与岗位设置等方面谋划不足，一些高职院校甚至尚未正式出台境外人才引进相关政策与管理规定，人才引进体制机制不够健全，内涵建设严重不足，限制了境外高端人才引进与培养步伐。

第二，限于办学层次和软硬件等因素，高职院校对外籍专家和教师的吸引力十分有限。调研显示，大部分高职院校的外籍教师数量是个位数，比例很低，且主要在校开展语言教学和中外合作办学项目的基础课程教学，在其他专业领域发挥的作用相对较小，鲜有进行技术技能培训和指导的专家。

从"内培"来讲，存在的问题有以下几方面。

第一，高职院校与教师的国际化师资建设意识有待加强。部分高职院校未将国际化办学列入学校的长远规划中，尚未充分认识到教育国际化是高职教育发展的重要内容。受此影响，部分教师则安于现状，观念陈旧，缺乏国际化学术视野、国际交往能力与国际化教学能力，高职院校与教师的国际化师资建设意识有待加强。比如，为全面掌握湖南省高职院校教师国际化教学能力状况，湖南省于 2019 年 1—3 月就全省师资队伍国际化建设等相关问题对湖南省四大板块中的卓越高职院校、国家示范性高职院校与省级示范性高职院校的教职员工发放问卷 500 份，回收 489 份，其中有效问卷 476 份，对于"是否"类的布尔型指标进行"1"与"0"赋值，1 表示具备某种国际化教学的能力，0 表示不具备某种国际化教学的能力，利用 EXCEL 与 SPSS 13.0 对有效问卷的各项指标进行了统计分析。据统计结果分析，所调研教师中仅有 11% 的教师国际化视野开阔，4.7% 的教师具有国际交流能力，17% 的教师具有灵活高超的专业能力，3.7% 的教师具有国际化教学能力。由此表明，湖南省部分高职院校和教师的国际化意识仍非常淡薄，对教育国际化认识不深，不能及时了解和掌握国际先进技术。[1]

第二，国际化师资培训体系尚未建立，部分高职院校未将双语教学、跨文化沟通交际等国际化能力纳入现有的师资培训体系。部分高职院校认为，聘请外国专家或优秀教师为国内教师开展短期性的培训和交流就等同于已进行了高职教师国际化教学能力的培训。有些高职院校由于用于国际化师资建设的资金不足，基本都实行严格的名额限制，只有极少数优秀骨干教师、校领导可以参加，能够派遣出国（境）进修学习的受众面比较窄。部分高职院校教师因为自身原因，难以达到出国（境）培训所要求的外语水平。教师缺乏对外沟通的机会，外语能力不强，在参与对外教学活动中缺乏自信，对学生的国际视野、沟通和适应能力的培养与国际化建设需求不相适应。学校缺乏对参与国际化办学的部门和人员的评价与激励机制，一定程度上也影响了其参与国际化建设的积极性和主动性。

第三，部分高职院校在开展教师赴国（境）外培训时，存在培训要求和预期成效不够清晰，团组成员专业背景不够统一等问题，给承训单位在方案制订、授课安排、团组管理等方面造成实际困难，导致培训需求与预期成效不够贴合。如若未仔细遴选承训单位，出现承训单位资质不够的情形，教师国（境）外培训质量更是难以保证。部分院校不重视总结培训成果，未在教学与管理实践中予以对比吸收，成果转化效率不高，培训成效亟待提升。

随着高职院校来华留学生规模的不断扩大，和学生朝夕相处、负责学生日常事务管理的来华留学生辅导员的队伍建设显得尤为重要。目前，部分院校已经逐步建立了针对来华留学生的专兼职辅导员队伍，但对于来华留学生辅导员职业能力标准建设仍缺乏顶层设计，导致来华留学生服务能力和服务水平长期得不到提升，来华留学教育的质量受到社会和公众的质疑。

五、国际化职业标准输出不足

职业教育标准是指职业教育领域内可量化、可监督、可比较的统一规范和技术要求，是一个国家教育标准体系的重要组成部分。长期以来，我国职业教育国际化活动以引进并学习借鉴西方职业教育发达国家优质的教学资源、标准和管理经验为主，输出本国成果并被别国认可及采用的成果较少，

---

[1] 陈超群，胡伏湘."双高计划"下高职院校国际化师资建设的现实审视与发展路径：基于湖南省70所高职院校的数据分析[J]．职业教育研究，2020（3）：80-84．

呈现出较明显的单向性特征。

首先，虽然近些年高职院校输出的专业教学标准、课程标准逐年增多，但多由院校自主申报，并未有国家或省级层面出台的认定规则加以检验、监督。从均值来看，2019年，高职院校输出的专业教学标准、课程标准分别为0.65个/校、4个/校，且存在输出院校所在区域极不均衡的问题，如江苏省高职院校上述标准的输出值分别为2.67个/校、18.42个/校，是全国均值的4.1、4.6倍。

其次，高职院校对国际职业教育标准体系的研究认知不够深入，对此研究学术兴趣不足，缺少对我国职业教育的改革经验、模式系统的总结和梳理，特别是可复制、可推广的经验。在知网上以"职业标准输出"为主题词搜索，仅有2篇文章；以"职业教育输出"为主题词搜索，也仅有不到10篇文章，且基本以各院校的具体做法为主，缺乏宏观层面的论述。

再次，我国职业教育标准的通用性不强。"一带一路"沿线涉及65个国家，官方语言达53种，标准"走出去"首先面临多语种文本的问题。调研显示，绝大部分输出至"一带一路"沿线国家的高职课程标准是英文文本，相比之下，官方语言使用频率第一的阿拉伯语和第三的俄语文本几乎为零，侧面说明高职院校标准的输入国主要是英文比较通行的东南亚国家。

最后，高职院校在制定国际职业教育通行标准、国际资格证书等方面参与力度不够，向国际社会宣传并推广我国职业教育发展成果的渠道层次不高，大多是院校个体的、零散的行为，宣传效果不明显。

第三章
中国高等职业教育国际化发展策略

基于当前高职院校国际化面临的形势和存在的问题，高职院校可从认知国际化、推进国际化、保障国际化三方面着手，坚定社会主义办学方向、提升国际化战略意识、避免国际化办学认识和实践中的误区；健全管理体制机制、搭建国际化平台、完善专业和师资国际化建设、开展来华留学教育；实施办学质量评价、推动中外人文交流、持续借鉴学习等，提升学校办学国际化水平。

第一节　中国高等职业教育国际化认知策略

一、坚定方向是根基

引领职业教育服务国家是我国发展社会主义职业教育事业的重要指向。高职院校国际化发展应以习近平新时代中国特色社会主义思想为指导，以服务国家战略为根本，坚持社会主义办学方向，推动我国向教育强国、人才强国的目标迈进。

一是高职院校国际化建设要服务国家进一步对外开放。2019年6月，习近平主席在二十国集团领导人第十四次峰会上发表重要讲话，宣布中国将进一步开放市场，努力实现高质量发展。进一步扩大对外开放，既是我国产业经济全面融入世界经济体系的客观需要，也是我国产业转型升级的内在要求。高等职业教育通过国际化发展助力我国对外开放，助力我国产业、企业

"走出去",是其作为一种类型教育的必然选择。高职院校通过国际化建设,积极参与国际竞争,在国际职业教育的大环境中引进、借鉴优质资源,实现我国高职教育资源输出,提升我国高职教育的国际影响力和话语权,助力我国高职教育走在世界前列。

二是高职院校国际化建设要服务"一带一路"倡议。"一带一路"倡议是构建人类命运共同体的伟大实践,是我国坚持对外开放基本国策的战略性举措。近年来,我国高职院校掀起国际化发展的热潮,在很大程度上得益于"一带一路"倡议带来的历史性机遇和大好形势。当前"一带一路"倡议正处在全面推进的关键时期,高职院校一是要顺应时代大势,站在服务国家战略的高度,科学谋划学校在"一带一路"倡议中的责任与发展策略,助力国家对外经济发展建设;二是要把学校的国际化建设与国家"一带一路"倡议结合起来,既借力又助力,提升自身的国际化思维和能力,开阔视野,切实通过国际化进程提升对外开放的广度和深度,积极实现高等职业教育与国家建设的一体化发展。

二、提升认识是前提

第一,高职院校要提高职业教育国际化战略自觉。中华人民共和国70年国际教育交流与合作的历史证明,包括职业教育在内的国际化事业发展始终与教育现代化和国家现代化同向同行,受到政治、经济、文化、学术等内部因素和国际格局、对外关系等外部环境影响,其中最根本的还是由一国综合国力和整体实力决定。习近平总书记关于教育对外开放的重要论述告诉我们:做好包括职业教育在内的国际化事业,有助于在互容互鉴互通中增强中国的综合实力,有利于整体提升我国人才培养的质量水平,有利于在提高我国各种软硬实力中壮大知华友华的国际力量。

第二,高职院校要提高职业教育国际化战略自信。今天的中国已成为全球有影响力的国际教育中心之一,不但拥有世界最大规模的外语学习人口,而且建成了世界上影响最大的语言推广机构;不但持续保持世界最大的留学生生源国地位,而且稳居亚洲最大留学目的国位置;不但成为引进世界优质教育资源开展合作办学最多的国家,而且成为积极探索境外办学、重点为"一带一路"沿线国家提供教育服务公共产品的最大发展中国家;不但在世界百年未有之大变局中始终保持战略定力,始终坚持打开国门搞建设,始终坚持教育对外开放毫不动摇,加快和扩大教育对外开放,学习世界一切有益的文明成果，努力做强中国教育，对内服务构筑中华民族精神共同体、实现中华民族伟大复兴的中国梦，而且对外积极共建"一带一路"教育共同体，深化双边多边教育合作，参与和引导全球教育和人文治理变革，成为全球最大的成体系成规模、官民并举、旗帜鲜明加快教育有序开放、推动人文交流和文明互鉴、服务构建人类命运共同体的世界大国。这些都是加快扩大对外开放、做好新时代职业教育国际化的坚实基础和自信之源。

习近平总书记关于教育对外开放的重要论述，基于全球治理赤字、发展赤字、信任赤字和人类面临何处去的大背景，始终坚持把教育置于服务中华民族伟大复兴和构筑人类命运共同体的重要使命这一高度来推进，既坚持原有多边世界格局和秩序，又不忘有理有节地推出"一带一路"倡议等助力走向民族复兴、服务人类进步的擘画；既要坚持以我为主、扎根中国大地办好教育，又要以海纳百川的博大胸怀，学习借鉴世界一切国家和民族优秀文明成果；既要积极搭建民心相通、文明互鉴的人文交流桥梁，又要积极传播中国声音、讲好中国故事、塑造中国形象，为实现强国目标和民族复兴营造有利的外部发展环境。

第三，高职院校要提高职业教育国际化战略自为。高职教育国际化是高职院校的基本职能和使命，要在积极主动服务职业教育改革发展、国家教育现代化建设和"走出去"战略中，促进与教育教学、人才培养、社会服务、科学研究、文化传承与创新等职能深度融合。首先，做好高职教育国际化发展事业，是深化职业教育改革发展的必然要求，因为它与经济、社会发展最密切相关，是服务全面对外开放和"一带一路"建设、深化我国与世界融合发展的有力抓手，是贯彻"职教20条"的重要支柱，必将为职业教育大发展带来先进的理念、思想、模式、方法和优质的资源。其次，做好高职教育国际化发展事业，也是中国教育现代化的必然要求。实现教育现代化、做强中国教育是民族复兴的基础工程，在全方位对外开放新格局中开展中外人文交流、促进民心相通是建设"一带一路"倡议的基础，推进各国人民相知相亲、搭建民心相通桥梁是职业教育的职责使命。同样的道理，职业教育是整个国家教育体系的重要组成部分，职业教育的现代化既是国家教育现代化的重要内容，也是教育现代化的重要支撑。职业教育国际化要坚持以开放促改革促发展，提升国际合作与交流水平，成为教育现代化的有力支撑。再次，做好高职教育国际化，还是履行负责任大国担当角色的必然要求和重要手段。进入新时代，深度参与全球治理，打造中国职业教育品牌，走向世界教育舞台中心，对职业教育国际化提出了新的更高的要求。做好高职教育国际化是服务国家重大战略、提高职业教育办学水平的重要举措，是推进各国人民相知相亲、搭建民心相通桥梁、助力人类命运共同体建设的重要支撑，是不断提升我国职业教育质量、服务职业教育现代化，拓展中外人文交流、建设教育强国和提升国家软实力的重要内容。

第四，高职教育国际化发展的政策要有完备的宏观设计和微观细化。从宏观层面，相关政府部门需制定国际化战略规划，确定高职教育国际化未来几年的发展目标、方针和任务。国际化战略规划的制定要注意把握教育对外开放的原则：一是"加快"和"扩大"原则；二是"提质"和"增效"原则；三是"稳步"和"有序"原则。从中观层面，逐步完善高职教育国际化相关的政策法规，规范和保障国际化相关工作，如规范国际化合作办学，防范风险，保障国际化发展的经费投入，并落实到位。从微观层面，高职院校制订适合自己学校特色的国际化行动实施方案和细化的规章制度，如来华留学生管理制度、教师外派管理制度等确保各项工作的落实。另外，建立高职院校国际化发展的评价体系和质量评价指标，对国际化工作全过程进行监测预警，开展诊断性考核，保障国际化办学的质量。①

第五，高职院校在考虑国际化发展时应做到"知己知彼"，提升国际化规划和决策的必要性、科学性与可行性。"知己"是立足校情，明晰学校的办学定位和办学条件，明确国际化在学校发展中的意义和路径选择，包括学校需要怎样的国际化作为办学支撑，学校可输出哪些理念和资源，学校国际化形成了哪些特色，学校国际化水平在本区域内、在国内属于什么样的层次等。切忌盲目跟风，照搬照抄，要实事求是，综合考量，树立科学的且具备融合学校、区域、行业特色的国际化办学和育人理念。

"知彼"是充分研究潜在的合作对象，认知其合作需求，掌握其"痛点"和"兴奋点"。以与"一带一路"沿线国家合作为例，"一带一路"涉及65个国家和地区，各国国情民情、文化习俗都不一样，与"一带一路"沿线国家合作，高职院校先要了解目的国政府、企业、学校和我国"走出去"企业的需求，以及与他们合作的注意事项等，然后依据自身的办学优势和特色，精准选择和开展合作项目。学校可成立目的国国别研究中心，或借助本科或其他高职院校智库的力量，深入了解目的国的情况。如教育部中外

---

① 宿莉，吕红. 高职院校国际影响力：特征与对策——基于近三年"国际影响力50强"高职院校的质量年报数据可视化分析［J］. 中国职业技术教育，2020（30）：48－54.

人文交流中心和南非高等教育与培训部工业与制造业培训署成立"中南职业教育联盟",常州信息职业技术学院牵头成立"中国—南非产业合作与职业教育研究中心",国内的南非产业研究专家和中资驻南非企业的专家共同研究南非,包括非洲的人文历史、经济政策,探索中非在职业教育方面的合作领域,更好地服务中非经济发展和中非命运共同体建设。

我国高等职业教育起步晚、底子薄,各地发展不均衡,因此,要更积极地学习国外优秀的职业教育理念、人才培养模式,但都必须符合我国的具体情况和实际需求,这就需要进行认真取舍,有用的就选择,没用的就放弃,同时对不适应或部分适应的进行改革创新,也就是推进高等职业教育本土化。我国高等职业教育在国际化发展过程中,先后借鉴过德国的双元制办学模式,美国的个性化、能力本位教学方式,日本的企业职业培训经验等,这些学习借鉴都结合了我国高等职业教育的实际情况,也考虑了职业教育的地域不同,有针对性、有区别地选择和试验,取得了不错的效果,这种高等职业教育本土化的过程是我们走向国际化关键的一步,也是重要的一步。在结合国情,保持自身特色的前提下,我国高等职业教育应坚持走国际化道路,学习西方良好的高等职业教育观念、办学模式、政策规范等,做到"以我为主,为我所用",发展具有中国特色的国际化高等职业教育。

因此,高职院校要以特色办学为主线,形成差异化办学格局,注重特色发展。一是要树立独特的办学和育人理念。高职院校国际化发展既有共性规律,也要凸显个性。不同高职院校的办学定位、办学条件及所面向的地域不同,高职院校国际化切忌盲目跟风、照搬照抄,要按照解放思想、实事求是的原则,根据学校实际制定国际化发展的目标、定位、方向和指导思想,科学选择适合自身的面向地域及合作伙伴,树立特色化的国际化办学和育人理念。二是要着力打造特色专业并形成专业特色。专业是高等职业教育人才培养的载体,高职院校要凸显国际化发展特色,关键在于打造特色专业并形成专业特色。高职院校要结合自身办学实际与国际劳动力市场需求,打造既能体现中国职业教育特点又能满足国际劳动力市场需求的专业,彰显中国高等职业教育的独特优势。同时,高职院校要在一般性专业教育中凸显中国教育特色,如注重思想政治教育、强调集体主义精神等。

三、避免误区有必要

高职院校的国际化步伐日益加快,既取得了一定的成果,也暴露出一些值得警惕和防范的误区，主要体现在"为国际化而国际化"、"朝秦暮楚的国际化"和"盲目'输出'的国际化"三个方面。

（一）为国际化而国际化

少数办学实力比较雄厚的高职院校基于其科学的规划和超前的国际化视野，及早布局、先行一步，通过深度合作、外派师生实习实训、聘请发达国家（地区）的专家前来指导等，大大拓宽了办学思路，在国际化进程中高歌猛进，取得了不俗成就。

然而，一些院校为满足本就脱离实际而制订的指标或追求国际化带来的名和利，错误地将国际化视为一种经营方式，背离了国际化的初衷。① 只要一项指标被强化，高职院校则不论自身条件是否具备、对学校发展是否必要，都要千方百计争取。这些院校大多缺乏自主、特色、差异化发展的自觉性，不习惯在没有明确指标导向下办学，同质化倾向严重。② 一些本身实力偏弱的高职院校对内涵式发展用心不足，将有限的人力、财力、物力用于追赶国际化潮流。学院的国际交流看似频繁，与海外若干应用技术大学签订了合作协议，外派教师和学生的数量连年提高，来访的海外专家有增无减等，实际上因为自身基础薄弱，与海外较高水平应用技术大学无法有效对接，外派师生也很难在国外认真细致地学习和接受培训。海外专家来校指导，大多也只短暂停留，培训上蜻蜓点水，起不到应有的效果。有的高职院校"高攀"不上海外名校，只好通过各种关系去联系办学水平较低的职业院校，结果是花费不菲，只谋得一纸低层次的合作协议，对学院的国际化并无裨益。《2017 年中国高等职业教育质量年度报告》首次公布"国际影响力 50 强"榜单后，这一风向标越发明显，越来越多的高等职业院校招收来华留学生。《学校招收和培养国际学生管理办法》（2017）明确规定，高等学校在具备相应教学条件和培养能力的前提下，可自主招收来华留学生、自主确定招生专业。部分学校片面地认为，招收留学生属于学校办学自主权，但忽视了学校是否已经具备了招收来华留学生的教学条件和培养能力这个必要前提。这个前提如果缺乏必要的审核，会让一些尚不具备条件的学校出于各种动机，不顾自身实力、没有充分准备、降低录取标准而仓促上马，甚至为了扩大规

---

① 王建滨，张艳波，赵庆松. 重构与机遇：高职教育国际化的制度逻辑和要素探究［J］. 天津中德应用技术大学学报，2021（1）：11 - 16.

② 黄华，陈黔宁. 江苏高职院校来华留学生教育现状与展望［J］. 江苏高教，2020（2）：120 - 124.

模而盲目竞争。

在外国留学生招生和培养上,江苏做了良好的示范。近年来,为规范并加强江苏外国留学生的教育和管理工作,江苏省教育厅每年在全省范围内开展留学生教育专项检查工作,对刚启动来华留学教育的院校更是全覆盖检查。抽检院校需向省厅提交本校外国留学生教育和管理工作报告,省厅派驻检查工作组到校听取该校在留学生招生、在校管理、教学实施、保障条件等方面的介绍,并仔细查阅学校留学生工作的各项材料,观摩留学生现场教学、走访留学生宿舍并和学生交流,重视留管工作中的痕迹管理。针对省厅下发的检查指标,院校还需从留学生教育和管理工作质量如何提高、管理如何规范、政策如何完善、风险如何防范等方面提出学校的解决措施和应对思路。工作组对院校的留学生工作提出意见和建议,院校依据意见和建议进一步排查、梳理留学生工作中存在的问题点,并提交整改报告。各院校本着"以检促改"的原则,在今后的工作中"强管理、重质量、推亮点",保障江苏省来华留学教育的健康、有序和规范发展。

(二) 朝秦暮楚的国际化

职教发达国家和地区历经长期实践形成了本国、本地区、本校的办学风格和特色。作为现代职教后起国家,需要通过借鉴和取舍,最终形成适合中国特色的职教模式。在高职院校的国际化过程中,一些高校至今仍缺乏明确而坚定的办学方向,企图走"捷径",从国外直接"移植"或"嫁接"先进理念。有的上一年借用荷兰的能力本位模式,下一年改为学习德国的双元制模式;有的今年声称要借鉴美国的生计教育理念,明年又转而"改宗"澳大利亚的 TAFE 模式。少数院校在短短十多年里,已经多次改换门庭,把欧美较有影响的职教模式都尝试了一遍,到头来连自己也不知道"我是谁"了。有的高职院校同时引进海外多种职教模式,力图通过糅合产生一种创新型模式,却忽视了起根本性作用的国情、区情和校情。这种脱离自身实际、简单捏合的模式,最多只是字面和形式上的翻新,并非真正创新。

(三) 盲目"输出"的国际化

随着"一带一路"倡议深入人心,大量中国企业已经或正在"一带一路"沿线国家大显身手。从沿海到内地,许多地区的高职院校也在纷纷摩拳擦掌,布局"一带一路",将"一带一路"倡议作为其走向国际化的重要机遇。不过,从一些高职院校的发展规划看,存在对合作国家、院校和项目了解不够,急于抢占欠发达国家职教桥头堡的心理,容易导致盲目输出。其中，一些输出重文轻技，虽然打着技能输出的旗号，实则以传播中国传统文化为主，并未将自身优势与当地对技能技术的渴求形成契合。这就容易与普通高校的孔子学院重叠。

另外，一些高职院校之所以盲目输出，还因为过于高估自身的办学实力，带着一种居高临下的心态去"指导"别国。事实上，近年来我国高职院校虽有长足进步，但整体实力依然较弱，其中师资是最大的一块短板。虽然近些年大部分高职院校不断加大引进海归硕博高层次人才的力度，但总体上来讲，高职院校教师用英语作为授课语言的能力还比较弱，极大地限制了专业资源，如专业标准、专业课程的对外输出。调研显示，高职教师在给留学生开设全英文课程时，对自己的英文表达能力缺乏自信，在面对母语是英语的留学生时更是如此。因此，借助"一带一路"走向国际化，需要放下身段，相互取长补短，在输出自身优势技能的同时，虚心吸收沿线国家职教的成功经验和较高水平的技能技术，同时，鼓励教师夯实外语基础，从而不断提高高职院校的国际化办学水平。

作为高等教育的重要组成部分，高等职业教育的国际化趋势不可阻挡。如何通过国际化之路，不断强化高职院校的内涵式发展、努力提升办学实力，需要谋定而后动。切不可"脱实向虚"，甚至步入国际化的形式主义。①

第二节 中国高等职业教育国际化推进策略

一、机制健全是基础

高职院校国际化既受到外部环境的影响，更受到学校决策者对学校发展阶段、区域发展环境和国际化之间关系的认知驱动。当前，高职院校决策者应充分认识国际化是高职院校发展的必由之路，建立健全国际化管理体制机制是高职院校国际化办学有序开展的必要环节。

（一）完善国际化发展组织架构

成立由熟悉国际交流、国际教育或国际标准的人员组成的国际合作部

---

① 胡解旺. 高职院校走稳国际化之路［N］. 中国教育报，2018－01－02（009）.

门,在学校党委外事工作委员会的领导下,依据国家关于职业教育的政策和文件,研究制订学校中长期的国际化发展方案,将其纳入学校发展核心环节。围绕制定的重点目标和任务,全面统筹与国际化建设发展相关的资源。各部门设立国际化工作协调员,与国际合作与交流部门一同贯彻落实学校的国际化发展战略。对于开展来华留学生教育的学校,应设立国际教育学院(国际学院)等来华留学生工作归口管理部门,完善来华留学生教育的各项规章制度,扎实做好招生宣传、学生管理、汉语推广及对外文化交流等工作。

(二) 建立国际化协调运行机制

从政府层面来讲,应建立支持高职教育输出的统一协调机制。加强高职教育"走出去"的顶层设计,研究高职教育输出所涉及的业务范围,梳理相应的负面清单,为政府制定支持政策提供指导意见;建立支持高职教育输出和引导职业教育服务"一带一路"的协调机构,加强外事、人社、教育、财政部门和驻外、援外机构的沟通协调,统筹相关政策的研究、制定和出台,防止政出多门;加强"一带一路"沿线国家对职业教育相关的人才需求、资源需求等方面的信息整合,将相关信息、资源与服务"一带一路"有基础、有条件的高职院校进行对接,增强职业教育输出"一带一路"国家、助推经济国际化的针对性和有效性。

从学校层面来讲,对内需明确国际化工作不仅仅是国际合作部门的工作,而是全校一盘棋,涉及多领域、多部门的工作。建立由国际合作部门主导,相关职能部门和教学单位密切配合的国际化协调运行机制。强化宣传教育,使师生充分认识国际化对学校发展的重要意义,充分调动其参与学校国际化工作的积极性,积极谋划国际化发展新思路。实行信息共享机制,定期召开国际化工作会议,有序推进国际化发展,避免因信息沟通不畅引起的贻误发展时机,推诿扯皮等现象。① 对外则通过建立办学合作机制、资源共享机制、利益分配机制等规范各教育主体的行为,激发各方的国际化办学热情,保障各方的办学利益和成果。此外,强化思想引领与宣传教育,让教职员工深刻理解推进教育国际化的紧迫性和必要性,理解推进国际化对学校未来发展的深远影响,主动了解和参与教育国际化建设,积极谋划国际化发展

---

① 张慧波."双高"建设背景下高职学校国际化发展策略[J]. 教育与职业,2019 (21):47-51.

新思路，创新国际化发展新模式。①

（三）建立国际化办学考评机制

机制建设还应涵盖考评管理，高职院校应采用灵活多样的考核方式，对参与学校国际化发展的管理部门、国际化程度较高的教学部门进行考评，以带动其参与建设的主动性和积极性。首先，将服务和保障国际化工作开展作为教务、人事、学工、科研管理等职能部门的考核指标，推动职能部门积极参与学校国际化项目建设。其次，二级学院是高职学校国际化办学的重要实施主体，要将国际化资源引入、国际化人才培养、开展国际化合作与服务作为二级学院考核的重要内容，推动二级学院积极开展国际交流合作，在学院内部形成压力和动力的有效传递。最后，教师是高职院校国际化办学项目的具体执行者，要将提升国际化教学能力等作为教师专业发展的重要内容。如将参与国际化办学项目、出国学习和工作经历等作为专业教师职称评聘的重要依据，同时出台多项制度文件，强化教师"双语"能力培养，激励教师赴国（境）外进修、工作，有效提升教师国际化环境下的工作能力。

（四）建立国际化经费保障机制

政府应设立高等职业教育国际化专项经费，激发院校国际化办学的积极性。做到经费在公办与民办高职院校之间、不同区域院校之间的合理分配，充分发挥民办院校管理体制的灵活性、人才培养的市场性等优势。引导边远地区高职院校充分利用地缘优势，在国际化工作中积极对接国家"一带一路"倡议。比如，广西充分利用地域优势，和东盟国家开展了富有成效的合作，搭建了东盟语种人才培养基地、中国—东盟大学智库联盟、中国—东盟边境职业教育联盟等对外合作平台，政府给予平台建设经费支持。同时，逐步增加广西政府东盟国家留学生奖学金额度，把广西建成东盟学生留学主要目的地，打造"留学广西"品牌。

此外，学校应在进行项目可行性论证、绩效分析等充分调研的基础上编制国际化工作预算，制定资金管理办法，做到钱与事相结合、任务与考核相结合，提高资金使用效率。逐步建立完善多元经费投入机制，多渠道融资，吸收各类社会资本对高职院校国际化项目的投入，尤其是要加强与"走出去"企业的合作，形成多渠道经费保障机制。

---

① 唐现文，吉文林. 新时期高职教育国际化：形势、对策与评价［J］. 教育与职业，2019（7）：44-51.

二、搭建平台是重点

搭建平台是高等职业教育实现高质量发展的重要途径。高质量的平台是高职教育走向国际化的"立交桥",对推进高职教育开展国际合作与交流、提升国际化影响力具有重要作用。高职院校应树立平台化发展思维,在做好既有平台项目的基础上,积极搭建多方参与的职业教育联盟,参与政府或行业协会搭建的国际合作和交流平台,与"走出去"企业合作办学,不断提升学校的国际化办学质量和服务水平。

(一)高职教育国际化平台搭建的基本原则

首先,体现教育性原则。作为我国高职教育走向国际教育舞台的"桥梁"工程,搭建高职教育国际化平台是提升职业教育国际化发展水平和推动职业教育国际化内涵发展的应有之义,其承载的是具有中国特色的职业教育发展模式之跨境输出。因此,在构建职业教育国际化平台的过程中,必须以职业教育的内涵使命为基石,凸显平台的教育性原则。换言之,国际化平台的构建要充分对接我国职业教育的基本要素,融入职业教育的内在规律、体现职业教育的功能发挥,以实现国际化平台搭建与职业教育国际化发展之间的相得益彰,这不仅是国际化平台教育性的重要体现,也是衡量我国职业教育国际化发展程度的重要指标。

其次,体现合作性原则。在"一带一路"倡议背景下,开放、合作、互动、交流成为时代发展的主旋律。因此,促进合作是职业教育国际化平台搭建的主要原则之一。构建职业教育国际化平台,其主要目的是增进职业教育的国际交流,促成开放式合作,实现利益相关方优势资源的共享和互动。充分发挥国际化平台功能,协调优化各方资源配置,开展形式多样的交流活动,搜集教育发展、产业需求或地方政策等不同领域的国际资讯,搭建国际化人才培养基地,提供跨境职业教育技术服务等,以增进交流与合作,满足职业教育国际化利益相关方对各方优势资源的互通和共享。

再次,强化服务性原则。产教融合服务经济发展是发挥职业教育社会价值的重要体现。在"一带一路"倡议和"走出去"战略背景下,大批中资企业赴境外开拓国际市场。但是大部分"一带一路"沿线国家人力资源开发能力低,职业教育发展水平滞后于市场对职业技能人才的需求,较为严峻的人力资源开发问题成为制约"一带一路"沿线国家可持续发展的重要掣肘,也给中资企业的境外拓展带来了困难。因此,职业院校要协同企业共同搭建国际化平台，集聚学校和企业的优势资源开展技术技能人才培养、技术服务等，培养培训中资企业境外发展所需的本土化人才，服务中资企业境外发展需求。同时，要借助中资企业在境外政策、环境、市场等方面的发展经验，拓宽国际化平台的运作渠道和功能，实现国际化平台的良性可持续发展。

（二）高职教育国际化平台搭建的路径

第一，积极参与政府或行业协会层面搭建的国际合作和交流平台。如参与天津"鲁班工坊"、江苏"郑和计划"、中国教育国际交流协会职业技术教育国际交流项目、"中国-东盟教育交流"项目等。

高职院校可充分利用中国教育国际交流协会丰富的国际化资源，如"高端技能型、应用型人才联合培养百千万交流计划""中国-中东欧国家教育能力建设"等项目，院校抱团、齐心聚力，积极推动中国高职教育走向世界。教育部、外交部及贵州省人民政府合办的"中国-东盟教育交流周"已举办了8届，致力于打造中国与东盟国家教育合作品牌，被列入《中国-东盟战略伙伴关系2030年愿景》和《澜沧江-湄公河合作五年行动计划（2018—2022）》，成为双方在教育领域最重要的机制化交流合作平台。迄今为止，"中国-东盟教育交流周"的参会学校及教育机构逾千所，签署近800份教育协议或合作备忘录，为加深中国与东盟国家之间的友谊，推进双方在教育领域的务实性合作做出了积极的贡献。

此外，可积极参与教育部中外语言交流合作中心境外孔子学院/课堂项目，与本科联建院校一起，发挥孔子学院/课堂遍布于世界各地的优势，拓展其传播中国语言和文化以外的职能，使其成为国家职业技术技能培训输出的重要阵地，特别是为在"一带一路"沿线国家的中资企业当地员工提供语言和职业技能培训服务。2019年9月，孔子学院与泰国职业教育委员会合作的泰国首届职业教育"中文＋职业技能"赛举行。来自泰国各地的1 168名职业院校学生参加了比赛，比赛内容覆盖铁路、航空、工业机器人、新能源汽车等7个领域，取得了良好的示范效应。

第二，搭建由中外政府部门、行业、企业、院校等参与的职业教育联盟。充分利用联盟内成员具备的信息和资源优势，为学校国际化发展提供决策依据，降低国际合作交流的风险，实现国际化精准和高效发展。比如，2018年10月，山东理工职业学院与泰国曼谷职业教育中心合作共建孔子六艺学堂，按照"汉语＋文化＋专业＋产业"模式设计开展学历教育与职业培训，旨在将中国优秀职业教育成果输出到泰国，服务走出去的中资企业，助力中泰产能合作,培养"一带一路"建设需要的高技术技能人才。① 泰国曼谷职业教育中心认为,中国提出的"一带一路"倡议与"泰国4.0"计划、"东部经济走廊(Eastern Economic Corridor, EEC)"计划相契合,尤其是泰国政府提出的东部经济走廊政策中,有70%的投资者来自中国,泰国非常注重优秀人才的培养和汉语的学习。中国的职业教育领先于泰国,孔子六艺堂的合作建设对于泰国职业教育是一个非常好的学习与发展机会。再如,成都纺织高等专科学校联合中外20余所高校成立"一带一路"国际艺术教育联盟,吸引国内外72个高等教育机构、行业协会、研究机构和博物馆加盟;浙江交通职业技术学院联合30余家职业院校、研究机构和企业,组建"中国—东盟交通职业教育联盟";黎明职业大学发起成立"海上丝绸之路职业教育国际化联盟";广东轻工职业技术学院牵头成立广东省"一带一路职教联盟",政校行企成员达89家;宁波职业技术学院牵头成立发展中国家职业教育研究院,与孟加拉国文凭工程师协会、斯里兰卡职业技术大学合作成立"中国—南亚职业教育研究中心",在孟加拉国设立"孟加拉国—中国职业教育研究中心",在斯里兰卡设立"斯里兰卡—中国职业教育研究中心"。

2017年3月,苏州市职业大学在巴基斯坦圣福林集团、江苏圣祥林控股有限公司的牵线下,与巴基斯坦吉尔吉特·巴尔蒂斯坦地区教育厅共同成立中巴经济走廊文化交流中心,在中巴经济走廊项目的框架下开展两国教育与文化交流合作。一方面,积极开展中巴人文交流活动,增进两国间了解和友谊。另一方面,为巴基斯坦经济发展和中资"走出去"企业培养技术技能人才。截至2020年7月,首届37名毕业生里有17人进入中资驻巴基斯坦企业实习,5人实现在中资企业就业。2019年10月,为促进我国与东南亚国家间教育资源共享、协同创新和合作共赢,苏州市职业大学联合国内40余家高职院校、马来西亚、印度尼西亚、柬埔寨三国12所高校,与马来西亚国际文化交流中心、深圳众为兴技术股份有限公司等单位共建东南亚职业教育产教融合联盟。联盟成员共享教育资源和信息,探索开展双边、多边联合办学,构建跨国、跨校的人才培养机制。迄今为止,联盟已建成3所聚焦工业机器人技术人才培养项目的"一带一路"产业学院,中国、印度尼西亚、马来西亚和柬埔寨共9所院校参与该项目,致力于为合作国和我国"走出去"工业机器人企业培养技能人才。

---

① 山东省高等职业教育质量年度报告(2019)[EB/OL]. (2019 - 06 - 19)[2021 - 03 - 01]. http://edu. shandong. gov. cn/art/2019/6/19/art_12061_7735351. html.

第三，与"走出去"企业实施境外办学，共建援外教育平台。高职层次境外办学是在国家构建"人类命运共同体"的倡议下应运而生的，与国家层面的对外援助战略密不可分。

教育主管部门可统筹部署高职境外办学，协调教育、外交、商务、文化等部门资源，形成职业教育援外合力。同时，引导高职院校在中资企业海外业务量大，或者企业急需开拓业务并具备良好市场潜力的国家和地区办学，取得良好的办学效益和示范效应，带动相关院校共同"走出去"。鼓励高职院校搭建高职教育输出的协作与交流平台。支持"走出去"企业与高职院校联合组建职教集团，进一步深化产教融合，开发跨境产学合作项目，鼓励相关高职院校参与企业海外业务拓展项目建设；组建高职院校参与"一带一路"的协作组织，设置职业教育领域中外合作拓展与交流项目，推动高职院校抱团合作，形成合力；依托办学实力强、"走出去"办学有一定基础和经验的高职院校，参照国家汉办开设孔子学院的做法，在海外建设若干以"促进技术技能人才培养，促进丝绸之路经济带和21世纪海上丝绸之路建设"为目的的"丝路学院"；引导高职院校国际交流活动向"一带一路"沿线国家聚焦，在向美国、澳大利亚、德国等职业教育发达国家学习借鉴的同时，引导不同高职院校根据自身办学的特点，重点选择"一带一路"沿线相对固定的区域开展稳定合作，推广较为成熟的做法和经验，共同为"一带一路"建设服务。例如，浙江省宁波市建立"一带一路"产教联盟，积极打造"一带一路"职业技术培训基地，直接服务于"一带一路"沿线国家的技术培训需要，以金华职业技术学院为代表的一批浙江高职院校参与其中。

作为境外办学的主体，高职院校首先应将自身"走出去"的需要和职业教育援外服务结合起来，服务国家开放发展大局，如无锡商业职业技术学院与红豆集团联合申办柬埔寨西哈努克港工商学院，助力中柬国际产能合作园区建设。国际化办学容易受到国家政治、经济、文化差异和双边关系的影响，存在许多不确定性。在目的国摸爬滚打多年的"走出去"企业，熟悉目的国家的整体社会情况，高职院校与其合作，能有效避免教育跨国流动的壁垒，降低潜在的合作风险。对于新拓展海外业务的企业，高职院校应利用学校技术、语言、管理方面的优势，补齐企业短板，与企业共拓境外教育市场。企业为高等职业教育国际化办学活动提供平台，尤其给予学生实习和实践的机会，使学生了解中国企业的技术工艺、生产管理和企业文化，为今后学生高匹配就业，高质量服务该行业发展打下基础。高等职业教育则依据当地产业发展和产业工人受教育的现状，结合企业的实际需求，合理制订培养培训方案，满足企业海外生产经营的人才需求。高职院校应遵循《高等学校境外办学指南（试行）（2019年版）》文件精神，从招生与学籍、教学质量评估、跨文化管理、风险管理等方面规范境外办学流程。

比如，金华职业技术学院在非洲国家卢旺达设立海外分校，共建穆桑泽国际学院，为当地开展职业教育培训提供支持和援助。在鼓励职业教育集团化发展的背景下，高职院校要与"走出去"企业进一步建立职业教育集团，由院校派师资加入企业海外培训部门，在调研论证当地产业现状和文化风俗的基础上，共同开展"出海"员工的培训，并与当地的企业骨干共同开展因海外公司、办事机构和业务需要所聘用当地劳动力的上岗培训和各类技术技能提升培训。此外，通过加强职教集团与"一带一路"沿线当地政府的合作，直接在海外建立职业教育培训机构，扩大职业教育培训的成果和影响力。截至2020年12月，我国高职院校已与70多个国家和国际组织建立了稳定联系，有400余所高职院校与国外办学机构开展合作办学。

再如，2020年9月，为积极响应习近平总书记建设中非命运共同体和中非"八大行动"倡议，促进中南非两国职业教育发展，服务苏州制造业"走出去"，苏州市职业大学与南非开普敦学院、南非中国文化和国际教育交流中心、亨通集团共建"中南非亨通智能制造学院"，积极对接南非职业技术院校五年提升计划，培养国际化人才。同时，开展职业教育、文化交流相关项目，实施"中文＋职业技术"培训项目，探索专业标准、教学资源、国际化师资、国际化"1＋X"证书等发展，实现海外本土化人才培养和企业需求的精准对接。

其次，打造中国境外办学国际品牌。如天津市高职院校在亚非欧三大洲16个国家建成了17家鲁班工坊，形成以鲁班文化、鲁班标准、鲁班制造为特色内涵的职业教育境外办学知名品牌。高职院校应以此为借鉴，树立品牌意识，丰富和发展"鲁班工坊""丝路学院"等中国职教品牌的内涵，注重境外办学人才培养的成效，全力实施品牌战略，发挥集群效应。

最后，建立高职院校内部质量保障约束机制，主动联合政府、企业、专家学者等群体对境外办学质量进行评估，形成自我评估和第三方评估相结合的评价机制，保障境外办学的健康和可持续发展。

第四，搭建国际化科研合作平台。通过平台整合优质职业教育资源，协同开展"一带一路"职业教育研究，是深化高职院校国际化内涵、实现高职教育国际化创新发展的重要途径，有利于提高高职院校国际化决策的科学性和可行性。首先，成立专门研究机构，深入了解发展中国家职业教育的需求。随着"一带一路"倡议的深入推进，我国与发展中国家职业教育的合作需求将越来越多，但一直以来，我国职业教育研究的对象国主要集中于发达国家，对发展中国家的研究较少，对其职业教育发展的需求把握也相对不足。因此，当前亟须开展"一带一路"沿线国家职业教育发展及其需求研究，为国际合作奠定认识基础。其次，成立国际合作机构，推进跨国职业教育科研。跨国职业教育科研合作是深入认识相关国家职业教育的有效途径。通过引入目标国家的研究力量和资源，可以有效弥补传统仅通过文献或调研开展研究的不足。最后，举办国际学术研讨会，推动发展中国家职业教育交流与合作。国际学术研讨会是推介中国职业教育发展理念和经验、促进合作交流的重要平台，借助国际化科研合作平台，为"一带一路"沿线国家和区域的国际合作与交流提供"中国建议"，也为高水平高职院校建设走向纵深化提供支撑和保障。

三、专业建设是核心

《高等职业教育创新发展行动计划（2015—2018年）》（教职成〔2015〕9号）中指出，高职院校要助力国家优质产能走出去，主动服务"走出去"企业的需求，培养具有国际视野、通晓国际规则的技术技能人才和中国企业海外生产经营需要的本土人才。高职院校是否完成人才培养目标，核心在于专业是否适应国际市场对人才培养的需求，是否具备国际竞争力。

（一）重视专业特色和品牌建设

专业是高等职业教育人才培养的载体，高职院校要结合自身办学实际和合作方劳动力市场需求，整合学校优势专业资源，打造能有效开展国际化人才培养的专业集群。积极引进国外的成熟标准，如欧盟的《欧洲资格框架》、德国的《培训资格条例》、美国社区学院的专业设置、英国的共同评价框架等，结合符合我国实际的标准，对照框架和内容进行分析、比较和开发。参与职业教育发达国家的专业国际认证，如《悉尼协议》《华盛顿协议》《都柏林协议》等，确保学校的人才培养体系和质量与国际标准接轨。探索将专业标准和职业资格标准对接国外企业，如"一带一路"沿线国家企业的技术标准体系等，在对接融合的基础上致力于打造中国职教品牌，增强高等职业教育专业的海外吸引力。同时，在专业教学中融入如"知行合一""终身学习""工匠精神""人人皆可成才、人人尽展其才"等中国特色职业教育的思想和理念。

（二）重视课程内容和质量建设

课程是专业建设的基础和落脚点。首先，高职院校要更新课程观念，要认识到课程国际化是高等职业教育国际化的必然结果。高职院校要以最新的职业技术国际化人才培养规格和专业建设的方向确定课程建设的目标、内容、组织开展和评价方式等，构建开放的国际化课程体系。如德国针对"工业4.0"，积极开发双元制职业教育培训职业课程。通过确定"工业4.0"的通用行动领域，确定典型工作任务，对典型工作任务的分析，发掘相应的能力要求，从而构建对应的学习模块。课程的开发需要通过企业、行会、学校以及政府的反复磋商与协调，一般情况下，新课程的出台至少需要4~5年时间。德国在新《联邦职业教育法》（2005年4月修订）中制订了很多职业教育与国际教育相衔接的措施，使"双元制"职业教育逐步与国际化发展接轨。如为了严格审视国际化素质教学，开设了国际化素质考试。该考试要求该科目结合综合课题，把相关的国际化素质在各个领域中得以体现，知识要点通过课题项目的形式表现出来，依据这些制定国际化素质考试的标准和要求。同时，在教育结构方面与国际通行标准接轨，增设外向型的学科专业，设立了欧洲学、汽车机电工程师、欧洲太阳能技师等国际性学科专业项目，并得到政府的资助。在培训的新职业中，还强调要积极学习外语、辅助能力及开展有关国际化素质教育的教学，实施有关逗留在国外教育假期的新制度等，这些法规与监督体系为德国职业教育走向国际化提供了法律保证。① 又比如，澳大利亚在职业教育课程内容中加入许多最新的国际职业教育观点和理念，增加主要地域的文化特点和国家间跨文化内容的比例，及时把国外最先进的科学文化知识和科技成果补充到各个学科教学内容中。

其次，高职院校要依托有办学基础的、实力强的专业开展课程国际化建设，优势专业具备对国际化各要素快速反应的能力，会密切关注专业对应行业和企业的信息与资源，能以最快的速度传递到课程中来。此外，发挥该优势专业课程国际化建设的辐射作用，带动相近、相关专业课程共同发展。

再次，高职院校要寻求与国外优质院校、跨国企业及我国"走出去"企业合作，优势互补，结合国内外劳动力市场和岗位需求，按照能力导向、通

---

① 庞世俊，柳靖. 职业教育国际化的内涵与模式 [J]. 职教论坛，2016（25）：11-16.

用及实用性原则，共建如职业资格标准、实习实训标准等国际化标准。①

最后，课程国际化建设要对接国际通用职业资格标准，使培养的人才能服务经济的国际化发展，同时，劳动力融入国际职业教育体系，便于其后续的学习提升。国际标准开发要注重"谁开发、怎么开发、如何使用"等问题，聚焦开发主体、开发过程和实施管理三个向度。要根据协同治理理论，组建一支具有国际视野的"政、行、企、校"多元协同开发团队，成员由教育部门政策制定者、行业专家、职教集团专家、大型跨国公司企业专家、学校的骨干教师、专业带头人、国外知名教育家等组成，代表着不同的行业背景、标准要求和价值取向。

（三）重视输出以专业建设为核心的我国高等职业教育的理念、模式和标准

参与国际职业教育标准制定，实现标准对外输出是我国高职教育提升国际影响力的必由之路。以课程标准为例，首先，课程标准输出可促进目的国，如"一带一路"沿线国家高等职业教育的发展。教育教学标准贯穿着高职院校的办学理念，规定了专业办学条件、课程与教学要求、管理规范和人才培养标准，是保证教育教学水平与人才培养质量的基本教学文件。面向"一带一路"沿线国家输出教育教学标准，能将我国先进的高等职业教育理念、人才培养模式、教育教学内容与方法等传播到沿线国家，推动沿线国家教育教学标准建设实践与办学水平、人才培养质量的提升。其次，推动我国高职教育标准建设与内涵发展。在教育教学标准"走出去"的过程中，高职院校将会更加注重专业教学标准、课程标准等的研制，增强标准的科学性、规范性与国际化水平。因此，课程标准输出有助于进一步完善我国教育教学标准，推动高等职业教育内涵式发展。再次，增强职教话语权，提升国际影响力。教学标准包含技术标准、职业标准、文化与价值观，面向沿线国家推广教学标准，有助于厚植企业文化与中国技术，不仅能影响一所或几所院校，可能会影响整个行业或产业，有助于不同教育系统间的交流与认同，提升我国标准、文化和价值观的国际认同度，彰显文化与理论自信。

职业教育"走出去"，核心是职业教育办学模式和职业标准"走出去"。教育部等九部门印发的《职业教育提质培优行动计划（2020—2023年）》指出，要"引导职业学校与国（境）外优秀职业教育机构联合开展学术研究、

---

① 余姗姗，何少庆．"双高计划"背景下高职院校国际化发展的导向、问题与对策[J]．教育与职业，2020（10）：33-39．

标准研制、师生交流等合作项目,促进国内职业教育优秀成果海外推介"。比如,浙江省高职院校在中外合作办学、联合办学过程中,将适应国际化办学的课程资源开发和双语教学内容作为教育国际化的重要评价指标,大力推进课程资源的国际化。"十三五"初期,浙江省共有32所高职院校开设了全外语课程,如浙江旅游职业学院、宁波城市职业学院开设的双语课程超过100门。在课程资源建设的进一步深化过程中,要将企业发展案例作为职业教育输出的教材内容,鼓励高职院校以项目化的方式联合组建开发团队,面向各个产业领域开发"一带一路"沿线职业教育欠发达国家适用的教材和培训包。同时,借助外语师资,将教材和培训包转化为多国语言版本,输出职业教育的中国方案和中国模式。

  要实现以职业教育标准为核心的资源输出,应做到对内推动职业教育标准研制,对外推动职业教育标准输出。政府应认识到标准在职业教育国际化中的重要作用及标准输出的战略意义,明确职业教育标准输出工作的整体战略部署。成立由教育部、商务部、国家标准化管理委员会等部门联合组成的教育标准领导工作小组,布局国家职业教育标准输出战略,对牵涉跨部门和跨领域重大标准的制定进行统一组织协调,将标准研制和输出工作纳入国务院职业教育工作部际联席会议内容。组建"一带一路"智库,聚焦"一带一路"沿线国家的职业教育、法律法规、"走出去"风险防范等研究,为高职院校输出标准提供指导和保障。建立由省市级教育主管部门牵头,依据区域职教特色,由熟悉标准研究制定的专家、"走出去"行业企业的管理者、一线教师、外事人员等组成的标准建设和输出工作实施小组,明确对内对外工作机制,统筹标准的制(修)订、输出和质量监管工作。做好标准的多语种文本翻译工作,扩大受众市场。建立职业教育标准"走出去"的评价体系,聚焦标准的质量建设评价和标准输出后的认可度评价。可参照高校中外合作办学质量保障实施意见,研究制订教育标准的质量认证和评价方案,由院校自主申请,认证结果由教育主管部门采信。高职院校在加大对国际职业教育通行资格和标准的跟踪、评估与转化力度的同时,要做好"三对接":对接目的国政府部门,开展劳动力资源调研,了解劳动力需求状况,掌握办学政策法规;对接目的国职业院校,了解当地职教发展水平,对比研究两国职业标准等;对接目的国的中资企业,结合目的国劳动力市场和企业对人才的需求,共同开发专业教学、实习实训等职业教育标准。

  教育主管部门要积极构建全方位、多维度、广渠道的立体化宣传格局,对外展示我国职业教育标准及发展成果。高职院校要参与教育领域国际标准研讨活动，发挥院校，尤其是交通、农业类特色院校担任国际教育联盟中方负责人或协调员的作用，对外大力推介我国高铁、农林农牧类等职教标准。主动参加国际标准组织技术机构并承担有关职务，提升我国在国际标准制定工作中的话语权。对目的国机构或院校人员开展标准解读和培训工作，通过配套集音视频、图片、文本等数字化资源为一体的在线开放课程，助力标准"走出去"并真正"走进去"。在境外建立基于中国职业教育标准打造的人才培养基地，中国标准贯穿于援外职业培训的始终，筑牢标准"走进、走深、走实"的根基。通过与外方合作办学、主办职业教育交流活动、参与世界教育大会和校长论坛等多元化的国际合作实践载体，增进与其他国家间的文化互信，促进民心相通，顺利推动职业教育成果"走出去"。此外，改革教育激励和评价机制，将国际化建设相关成果纳入教师的考评体系，给予职称评聘、经济补贴等优惠政策，激励教师积极参与国际化工作。

在社会分工细化的产业背景下，高职院校在办学过程中始终保持专业建设与产业需求同步，专业门类齐全，特色鲜明，积极参与我国相关行业和产业标准的制定。在对接国外产业标准和职业资格标准的基础上，与"走出去"企业通力合作，争取国际行业标准制定的话语权，努力让我国的职业标准成为世界标准的引领者、主导者。①

四、师资建设是关键

教育的根本任务是育人。要培养具有国际意识、国际竞争力的一线技术技能人才，高职院校须建立一支具备国际视野、国际育人理念和本领的师资队伍。师资队伍建设不仅包括专业教学和科研工作人员，也应包括管理和教辅人员，如来华留学生辅导员等。政府应认识到推进高职院校教师的国际化发展是当今世界高等教育发展的主流趋势，依据当前高职院校师资国际化的现状，出台相关教师培训培养政策；教育资源多向高职院校倾斜，如提供国际化师资队伍建设的专项资金等。高职院校要将国际化师资建设作为学校的专项工作计划，编制师资国际化建设的指导性文件及实施细则，成立专门负责国际化师资建设领导小组与管理办公室，负责制订学校国际化师资建设的培训计划、考核与激励制度。学校各二级学院应成立国际化师资建设执行小

---

① 凌镜."一带一路"背景下高职教育输出助推经济国际化的若干思考［J］.教育与职业，2019（1）：38-42.

组，有组织有计划地推进国际化师资建设工作。

师资队伍的建设采用"外引"与"内培"相结合的方式。

(一)"外引"

高层次的国际化师资是提高师资队伍国际化整体水平的重要保障。在"外引"上，高职院校应注意以下几点。

第一，高职院校应围绕学校发展建设大局及学科和专业建设实际需要，积极出台境外高端人才引进与管理政策，构建境外高端人才引进与培育机制，优化引进模式、招聘方式和激励机制，加大对具有较高学术水平且具有丰富行业、企业工作背景的境外高端人才引进工作的投入力度，吸引境外高端人才来校参与学科发展、专业建设和管理服务，充分发挥高层次人才的集聚效应和团队效应，不断促进本土优秀人才与外来人才的融合，学习国外先进的办学理念、教学方式、科学研究方法等，提高己方教师的国际视野、教科研水平，以及教学与管理团队的国际化水平。

第二，高职院校要摒弃盲目重视外显性指标这一弊病，要认识到一味重视指标，扩大外籍教师的规模不一定符合学校或区域高等职业教育现阶段的实际情况，不仅无法保证教育教学质量，而且极有可能引发其他社会问题。因此，国际化师资的引进一定要讲求实际，保证效用。

在外籍教师（含外籍专家，以下简称"外教"）的聘用和管理上，高等职业院校要做到以下几方面。

其一，严格依照《中华人民共和国教育法》（2015年修正版）、《中华人民共和国教师法》（主席令第15号）、《中华人民共和国出入境法》（主席令第57号）、《中华人民共和国外国人入境出境管理条例》（国务院令第637号）、《高等学校聘请外国文教专家和外籍教师的规定》（教外办〔1991〕462号）《外国专家来华工作许可办理规定》（外专发〔2004〕139号）、《外国文教专家聘用合同管理规定》（外专发〔2011〕118号）等文件精神，坚持"按需聘请，择优录用；用其所长，讲求实效"原则。外籍教师管理工作以加强学校师资队伍建设，提升学校教学科研水平，增强学生外语运用能力，开拓学生国际化视野，营造学校国际化办学氛围为目标。

其二，在了解外教应聘者一般履历（含详细的个人信息、联系地址、电话、电子邮件等）的基础上，需其出示经中国对外使、领馆签发的无犯罪证明原件，已在华工作的外教须提供申请人居住地的公安机关或司法机关出具的无犯罪记录证明原件；中国对外使、领馆指定的医疗机构出具的体检证明；前任雇主的推荐信，说明雇主和应聘者的工作关系及应聘者之前的工作内容和表现；对已在华工作的外国文教专家，须提供原聘请单位出具的盖有主管专家工作部门公章的推荐信。

其三，设立学校层面的外教管理工作机构，协调涉及外教教学和管理的各部门相关工作职责，同时，厘清涉及外教管理的各部门职责清单，如表3-1所示。以外教授课所在学院为例，该学院须指定一名领导分管外教业务管理工作，配备一名专任教师担任外教联系人；向外教介绍本部门情况及明确具体业务要求，定期组织工作交流；负责根据外教的业务专长，组织外教参与教工培训、业务咨询、课程开发、外语角、竞赛指导等活动，并协助学校拓展对外合作与交流；负责充分挖掘外教的科研能力，鼓励外教以所在学院（部）教工名义申报教学科研课题，发表学术论文，开展学术交流合作；以开放式引导和规范化管理相结合，对外教进行教学管理。外教考核评价指标（学院使用）如表3-2所示。

表3-1 外教管理部门职责清单

部门（机构）	职责
外事工作管理委员会	全面指导外教管理工作
国际合作与交流部门	1. 统筹外教管理工作，办理外教招聘、合同签订、外教来华相关手续等事务 2. 负责对外教进行中国法律法规、外事政策、道德规范、学校教师管理规定等方面的宣传与教育，指导外教遵守中国法律、依法执教。同时，维护外教的合法权益，确保外教在校期间享有的权利 3. 协调相关职能部门、外教所在学院管理外教事务，确保学校外教聘用的效益
教务部门	1. 审核外教需求计划 2. 审核外教所授课程的教学计划和教材 3. 提供必要的教学场所、教学手段和设施 4. 检查教学情况和开展教学评估
保卫部门	负责外教在校期间的安全管理
后勤部门	负责外教在校的日常生活及医疗就诊等相关服务
科技部门	负责外教的教学设备保障
财务部门	负责外教的薪酬发放
信息化统筹部门	负责外教的一卡通管理及外教公寓电话、网络维护工作
外教授课所在学院	1. 提交外教需求申请 2. 面试外教、确定外教人选 3. 负责外教教学管理工作 4. 负责外教考勤和每学期工作绩效评估

表 3-2 外教考核评价指标(学院使用)

一、课堂教学质量评价标准					
序号	指标体系	评定标准		
		差	好	中
1	按照教学计划开展教学			
2	对教材的把握准确、全面,知识点的讲解无错误			
3	语言表达有知识性、逻辑性、趣味性			
4	注重相关国家的风土人情、文化习俗等外延知识的讲解			
5	授课中注重启发学生,注重与学生的互动教学			
6	在教学同时,注重培养学生良好人格			
7	能熟练运用现代化教学手段			
8	能有效地控制课堂纪律			
9	课后的辅导和答疑耐心、细致			
10	批改作业及时、认真			
评分小计				
备注	好:4~5分;一般:2~3分;差:0~1分 满分:50分			
二、教学工作纪律评价标准				
序号	指标体系	评定标准		
		差	好	中
1	无迟到早退、无故旷工现象,正常履行病、事假请假手续			
2	按要求完成命题、阅卷和成绩录入工作			
3	虚心接受同事及学生教学评价反馈,积极采取改进措施			
4	服从教学任务安排,工作态度认真			
5	积极参加教研活动和学生课外辅导活动,有奉献精神			
6	尊重学生和同事			
7	爱护学校公有教学财产			
8	遵守学校各项规章制度,无损害学校声誉和利益的行为			
9	遵守中国法律法规,不在非宗教场所讲经、布道,散发宗教宣传品			
10	不在学生中进行政治活动,无对华不友好言论			
评分小计				
备注	好:4~5分;一般:2~3分;差:0~1分 满分:50分			
学期总评				
备注	学期总评分为标准一、二两项总分相加,优秀:≥90;合格:≥60;不合格<60			

其四，外教应当遵守中国法律法规，遵守中国的公序良俗和教师职业道德，遵守教育与宗教相分离的原则，所实施的教育教学活动和内容应当符合中国的教育方针和教学基本要求，不得损害中国的国家主权、安全、荣誉和社会公共利益。外教应遵守学校各项规章制度、尊重同事和学生，不得有损害学校利益的行为；不得擅自使用任何属于他人的秘密信息，也不得擅自实施可能侵犯学校或者任何第三人名誉权、荣誉权的行为。如外教违纪，视问题性质和情节轻重处理，一般由所在学院和国际合作与交流部门批评教育；如外教违法，或违纪并情节严重、态度恶劣者，学校终止聘用合同，并由公安、司法机关依法处理。

（二）"内培"

相对于院校加大投入，"外引"全球知名的技术技能专家和教师充实本校师资队伍，"内培"对于大部分院校来说是更佳的选择。高职院校应认识到高职院校教师的国际化发展是当前高职院校应对全球化必须具备的教育理念。

第一，高职院校要完善国际化师资培训体系，要从政策、制度、环境等多维度制定符合本校国际化师资建设的扶持政策和措施。

首先，建立人事管理部门和国际合作部门联合的师资国际化运行机制，将国际化能力作为重要模块纳入现有的师资培训体系。如引入或建立在线国际化培训资源库，鼓励教师依照培训目标和指标，选择相应的课程进行学习，补足教学和管理能力缺项；定期召开研讨会，由有丰富国际化教学和管理经验的教师主讲，加深学员们对国际化内涵的理解并转化为行动。

其次，要创新语言培训方式，破解高职院校师资国际化进程中的外语交流瓶颈问题。针对高职院校教师外语交流中存在的瓶颈问题及教学任务重的现实问题，高职院校应该创新语言培训方式，可以与国内知名语言类高校签订国际化师资联合培养协议，采用"集中培训+分散教学"的培训方式，突破教师外语交流的瓶颈，增强教师参与国际交往的语言表达能力。

再次，加大教师出国（境）研修力度。院校应积极与国外院校开展教学与科研合作，采用师资互换等方式，积极选派教师赴国外高校进修，拓宽国际化教学与服务社会的视野，加强教师的国际化教育教学技能，定期邀请国内外知名专家来校开展国际化建设专题讲座，开展多种形式的中外教师教学与科研座谈会，教师学习后要全面分享学习成果，提交高质量学习报告，全力将学习成果应用到教育教学改革和科技创新中，以此提升教师国际化教学与社会服务的能力。

最后,针对高职院校在社会服务中存在技术研发薄弱的问题,要深化产教融合与校企合作,让专业教师深入国际化企业进行挂职锻炼,如开展专业带头人、青年博士进企业实践活动,与企业技术人员共同开展科技研发与技术创新,解决企业技术难题,以此提升服务社会的能力,打造技术技能创新服务平台,从而进一步提升高职院校国际化人才培养的质量。①

第二,高职院校要积极开展国际合作项目,如来华留学生项目,双语课程开发,选派教师赴境外合作院校授课,为"走出去"企业员工开展培训等,丰富教师参与国际合作的渠道,有效支撑教师国际化素养的提升。如采用"1+1"模式加强英文授课师资队伍的培养,即确定1名专业课程英文授课教师,遴选1名教师作为后备,形成有效的"带中学"倒逼机制,储备双语师资力量。可与境外院校或教育机构共建师资培训基地,承接目的国师资培训项目,通过当地师资来传播我国职业教育的理念和标准,辐射性更强,效果更好。

第三,高职院校要改革教师教育激励和评价机制。

首先,要加大对国际化师资建设的资金投入,在争取国家留学基金委项目的同时,积极构建多元化的国际化师资建设教育基金,充分利用上级财政的经费,通过争取企业赞助或者设立国际化师资建设基金等方式,以保证充足的高职院校国际化师资建设的资金。

其次,要保障正在国(境)外进行访学培训与交流的教师仍享有合理的工资与福利待遇,全部承担教师在培训期间所产生的培训费、差旅费,以部分弥补教师因参加培训而带来的教学工作量等损失,并对自费公派学成归国者予以适当的奖励。

再次,要对出国研修或者访学的教师制定详细的评估制度,相关部门可以采用网络或其他通信方式跟踪在国(境)外研修教师的工作、学习情况,以便及时了解他们所面临的困难与问题,并及时采取各种措施和手段保证其在国(境)外的研修效果。

最后,要将国际化教学和研究成果纳入教师的考评体系,给予国际化办学一线的教师和管理人员职称评聘、经济补贴等优惠政策,借鉴国外高校的经验,推行教师学术休假制度,使教师有条件利用学术假出国交流与研习,

---

① 陈超群,胡伏湘. "双高计划"下高职院校国际化师资建设的现实审视与发展路径:基于湖南省70所高职院校的数据分析[J]. 职业教育研究,2020(3):80-84.

激励教师积极投入境外教学、开展"一带一路"产业研究、来华留学生培养等高等职业教育海外输出工作。

第四,高职院校要营造学校的国际化氛围,积极举办跨文化交流活动。文化教育是一种隐性的教育,它不是抽象的理论说教,而是通过耳濡目染,潜移默化地将文化借鉴和融合贯穿于教育、管理和服务的全过程。教师通过参与活动,一方面能拉近与外籍友人的距离,近距离感受国外文化,另一方面,能增强教师对自己教学能力的自信,对本国文化的自信,积极贯彻和践行习近平总书记在党的十九大报告中强调的"四个自信"和在全国教育大会上强调的"要坚持扎根中国大地办教育"的重要精神。

第五,高职院校应积极主动地与上级教育主管部门及省级外事管理部门交流沟通,解决校内教师境外研修培训需求与外事政策管控的现实矛盾,加大对教师境外研修培训工作的支持力度。同时,应与境外培训单位加强交流沟通,科学谋划培训内容,确保培训质量,加强成果转化,切实提高受训教师的专业水平。

第三节 中国高等职业教育国际化保障策略

一、质量评价是保障

质量是教育的生命线。构建多维度协同治理的国际化质量保障体系是提升高职院校国际化人才培养能力、质量和水平的必由之路,对加快推进高等职业教育治理体系和治理能力现代化建设、提高高职教育在国际教育竞争中的优势和地位具有重要的意义。[①] 高等职业教育国际化是一个多方参与、多方受益的过程。随着高职院校提升国际化办学的规模和层次,开展国际化办学质量评价是高职教育国际化可持续发展、高质量发展的重要保障。

(一)高等职业教育国际化评价的路径

第一,认真学习上级部门制定的办学政策和文件,积极开展国际化办学

---

① 郭广军,金建雄. 高职教育质量保障多元协同治理模式研究 [J]. 高等职业教育探索,2019,18 (4):13-18.

自查自纠工作，做到依法依规办事。开展中外合作办学的院校可参考教育部《中外合作办学评估方案（试行）》的评估指标，结合自身办学实际，制定本校国际化办学的规章制度，规范合作办学的建设和管理，提升合作办学的质量与效能。开展来华留学教育的院校应依据《来华留学生高等教育质量规范（试行）》（教外〔2018〕50号）的要求，积极开展校内自查工作，查漏补缺，促进学校来华留学教育水平的提高。《来华留学生高等教育质量规范（试行）》是中华人民共和国成立以来首个针对来华留学生高等教育制定和实施的全国统一的基本规范，是来华留学生教育转型发展过程中的关键性、基础性文件，为来华留学生教育质量保障体系的建设奠定了基石。

第二，积极响应上级部门开展的国际化办学检查督查工作，认真落实督查意见，即时整改。如2017年，教育部办公厅、外交部办公厅发布《关于严格规范来华留学招生和管理工作的通知》（教外厅函〔2017〕56号），针对高校来华留学生招生和管理中存在的较为严重的问题与隐患，要求各招收留学生的高校在严把入学门槛、规范中介合作、严格入学审查、加强居留和签证管理、加强学籍管理、梳理住宿情况、完善应急机制7个方面专项排查，规范现有招生和管理工作，确保"看好门""管好人"，防范和消除安全隐患。2018年，教育部在全国范围内开展了来华留学教育督导检查，加强治理整顿，严肃处理了18所院校在来华留学生招收、录取、签证等留学生管理工作过程中的各类违法违规行为，暂停16所涉事院校招收外国留学生的资格。

比如，参加由教育部国际合作与交流司组织，中国教育国际交流协会具体实施的高职院校中外合作办学机构或项目评估工作。一是对高职院校中外合作办学年度报告进行质量诊断。诊断工作以高职院校机构或项目提交的年度办学报告等材料为基础，以中外合作办学有关法规政策为依据，结合评估有关指标，对机构或项目一个培养期内办学质量适时进行外部同行专家诊断，针对性开展机构或项目管理干部和教学团队政策解读及同行办学经验互鉴。二是开展高职院校中外合作办学质量认证。根据《教育部关于进一步加强高等学校中外合作办学质量保障工作的意见》（教外办学〔2013〕91号）关于"建立反映中外合作办学特色、具有广泛社会公信力和国际可比性的中外合作办学质量认证标准和机制，推动行业质量提升和健康发展，加强行业办学自律"要求，研究制定了中外合作办学质量认证方案和标准。诊断和认证均接受院校自愿申请，服务院校高水平机构和项目建设需要，认证结果将由教育主管部门采信。

值得注意的是，评估各方需更新观念，明确评估不是为了评出"三六九等"，而是为了发现被评估院校国际化发展中存在的不足，并会同各部门专家"对症下药"，提供可操作性的建议。

第三，构建具有国际化特色的第三方专业评价机构。第三方专业评价机构的形成是评价活动走向国际化的基础。发达国家成熟的第三方教育质量评价活动绝大部分由具有评价资质、且能独立开展评价的第三方机构执行，这在很大程度上保证了评价结果的公正、公平。同时这些评价机构都制定了符合评价所需要且比较科学的标准体系，形成了规范化的评价流程，人员的专业素养比较高，能有效执行评价工作，评价结果能得到政府、企业等利益攸关部门或人员的认同，这不仅为学校争取政府的拨款提供了依据，也为企业等用人单位的人才引进提供了参考，在社会上树立了评价权威，让评价机构获得了公信力。但是，目前发达国家第三方评价机构的国际化程度并不高，只有极少数的具有公司化性质的第三方评价机构开展了跨国评价活动。比如，高职院校可借鉴澳大利亚技能质量署 ASQA 对海外办学项目的监管措施，组建专门的审核团队对境外合作办学院校进行招生政策、办学流程、教学质量等方面的考核，确保境外教育和培训的质量。①

因此，高职院校可探索成立国际第三方职业教育评价联盟，在各国设立分支机构，吸纳各国相关专业人员组成跨国专业评价团队，根据各国高等职业教育发展需要研制本土化和国际化相结合的质量评价标准，按照统一的规范流程开展评价工作，并执行严格的内部管理制度，形成良好的组织机构运行机制，实现为国际社会提供优质职业教育服务和促进职业教育可持续发展的目标。

第四，做好高等职业教育国际化的绩效控制。绩效控制能全面地展示高等职业教育国际化的现实发展状况，能够为政府管理部门和学校发展提供决策依据。高职院校要对开展的每个国际化项目进行科学的评测，不断优化评估与监测的过程，并形成一整套监测反馈体系。对于高等教育国际化的战略绩效控制要逐步囊括到政府与学校工作的评估中去，高等教育国际化的发展计划、实施情况、政府之间部门的协调情况都要纳入其中。绩效控制是一个系统性的工作，它需要高等职业教育国际化工作的各个部门共同参与，在绩效控制中找到问题并及时反馈，对教育国际化战略规划进行适时的修正。

---

① 罗汝珍."一带一路"背景下高等职业教育第三方评价的国际化研究［J］. 成人教育，2019，39（10）：57-62.

（二）高等职业教育国际化评价指标

目前，国际上较为常见的大学国际化评价指标体系依据组织者的层次可分为四类。①

由国际组织牵头研制，具有一定普适性的、有指导全球范围内大学提高国际化水平和质量的指针性作用的文件。相关机构如经合组织高等教育机构管理委员会（Institutional Management Higher Education，简称 IMHE/OECD）、国际教育联合会（International Education Association，简称 IEAEDU）、欧洲高等教育质量保障联合会（European Association for Quality Assurance in Higher Education）等。

由某个国家或地区的学术团体或高校联合会牵头研制，作为帮助其所在国家/地区的大学提高国际化水平，进而争取国际化发展所需经费支持的建议性文件。相关机构如美国教育理事会国际化与全球参与中心、德国学术交流中心/德国高等教育发展中心、日本学术振兴会等。

由某个国家或地区的专业质量保障/评估机构牵头研制，作为对其权限区域内的大学国际化水平进行外部评价的标准依据。相关机构如澳大利亚大学质量署、日本大学评价与学位授予机构、我国台湾地区的社团法人台湾评鉴协会等。

由高校根据自身的国际化发展战略目标研制而成，用于自身国际化水平的自我评价指标。相关机构如大阪大学、南安普顿大学、德州大学圣安东尼分校等。

依据上述四类分法，本研究选取了国外具有代表性的经合组织高等教育机构管理委员会、美国教育理事会国际化与全球参与中心（ACE's Center for Internationalization and Global Engagement，简称 ACE-CIGE）、澳大利亚大学质量署/高等教育质量与标准署（Australian University Quality Agency/Tertiary Education Quality and Standards Agency，简称 AUQA/TEQSA）和日本大阪大学②国际化评价指标体系作为借鉴对象，与国内教育部高等教育国际化发展状况调查指标体系（普通本科院校）和郑州大学国际化办学考核办法进行类比，选取大学国际化的共性要素，根据高等职业教育国际化区别于普通高等

---

① 王位. 全球六种大学国际化评价指标体系的比较及启示 [J]. 上海教育评估研究，2012（4）：25 - 32，62.

② 刘亚琴. 山西省普通高校教育国际化评价指标体系研究 [D]. 山西财经大学，2016.

教育的职业性、应用性特征进行对比分析。选取的国内外六种类型的大学国际化评价指标如表 3-3 所示。

表 3-3　国内外六种类型的大学国际化评价指标

指标体系	一级指标	二级指标
教育部（2015）：中国高等教育国际化发展状况调查指标体系（普通本科院校）	1. 教师	1.1 专任教师 1.2 外籍专任教师和港澳台专任教师 1.3 专任教师的海外经历与国际影响
	2. 学生	2.1 在校生 2.2 外国留学生的层次分布 2.3 外国留学生的国别分布 2.4 港澳台侨学生的层次分布 2.5 港澳台侨学生的地区分布
	3. 教学	3.1 课程与教学 3.2 专业 3.3 经欧美发达国家组织认证的专业清单
	4. 科研	4.1 科学研究
	5. 中外合作办学	5.1 中外合作办学机构 5.2 中外合作办学项目
	6. 境外办学	6.1 汉语教学 6.2 境外专业教学机构名单
	7. 国际学术交流与合作	7.1 国际学术交流与合作
	8. 组织与管理	8.1 管理机构 8.2 经费
郑州大学：郑州大学院（系）国际化办学考核办法（2020）	1. 国际学术交流	1.1 教师出国(境)交流 1.2 国(境)外专家来校交流 1.3 在国际组织、刊物任职人数 1.4 具有海外学历的教师数 1.5 全职外籍教师数 1.6 兼职外籍教师数
	2. 国际人才培养	2.1 在校生出国(境)交流 2.2 来华留学生(含港澳台)教育 2.3 国际化课程 2.4 博士生培养国际化 2.5 研究生参加国际会议并做报告情况 2.6 研究生赴境外联合培养或攻读学位

续表

指标体系	一级指标	二级指标
郑州大学：郑州大学院（系）国际化办学考核办法（2020）	3. 国际科研合作	3.1 新增外专局国际科研合作机构 3.2 新增国际科研合作项目 3.3 国际学术会议 3.4 中外联合发表论文数
	4. 国际化保障及办学特色	4.1 国际化保障措施 4.2 英文网站建设情况 4.3 特色活动或特色项目
经济合作与发展组织（OCED）（1995）：IQRP 国际化评价指标体系	1. 背景概况	1.1 所在国地区高等教育体系概述 1.2 院校基本情况概述 1.3 院校开展国际化的国际背景
	2. 国际化政策与战略	2.1 国际化政策与战略
	3. 组织与支持结构	3.1 组织与结构 3.2 计划与评价 3.3 财政支持与资源分配 3.4 支持服务与设施
	4. 学术项目/课程/专业与学生	4.1 课程的国际化 4.2 本国学生 4.3 外国学生 4.4 海外学习及学生交换项目
	5. 研究与学术合作	5.1 研究与学术合作
	6. 人力资源管理	6.1 人力资源管理
	7. 协议合同与服务	7.1 合作伙伴与网络联盟 7.2 海外教育项目 7.3 发展援助 7.4 对外服务与项目
美国 ACE（2001）："全面国际化模型"指标体系	1. 明确表述的国际化承诺	1.1 战略规划 1.2 国际化委员会 1.3 学校利益相关者 1.4 评价
	2. 组织结构及职员	2.1 高层管理者 2.2 国际办公室（处、部）
	3. 课程、联合课程及学习成果	3.1 总体教育要求 3.2 各学科中国际化的课程 3.3 联合课程 3.4 学生的学习成果 3.5 技术

续表

指标体系	一级指标	二级指标
美国 ACE（2001）："全面国际化模型"指标体系	4. 教师政策及实践措施	4.1 终身教授制及晋升政策 4.2 教师聘用指导方针 4.3 教师流动 4.4 校内职业/专业发展
	5. 学生流动	5.1 学分转换政策 5.2 财政资助及经费 5.3 迎新介绍会及入学指导活动 5.4 针对来华留学生的持续性支持及相关项目
	6. 合作及合作伙伴	6.1 战略计划 6.2 合作伙伴的选择 6.3 正式协议 6.4 评价 6.5 合作伙伴协议执行情况的追踪
澳大利亚 AUQA/TEQSA 的"国际化主题审核"指标体系	1. 途径/理念	1.1 战略及国际化规划，包括则政规划 1.2 目标设定和财政收入及学校声誉的风险管理机制
	2. 质量保障	2.1 学位项/专业的国家及国际认证要求 2.2 对教师进行学术及跨文化培训和支持以满足教授不同背景学生的需求（本土及离岸）
	3. 课程	3.1 课程的国际化 3.2 针对澳大利亚本土及来华留学生的课程教材的开发 3.3 课程及评价材料的翻译（如采取非英文授课） 3.4 师生的英文能力能够确保课程内容顺利教授 3.5 学校的信息系统能够确保课程内容顺利教授 3.6 对澳大利亚本土及来华留学生具有一致性的评价方式和标准（本土及离岸，无论哪种模式） 3.7 教育和确保澳大利亚本土及来华留学生遵守学术诚信标准的政策和程序的公开透明
	4. 合作伙伴/跨国教育（包括教学和研究）	4.1 学校与伙伴高校间有完整的合同式协议 4.2 对学校及伙伴高校各方面职责的明确表述，包括学生、教师、课程材料、评价等 4.3 对学校及伙伴高校开展内部评审及接受澳大利亚或伙伴高校所在国相关质量保障机构外部评审协议和具体规定 4.4 市场推广及宣传方面的政策 4.5 学生支持服务方面的政策和程序 4.6 跨国教育的规模和性质，如直接面对面教学（密集式块状授课）、课程认证、在线教学、海外校园、混合式教学等
	5. 本土项目/专业/课程	5.1 中介管理和市场推广方面的政策 5.2 确保遵守 ESOS 的程序 5.3 充分的学生支持服务

续表

指标体系	一级指标	二级指标
澳大利亚 AUQA/TEQSA 的"国际化主题审核"指标体系	6. 学生流动	6.1 鼓励学生流动的政策 6.2 保证学生本国及海外学业一体化的措施
	7. 海外校友会	7.1 对校友的支持政策及期待 7.2 对（所在国）国内运营校友会的法律法规充分理解 7.3 校友办公室
日本大阪大学国际化评价指标体系	1. 大学的使命、目标与计划	1.1 关于大学的国际化官方定义 1.2 责任执行制度 1.3 中长期计划及战略目标的制定
	2. 结构和人员	2.1 国际化政策的决策结构和程序 2.2 执行组织结构 2.3 国际化领域的专业发展和绩效考核 2.4 问责制度
	3. 预算和实施	3.1 国际活动的部门预算制度 3.2 预算与实施
	4. 研究的国际化	4.1 研究简报成果 4.2 研究活动的国际化发展
	5. 支持系统、信息	5.1 对国际研究者和学生的支援体系 5.2 对国际研究者和学生的日常支援
	6. 多层面的国际化联盟	6.1 大学联盟 6.2 海外办事处 6.3 与国内大学的联合计划
	7. 大学课程国际化	7.1 语言课程 7.2 一般学术课程（文科课程、语言课程除外） 7.3 专业教育的国际化
	8. 与国外机构的合作项目	8.1 关于国际交换计划的一般事务 8.2 交换生 8.3 对大学合作计划的评价 8.4 新计划的开发

依据国内外六种类型的大学国际化评价指标，结合我国高等职业教育的特色，设置以下高等职业教育国际化年度评价指标，如表3-4所示。

表3-4　高等职业教育国际化年度评价指标

一级指标	二级指标	指标观测点
1. 理念与规划	1. 办学理念	1. 学校对职业教育国际化的认识和重视程度，是否建立学校党委外事工作委员会
		2. 是否定期研究职业教育国际化发展

续表

一级指标	二级指标	指标观测点
1. 理念与规划	2. 政策规划	1. 学校是否有职业教育国际化五年发展规划
		2. 是否依据中长期规划制订每年的工作计划,明确年度工作任务
2. 组织与制度	3. 组织设置	1. 是否成立职业教育国际化专门管理机构,如国际教育学院/国际交流处等
		2. 专任外事管理人员数
	4. 制度保障	1. 职业教育国际化绩效考核办法
		2. 留学生和外籍教师管理办法
		3. 外事出访、外事接待等规定
3. 学生培养国际化	5. 学生对外交流	1. 赴境外交流学习学生的人数
		2. 赴境外院校培训的人数
		3. 赴境外企业实习的人数
		4. 毕业生中出国继续升学的人数
	6. 来华留学教育	1. 来华学历留学生人数
		2. 来华非学历留学生人数(一年期以上)
		3. 来华短期交流留学生人数(一年期以下)
		4. 来华留学生在国内企业实习的人数
		5. 学历留学生中获得校级以上奖学金资助的人数
		6. 非学历留学生中获得校级以上奖学金资助的人数
		7. 来华留学生在境外中资"走出去"企业实习的人数
		8. 来华留学生在境外中资"走出去"企业就业的人数
4. 教学国际化	7. 课程与教学	1. 开展国际化办学专业数(不含外语类学科专业)
		2. 双语授课课程数(不含外语类学科专业)
		3. 双语课程覆盖的中国学生数(不含外语类学科专业)
		4. 双语课程覆盖的来华留学生数
		5. 经国际组织认证的专业数
		6. 毕业生中获得国际职业资格证书的人数
	8. 资源输出	1. 输出专业标准数(两个以上国家采用)
		2. 输出教学标准数(两个以上国家采用)
		3. 输出教学资源的件数(不含专业和教学标准)

续表

一级指标	二级指标	指标观测点
4. 教学国际化	9. 实训基地	1. 与外商独资企业或中外合资企业设立实训基地的个数
		2. 与中资"走出去"企业设立实训基地的个数
5. 师资队伍国际化	10. 本土教师	1. 在海外取得学历或学位的教师人数
		2. 在海外非学历研修三个月以上的教师人数
		3. 在海外工作或实习三个月以上的教师人数
		4. 持有海外专业机构颁发的资格证书的教师人数
		5. 在国际组织、学术性协会担任职务的教师人数
		6. 在国际企业兼职/挂职的教师人数
	11. 外籍教师	1. 语言课程外籍教师人数
		2. 专业课程外籍教师人数
		3. 短期到校讲学的外籍专家人数
6. 涉外办学	12. 中外合作办学	1. 中外合作办学机构/项目数量
		2. 中外合作办学机构/项目学生人数
		3. 中外合作办学机构/项目外方教师数量
		4. 中外合作办学机构/项目中方教师数量
		5. 是否是当前国家急需的自然科学与工程科学类专业
		6. 引进国外优质资源的数量(需备注说明)
	13. 境外办学	1. 境外办学项目数
		2. 境外职业技术教育研究中心、境外专业培训基地、境外实习基地数
7. 国际合作与交流	14. 交流合作	1. 外方人员来校交流的人数
		2. 学校教师出访交流的人数
		3. 与境外开展师生交流的项目数
		4. 与境外开展国际性会议的数量
		5. 与境外机构和学校缔结合作关系的数量
	15. 国际技能比赛	1. 参加国际技能比赛的数量
		2. 国际技能比赛获奖的数量
8. 特色项目	16. 特色项目	1. 参与市级以上中外人文交流活动数
		2. 参与"一带一路"国家教育援助项目数

续表

一级指标	二级指标	指标观测点
9. 经费	17. 经费	1. 国际合作与交流预算总额
		2. 其他渠道经费总额（除上级财政外）
		3. 中外合作科研交流经费（含科研平台建设经费）
		4. 外籍与港澳台专任教师聘用经费
		5. 留学生获得校级以上奖学金资助的金额

高等职业教育国际化评价指标说明如下：

（一）理念与规划

教育理念是对教育活动的理性认识和理想追求，是指导教育实践的思想观念。在国际化发展战略中，高职院校应将学校的发展置于国际高等职业教育的发展体系中，按照国际标准对自身进行比较和检验，根据学校短、中、长期的发展目标，制定教育国际化的发展规划和年度计划，为学校教育国际化发展指明方向，画好设计图，用以引领学校国际化活动，为教育国际化的价值取向和行为选择创造良好的舆论氛围。

重点关注学校是否有明确的国际化发展理念、规划和目标。比如，学校发展战略规划中是否有落实《关于做好新时期教育对外开放工作的若干意见》（以下简称《若干意见》）及《推进共建"一带一路"教育行动》（以下简称《教育行动》）的体现，或是否结合《若干意见》及《教育行动》进行了调整；是否制定了国际化发展战略，以提质增效、内涵发展、服务人文交流和"一带一路"建设为重要目标，为国家经济建设和社会发展服务；是否根据国际化发展战略，制订了中长期规划和实施方案；是否定期召开教育国际化工作会议等。

（二）组织与制度

高职院校应成立专门的组织机构履行教育国际化的职能，并且有相应的人力资源落实学校国际化发展规划，推动国际化活动的实施。建立起能保障教育国际化规范实施的一整套较为完善的管理制度，以及常态化的经费预算和奖励机制，确保教育外事工作运转有序，实施有效。

重点关注学校是否建立和健全了国际化工作机制（规划、咨询、实施、评估、激励、保障等），对国际化工作的落地、成效、辐射作用及国际化对教学科研的反哺、促进作用进行评价和反馈。

（三）学生培养国际化

学生培养国际化包括学生对外交流和来华留学生教育。

重点关注学校是否已完善或计划完善来华留学体制机制，创新来华留学人才培养模式，注重优化来华留学生国别、专业布局，提高学历生比例，以及服务中资"走出去"企业。

（四）教学国际化

教学国际化包括课程与教学、资源输出、实训基地建设等。

重点关注高职院校国际化办学专业、双语授课课程建设，专业标准、课程标准输出，与企业设立实训基地等方面。

（五）师资队伍国际化

鼓励本校教师走出国门学习、进修、培训，以拓展国际视野和增加全球思维意识，提高自身的国际化水平。教师的国际化程度越高，才越能做好学生双向流动。在"引进"外来智力资源的同时，增进学生的世界情怀。

重点关注本土师资中取得海外学历或学位、在海外非学历研修三个月以上、在海外工作或实习三个月以上的教师人数；外籍教师中关注专业课程教师人数，突出外籍教师对学校国际化发展的作用。

（六）涉外办学

涉外办学分为中外合作办学和境外办学项目。高职院校依据自身发展实际，可聚焦"引进来"，或"引进来"和"走出去"并举，或重点开展"走出去"。通过中外合作办学引进境外优质的教育资源，通过境外办学对外输出我国高等职业教育的优质资源。

重点关注中外合作办学机构/项目的数量和办学效应；办学专业是否是当前国家急需的自然科学与工程科学类专业；引进国外优质资源的数量；境外职业技术教育研究中心、境外专业培训基地、境外实习基地的数量和办学效应。

（七）国际合作与交流

国际合作与交流是高职院校国际化的途径和方式，主要包括师生跨境交流。

重点关注外方人员来校交流、学校教师出访交流、与境外开展师生交流、与境外机构和学校缔结合作关系等。近年来，随着我国高等职业教育国际化内涵的提升，不少院校主办、承办或参与国际技能竞赛，需关注学生参加国际技能比赛的数量和获奖情况。

（八）特色项目

国际化特色项目依据学校发展定位、办学特色和区域发展等因素自行制定。

重点关注参与市级以上中外人文交流活动数和参与"一带一路"国家教育援助项目数。

（九）经费

高职院校国际化办学需要较多的经费支持。调研显示，国际化办学特色和成绩明显的院校与其获得的办学经费成正比。目前高职院校国际化办学绝大部分依靠学校自身的资金，如仅靠高职院校的一己之力，难以保证国际化办学合作项目能维持长期的良性运行。

重点关注国际合作与交流预算总额及其他渠道获取的经费总额（除上级财政外）等。

二、人文交流是纽带

随着我国综合国力的提升，尤其是改革开放四十多年来的大发展，国际社会迫切希望重新认识中国，了解中国迅速崛起的秘诀，关注中国未来发展的愿景。

2013年9月，习近平主席在对土库曼斯坦、哈萨克斯坦等国进行国事访问并出席上海合作组织比什凯克峰会期间提出，"一带一路"建设要加强"五通"，即政策沟通、道路联通、贸易畅通、货币流通和民心相通。2017年5月，习近平主席出席"一带一路"国际合作高峰论坛开幕式并发表主旨演讲，提出"国之交在于民相亲，民相亲在于心相通"。作为促进民心相通的重要路径，中外人文交流能夯实中外关系民意基础，增进国家间的相互理解和信任，实现世界持久和平和共同发展。

新形势下，高职院校应积极贯彻国家《关于加强和改进中外人文交流工作的若干意见》（以下简称《意见》），服务国家改革发展和对外战略大局，着眼中外民心相通、文明互鉴、互利共赢的需求，践行教育在推动人文交流领域的重要作用。

一是要把握新时代中外人文交流的历史定位、目标原则，在中外人文交流中要坚定"四个自信"，强调"以我为主、兼收并蓄"，努力讲好中国坚持和平发展、合作共赢的故事，向世界展现一个真实、立体、全面的中国。

二是要建立中外人文交流机制，将人文交流理念融入学校国际化办学的全过程，注重丰富和拓展人文交流的内涵与领域，如上级部门实施的人文交流项目、各市（区）友城项目、学校开展的特色项目等，积极打造具有国际影响的人文交流品牌。

2019年10月，教育部中外人文交流中心与亚龙智能装备集团股份有限公司实施"智能制造领域中外人文交流人才培养基地"项目，秉持"技术创新＋人文交流"发展理念，打造培养具有良好人文素养和人文交流能力的技术技能人才的平台和高地。项目遴选了黄河水利职业技术学院、苏州市职业大学等100所院校为2020年首批筹建合作院校，建设项目103个；遴选了承德石油高等专科学校、重庆工业职业技术学院等78所院校为2020年第二批筹建合作院校，建设项目85个。各高职院校通过项目实施与建设，提升了师生技术技能创新能力和跨文化交际交流能力，促进了校企深度合作和协同"走出去"，积极搭建起有示范引领作用的智能制造领域的中外人文交流实践平台和品牌项目。

苏州市职业大学积极参与苏州与刚果共和国黑角市、拉脱维亚首都里加市、意大利威尼斯市等友好城市间的交流互动，在教育、旅游、体育等领域积极助力友城开展各类实质性的交流合作，促进友城工作成果的转化和实践，造福两地市民。

2016年7月，苏州市与刚果共和国黑角市结为友城。2018年9月，黑角市政府代表团来苏，表示急需基础建设方面的专业技能人才，青年学生渴望到中国学习。2019年9月，在黑角市副市长的带领下，政府选派的4名学生到校学习机电一体化技术专业。新冠肺炎疫情暴发后，黑角市向苏州捐赠了1万只医用防护口罩，表达了友城守望相助的情谊。4名学生制作了名为"降低病毒传播风险小贴士"的视频，在iSuzhou、苏州教育等网络平台推送，助力苏州市疫情防控。学生给苏州市市长李亚平寄了一封信，记述了防控新冠肺炎疫情期间学校对他们的关爱和他们制作视频助力抗疫等情况。李亚平在回信中感谢友城黑角市的热情帮助，勉励留学生们认真学习，为苏州和黑角两市增进交流、加深友谊贡献力量。

2019年12月，学校在苏州和威尼斯结好40周年之际，受邀参加威尼斯市"贡多拉赛艇节"，勇夺比赛季军。2021年6月，学校在"苏州－里加（拉脱维亚）市长视频会晤暨友城系列合作云签约"活动中，与里加酒店管理学院签约，在两市友城交流的框架下，开展两国职业教育发展的研讨交流，探索在酒店管理、旅游管理等专业领域的师生实习交流项目，举办两地特色人文交流活动，助力中拉两国地方交往走向深入。

三是要扎实做好来华留学工作。《意见》指出，要建立语言互通工作机制，推动我国与世界各国语言互通，开辟多种层次语言文化交流渠道。作为来华留学生培养的重要阵地，高职院校应在留学生培养过程中开设汉语和中国文化课，鼓励来华留学生学好中文和中国文化，加深他们对中国国情与中国和平发展之路的认同，培养知华、友华、爱华的国际友人。学生回国后乃至在国际舞台上将以亲历者的身份成为"中国故事"的讲述者，促进世界公平、客观、公正地认知中国。

涵盖以外语为专业教学语言的学科和专业，积极落实《来华留学生高等教育质量规范（试行）》中关于留学生"人才培养目标"的要求。即在语言方面，以中文为专业教学语言的学科、专业中，留学生应当能够顺利使用中文完成本学科、专业的学习和研究任务，毕业时中文能力应当达到《国际汉语能力标准》五级水平；以外语为专业教学语言的学科、专业中，留学生应当能够顺利使用相应外语完成本学科、专业的学习和研究任务，毕业时，本科生的中文能力应当至少达到《国际汉语能力标准》四级水平。

文件虽未对高职层次的学生在毕业时应具备的汉语水平提出要求，但基于笔者所在单位开展的留学生教育实践，笔者认为，高职院校在留学生培养过程中，以中文为专业教学语言的学科、专业的留学生（一般是"1+3"项目，1年汉语预科学习，3年专业学习）在毕业时，中文能力应不低于《国际汉语能力标准》四级水平；录取时已具备《国际汉语能力标准》四级水平的留学生，毕业时中文能力应不低于《国际汉语能力标准》五级水平；以外语为专业教学语言的学科、专业的留学生应当能够顺利使用相应外语完成本学科、专业的学习和研究任务，毕业时，学生的中文能力应当至少达到《国际汉语能力标准》三级水平。同时，在文化方面，留学生应当熟悉中国历史、地理、社会、经济等中国国情和文化基本知识，了解中国政治制度和外交政策，理解中国社会主流价值观和公共道德观念，形成良好的法治观念和道德意识。

三、不断学习促进步

高职院校对外可学习发达国家职业教育的理念和经验，如国外优质职业院校在国际化平台建设、国际合作高质量项目打造、专业教学标准和职业资格标准推广等方面的做法，在吸收借鉴的基础上结合我国实际，加以改进、完善和提升。对内，本科院校是我国教育国际化的先行者。高职院校在国际化发展起步阶段时，可借鉴、吸收本科院校丰富的资源和办学经验。鉴于本科院校在技术技能人才培养方面的经验相对欠缺，高职院校可发挥自身优势，找准契机，与本科院校合作开展国际化项目，在本科院校"传帮带"的基础上力争实现双赢。此外，国家立足于当前高职院校的办学实际，围绕办好新时代职业教育的要求，实施了中国特色高水平高职学校和专业建设计划。该计划入选院校代表着国内高职院校的最高水平，在国际化发展上走在了全国的第一方阵，是致力于在国际化发展上想所为、有所为的高职院校的榜样。

此外，政府作为高等职业教育国际化的主导者，起着宏观调控、引导和协调的作用。第一，政府应完善高等职业教育国际化制度建设。制度建设是高职院校国际化发展的重要保障之一，应完善高等职业教育国际化的配套制度改革。比如，《中外合作办学条例》及其管理办法更加适用于本科以上层次的合作办学行为，同时，将中外合作办学限定在学校与学校之间的合作。但是高等职业教育的特殊性，决定了学校和外资企业、跨国企业的合作，也将是高职国际合作办学的重要组成部分。另外，高等职业教育作为技术培训和高等教育的结合体，其特殊性需要专门的规章制度对其进行规范。我国高职院校正在经历从学科导向办学向职业导向办学的过渡，传统学科导向的人才培养模式往往难以满足跨国企业对人才的需求，导致跨国合作办学难以有效开展，政府应该在归纳总结现有国际化校企合作实践经验的基础上，加快职业教育校企合作政策建设，明确政府、学校在办学活动中的定位，政府尤其要为该类项目的课程合作提供便利。

第二，发挥经费引领高等职业教育国际化发展的导向作用。教育部《高等职业教育创新发展行动计划（2015—2018年）》（教职成〔2015〕9号）明确提出"支持专科高等职业院校到国（境）外办学，为周边国家培养熟悉中华传统文化、当地经济发展亟须的技术技能人才"。在此基础上，扩大高职院校国际化经费资助范围、提升经费使用质量应成为制度安排的重点。逐步加大区域协调发展力度，充分发挥北京、广东、上海和江苏等境外服务水平较高区域高校的辐射引领作用，不断缩减区域发展差距，提升我国高职院校现代职业教育境外服务培训整体水平。加强经费使用的分类管理，重点支持偏远地区利用地缘优势与国家战略开展国际化办学活动。此外，通过国际化办学经费在公办与民办高职院校之间的公平分配，引导民办高职院校开展国际化办学活动，充分发挥民办高等职业院校管理体制灵活、办学模式与市场对接等优势。

  2019年，国务院发布的《国家职业教育改革实施方案》（国发〔2019〕4号）开宗明义：职业教育与普通教育是两种不同教育类型，具有同等重要地位。建设高质量教育体系是"十四五"期间高等职业教育的主题，围绕这一主题，高等职业教育将在落实《国家职业教育改革实施方案》的过程中，实施职业教育提质培优行动计划、持续推进中国特色高水平高职学校和专业群建设计划、探索本科层次职业教育，开创"十四五"我国高等职业教育发展的新局面。"十四五"期间，高等职业教育要扎实开展国际合作服务，实施职业教育服务国际产能合作行动，加快培养国际产能合作急需人才，提升职业教育国际影响力。紧扣国际产能合作急需人才培养这个"牛鼻子"，深入推进"中文＋职业技能"项目，助力中国企业"走出去"。与此同时，着力加大服务保障和支持职业院校国际化发展力度，打造中国特色、世界水平的职业教育政策、制度与标准体系，增强我国高等职业教育在国际教育领域的话语权，并持续提升国际影响力。

第四章

中国高等职业教育国际化办学管理

 第一节 中外合作办学发展研究

目前中外合作办学已成为与公立高校、民办高校并列的第三种高等教育办学类型。作为中国特色高等教育国际化的重要内容和我国高等教育的组成部分，其办学模式、管理体制、发展特色，以及取得的经验和面临的挑战均亟待研究者进行考察。

一、中外合作办学发展概述

中国自2001年入世以来，伴随高等教育国际化程度的提升，中外合作办学发展迅速，规模不断扩大，层次逐渐提高，模式日趋多样化。1993年，金陵职业大学（现金陵科技学院）与澳大利亚昆士兰科技大学合作举办双联课程，成为国内高职教育领域首例跨国分段式合作办学项目。目前，中外合作办学主要有以下三种类型：中外合作办学项目、非独立设置的中外合作办学机构和独立设置的中外合作办学机构，其中，中外合作办学项目和非独立设置的中外合作办学机构在数量上占绝大多数。

教育部中外合作办学监管平台2020年2月公布的数据显示，自1994年以来，由省、自治区、直辖市人民政府审批批准的高职中外合作办学机构和项目共计962个，其中有51个机构和项目已终止办学、停止招生或并入其他学校。现有的中外合作办学机构或项目总数为911个，其中，中外合作办学机构 38 个（约占 4%），中外合作办学项目 873 个（约占 96%）。现有机构和项目中，2010 年以前审批 316 个，2010 年以后审批 595 个。

高职中外合作办学机构和项目开设的专业较为广泛，依据教育部 2015 年发布的《普通高等学校高等职业教育（专科）专业目录》中的专业大类，统计出不同专业大类领域开展的高职中外合作办学项目共 1 008 个（含中外合作办学机构中的项目），其中，排在前十位的专业大类和项目个数分别为财经商贸大类 314 个、装备制造大类 108 个、电子信息大类 113 个、旅游大类 92 个、文化艺术大类 59 个、土木建筑大类 55 个、教育与体育大类 51 个、医药卫生大类 46 个、交通运输大类 44 个、能源动力与材料大类 25 个。①

二、相关政策与管理制度逐渐完善

随着中外合作办学项目和机构的不断发展，相关政策与管理制度也在不断完善。1995 年原国家教委颁布实施《中外合作办学暂行规定》，促使中外合作办学活动进入法制化与规范化的发展阶段；2001 年中国加入 WTO 后，为更好地适应教育国际化发展需求，国务院于 2003 年颁布实施《中华人民共和国中外合作办学条例》，教育部于 2004 年出台《中华人民共和国中外合作办学条例实施办法》，进一步促进完善了中外合作办学制度。随后，中外合作办学进入快速发展时期，规模不断扩大，但数量的激增也导致诸多问题的出现。为此，教育部陆续出台了《关于做好中外合作办学机构和项目复核工作的通知》（2005）、《关于当前中外合作办学若干问题的意见》（2006）、《关于进一步规范中外合作办学秩序的通知》（2007）等，以此规范中外合作办学行为。

随着中外合作办学机构和项目的进一步发展，质量保障成为人们关注的焦点。2009 年，教育部下发《关于开展中外合作办学评估工作的通知》，要求对中外合作办学机构及项目进行定期评估，以保障中外合作办学的质量并促进其可持续发展。2018 年，教育部加大审查力度，依法终止 243 个中外合作办学项目与机构，体现了国家加强质量监管的态度与决心。这意味着中外合作办学需迈入更加注重内涵建设的质量提升阶段，合作办学项目如果不能为国际化发展创新驱动、提质增效做出实际贡献，将被市场大量淘汰，高职

---

① 康卉，党杰，黄晓洲. 高职院校中外合作办学的现状、问题与对策 [J]. 教育与职业，2020（15）：35 – 39.

院校如何将中外合作办学办成真正有特色的、适应区域经济发展和职业规划的教育模式成为当务之急。

对于质量保障,国家不仅从行动上采取措施,更在制度建设上加以规范。国务院在2010年颁布的《国家中长期教育改革和发展规划纲要(2010—2020年)》就强调要重视中外合作办学的质量建设,明确指出要从"加强国际合作与交流"、"引进优质教育资源"和"提高交流合作水平"三个方面推进中外合作办学。从近几年教育部的全年工作要点中亦可见政府对于中外合作办学质量的重视,如2012年强调"加强行业自律,建立和完善质量保障制度,开展评估和质量认证",2013年指出"引进一批境外高水平大学来华合作办学",2014年注重"优化中外合作办学类别、学科结构和地区布局",2015年重申"加强中外合作办学机构的监管",2017年和2018年致力于"加快修订《中华人民共和国中外合作办学条例》及其实施办法"。可见中外合作办学的发展模式亟须从规模扩展的外延式发展转变为质量提升的内涵建设。

三、中外合作办学的质量保障

质量保障问题是实施跨境高等教育过程中必须面对的问题,这对输入国而言尤为重要,而中国作为跨境高等教育的重要输入国,必须高度关注质量保障问题。中外合作办学的质量保障主要依靠办学机构实施,缺乏国家层面的监管和科学的制度体系,同时质量保障问题将是中外合作办学在未来需要解决的突出问题。2012年英国高等教育质量保障署(The Quality Assurance Agency for Higher Education, QAA)对英国跨国高等教育在中国大陆办学活动的评估研究显示,中外合作办学中缺乏有效的内部质量保障,有些机构和项目尚未建立完善的质量保障体系,有些已建成的质量保障体系尚未能有效发挥实际作用。

关于中外合作办学质量问题的现有研究主要关注引进优质教育资源、实施质量评价和建立质量保障体系等方面。林金辉和刘志平重点考察了中外合作办学在引进优质资源方面存在的问题,认为目前问题主要集中在"外方合作院校资质参差不齐,引进优质教育资源总量较少;缺乏宏观调控和引导,区域发展不平衡,学科和专业设置低水平重复;重审批,轻管理,教育教学质量监管和评估体制不健全;境外教师资质水平参差不齐,缺乏有效管理;公益性与营利性之间矛盾突出,合作办学的公益性原则难以充分体现;招生管理存在漏洞，学位认证制度不完善"①。中外合作办学历经10余年的发展，无论是在办学模式、学校管理上，还是在人才培养上都取得了一定的建设成效，获得了广泛的社会认可，奠定了其在中国高等教育中的特殊地位，但相关的法规政策亟须健全完善，深入的实证研究尚显不足。

四、高职中外合作办学的发展策略

高职院校中外合作办学高质量发展应坚持党的领导，服务国家发展战略，服务产业转型升级；坚持政府对高职中外合作办学开展分类指导；坚持与海外知名应用技术大学围绕高端产业开展合作；坚持内涵建设，特色办学，优胜劣汰。只有坚持围绕这些核心内容开展改革和攻坚，才能改变浅层次、低水平发展局面，维持高职中外合作办学高水平、可持续发展。

（一）坚持党的领导

时任教育部部长陈宝生在《办好新时代职业教育，服务技能型社会建设》中指出，"职业教育要以'把方向、揽全局、抓思想、建队伍、促党建'为总要求，把党的建设和思想政治工作优势转化为发展优势。一方面，要发挥好院系、师生基层党组织的战斗堡垒作用，把党的教育方针全面贯彻到学校工作各方面、人才培养全过程；另一方面，要落实立德树人根本任务，探索符合职业教育特点的思想政治工作体系和方法，把德育融入课堂教学、技能培养、实习实训等各环节，促进思政课程与课程思政有机衔接，提高思想政治教育的实效性"。教育部、财政部联合下发的《关于实施中国特色高水平高职学校和专业建设计划的意见》（教职成〔2019〕5号）明确指出："扎根中国大地，全面贯彻党的教育方针，坚定社会主义办学方向，完善职业教育和培训体系，健全德技并修、工学结合的育人机制。"高职中外合作办学作为高等职业教育的一种全新形式，被百姓认为是"不出国的留学"，是中外文化融合的交汇点，由于其自身的特殊性，坚持和加强党的领导显得尤为重要。尽管当前大部分高职院校的中外合作办学机构及项目都设有同步的党组织，但也出现一些合作办学机构及项目党团组织形同虚设，党建人手严重不足，党的声音弱化等不良局面。因此，高职中外合作办学必须把党建工作摆在更加突出的位置，切实保证中外合作办学机构及项目师生牢

---

① 林金辉，刘志平. 高等教育中外合作办学研究［M］. 广州：广东高等教育出版社，2010：20-28.

牢把握意识形态主动权，牢固树立"四个意识"、坚定"四个自信"、做到"两个维护"，实现人才培养过程中国际化技术技能水平培养和爱国精神培养的高度融合。

（二）坚持战略引领

高职中外合作办学专业的设置，应以服务国家战略、融入区域发展、促进产业升级为导向，教育主管部门应根据国家产业结构升级、人才需求等，结合各地高职院校的办学特色适当给予引导和指导，建立海外优质高职院校信息平台，为高职院校中外合作办学外方合作学校的国别选择、办学规模、专业设置等提出政策建议和指导，引导高职院校选择合适的国外高校进行合作。针对高职中外合作办学区域发展不平衡、专业结构不合理等问题，要积极利用政策调控，在布局上进行总体把握，提前谋划布局，具体指导实施，优化高职中外合作办学区域、层次、专业的整体布局。

（三）坚持高端合作

教育主管部门应鼓励中国特色高水平高职学校与世界知名的应用技术大学合作举办中外合作办学机构，支持中国特色高水平专业群依托核心专业与海外高水平应用技术大学合作举办中外合作办学项目，并努力创建高水平示范性中外合作办学项目，发挥示范辐射作用，引领高职院校中外合作办学迈向更高层次。应鼓励高职院校就《中国制造2025》等政策文件中强调的"先进制造业"和"战略新兴产业"等相关的专业开展中外合作办学，服务新时代经济高质量发展，为中国产业走向全球产业中高端提供高素质技术技能人才支撑。

（四）坚持分类指导

目前，全国有近1 400所高职院校，由于种种原因，每个学校的发展水平都有明显差异，经过多年的发展，有的高职院校成为"国家示范性高等高职院校"或"省级示范性高等高职院校"，办学实力非凡，在全国或某一区域具有明显的示范引领作用，有的则发展缓慢，甚至原地踏步。因此，政府及教育主管部门应坚持分类指导，对于"中国特色高水平高职学校""国家示范性高等高职院校"等办学实力雄厚的高水平高职院校，应积极鼓励其依靠自身办学优势与发达国家的知名应用技术大学开展中外合作办学机构，并提供相应的政策及资金支持，打造一批高水平示范性高职中外合作办学机构；而对于发展水平一般的高职院校，应根据其自身发展特色，鼓励其根据国家产业结构调整需要，举办服务地方经济建设和社会文化发展急需的创新型、应用型合作办学项目,积极引入"国际通用职业资格证书"和外方办学的先进管理经验,着力推进学校、行业协会、企业共建职教国际合作交流联盟平台,增强培养面向高端装备和制造、现代农业和现代服务业的高素质技术技能的能力。

(五) 坚持内涵建设

中外合作办学高质量发展要求高职院校不断强化办学主体意识,增强主体责任,把中外合作办学的重点放在高质量内涵发展上。

第一,以提升办学质量为核心,以培养高素质国际化技术技能人才为宗旨,融通中外、兼容并蓄,在吸收国外先进办学理念的基础上,融合自身办学特色,创新人才培养模式,提高人才培养质量。以引进优质教育资源为手段,以培养具有国际竞争力并通晓国际规则的人才为核心,提供多样化、高质量、个性化的教育,满足国家、社会和个人对教育的不同需求。在合作模式、合作内容、合作对象等方面积极探索、创新实践,真正办出特色和水平。切忌把中外合作办学当作"面子工程",重申报,轻建设,申报完成即大功告成,没有长远的发展眼光和可持续发展的意识。

第二,成立中外合作办学工作实施小组,明确国际合作与交流处、教务处、财务处、教学学院等相关部门的职责。定期召开中外合作办学研讨会,推进专业教育教学改革、提升师资队伍水平、发挥专业示范辐射作用、完善国际化人才培养等方面的工作,将合作办学专业与专业群其他专业建设紧密结合、互相促进,整合优质资源,提升学校专业品牌实力。同时,通过研讨,提出在建设过程中亟待解决的问题并积极谋划解决办法。

第三,重视中外合作办学年报工作。年报工作是各级部门规范中外合作办学秩序,提高办学质量,促进中外合作办学健康发展的重要反映。高职院校应在省级教育行政部门的指导下开展年报编制工作,把年报工作作为服务经济社会发展、展示院校育人成果的重要契机,从办学基本情况、学生培养、师资建设、教学组织和质量监控、项目管理、财务状况、社会评价、办学特色八个方面精心组织编制。同时,建立年报发布制度,利用校园网、微信公众号、报刊等多种渠道推进信息公开,提升公开信息质量,加大重点信息公开力度,主动接受来自社会各界和相关利益群体的监督。

第四,重视中外合作办学管理电子平台建设。高职院校应建立中外合作办学管理电子平台,实现中外合作办学评估指标数据的实时采集和动态更新,形成规范有序、全程监控、自我整改的质量保证体系,对办学中可能出现的风险点进行重点排查，制定预案，预防风险，提高管理工作实效。

（六）坚持特色办学

高职院校聚焦的发展点不同，每所院校都有各自的办学特色。有的高职院校凸显工科特色，有的则明显以商科为主，有的聚焦农林，有的专攻水利，可谓百花齐放，各有特色。因此，高职中外合作办学在选择外方合作机构时，也应仔细衡量外方机构的综合水平和办学特色，绝不能捡到篮子便是菜，未加仔细辨别就盲目开展合作，最终导致引进的资源不优质，合作的项目无特色，对自身学校的发展来说，进行的中外合作办学只是一个面子工程，对学校的办学质量、人才培养模式改革和内涵提升几乎毫无帮助。从更高层面来看，国家的产业转型升级需要的技术技能人才也是各行各业，遍布各个领域的，高职中外合作办学只有提供多样化、高质量、个性化的教育，才能满足国家、社会、个人对不同类型教育的需求。

（七）坚持产教融合

高职教育与普通本科教育最大的区别就是高职教育主要培养适应国家和地方产业发展需求的高素质技术技能人才，更加突出学生技术、技能的培养。因此，高职中外合作办学不能简单模仿本科高校的中外合作办学模式，忽略了自己办学的初衷。高职院校应主动"与行业领先企业在人才培养、技术创新、社会服务、就业创业、文化传承等方面深度合作，形成校企命运共同体"。通过精选海外优质教育机构进行中外合作办学，提前洞悉全球产业发展动向，通过校企合作，紧跟国内产业发展步伐，进而在第一时间推动专业建设与产业发展相适应，真正意义上实现校企协同育人。

（八）坚持优胜劣汰

政府及教育主管部门应尽快建立和完善中外合作办学机构或项目准入与退出机制，创新高职中外合作办学评估模式，强化过程评估，实施追踪评估，增强评估的科学性和公信力。对优质教育资源引进不足、教学质量不高、学生满意度低、办学活动难以持续的机构和项目坚决予以叫停和淘汰。规范退出过程，公开退出结果，妥善处理相关者利益，尤其要保障学生的利益。对自主退出情况和被评不合格而终止办学情况，在其申请新机构和项目时应分别对待。对于面临新形势主动调整、转型的，省级教育行政部门在转置手续办理、政策指导等方面予以支持；对于院校未履职、无法继续办学但主动申请退出办学的，保障学生权益并明确后续退出工作流程，避免机构和项目申请或退出的随意性；对于未履行职责被强制退出的予以适当行政处置。

新形势下，政府及教育主管机构应充分发挥自身的政策引导、宏观统筹作用，进一步落实"放管服"要求，完善政策制度设计，强化合作办学宏观管理，为高职中外合作办学高质量发展营造良好的外部环境。高职院校应树立更高水平的"引进来"，更高质量的"树起来"，更大步伐的"走出去"的总体思路，扩展合作范围，深化合作层次，升级合作形式，实现高职中外合作办学进入提质增效内涵发展新阶段。高职院校要切实做好顶层设计，聚焦提质增效，完善中外合作办学制度建设，切实负起中外合作办学运行主体责任，充分发挥中外合作办学机构及项目的载体作用，夯实国际合作与交流，积极引进发达国家的优质教育资源，转化、吸收、开发具有中国特色的专业标准、课程标准及教材，切实提升自身的教育质量和办学水平。

此外，充分发挥社会监督作用，完善舆论引导机制，积极推进信息公开，主动接受来自社会各界的相关利益群体的监督，大力推进阳光办学。大力改革评估制度，积极引入社会第三方评估，学校应主动联合政府、企业、学生、家长、专家学者等三方群体对中外合作办学质量进行全方位评估，确保评估的科学性和公正性。只有政府、学校、社会三方齐心协力，高职中外合作办学才能摆脱原有的低水平竞争，实现真正意义的高质量发展，也才能在全球范围内树立中国高职教育品牌，提升话语权、国际声誉和竞争力。

高职高专中外合作办学评估指标体系如表4-1所示。

表4-1 高职高专中外合作办学评估指标体系

一级指标	二级指标
1. 办学宗旨	1. 办学定位
	2. 办学目标
2. 办学依据	3. 办学许可证/项目批准书
	4. 合作协议
3. 组织与管理	5. 办学资质
	6. 管理机构
	7. 规章制度
4. 教育教学	8. 师资队伍
	9. 培养方案
	10. 教材建设

续表

一级指标	二级指标
5. 资产财务	11. 教学设施
	12. 收费标准
	13. 财务管理
6. 质量保障	14. 办学报告
	15. 专业评估
	16. 社会监督
7. 学生发展	17. 招生管理
	18. 学业表现
	19. 证书发放

高职高专中外合作办学评估指标说明：

- **办学宗旨**

1. 办学定位

是否有明确的办学定位和方向，并符合我国教育方针和有关法规。

2. 办学目标

是否体现中外合作办学引进优质教育资源特点，对学校教育教学和人才培养产生积极影响，并对当地经济社会发展做出贡献，与对国际化专业人才的需求一致。

- **办学依据**

1. 办学许可证（机构适用）/项目批准书（项目适用）

办学许可证是否在办学有效期内；是否超越许可办学范围举办项目或从事其他经营活动；是否存在变更办学层次、类别等未报批情况；是否存在骗取、伪造、变造、买卖、出租、出借办学许可证情况；是否存在变更名称或住所、办学地等未报批情况。

项目批准书是否在办学有效期内；是否超越许可办学范围举办项目或从事其他经营活动；是否存在变更办学层次、类别等未报批情况；是否存在骗取、伪造、变造、买卖、出租、出借项目批准书情况；是否存在变更名称或住所、办学地等未报批情况。

2. 合作协议

合作协议是否符合有关法规；合作协议是否在办学有效期内。

- **组织与管理**

1. **办学资质**

中外合作办学者是否具有法人资格或丧失合作层次办学资质，符合中外合作办学要求引进优质教育资源的特点。

2. **管理机构**

是否有理事会、董事会或联合管理委员会，并能正常履职；中方组成人员是否少于 1/2；组成人员是否不足 5 人；正、副理事长是否由中外双方分别担任；其他社会组织或个人是否担任理事长、董事长或主任；组成人员中具有 5 年以上教育教学经验人员是否达到 1/3 以上；是否有符合要求的专职校长或主要行政负责人。

3. **规章制度**

是否有与办学相应的教育教学、学生管理、教师评聘、财务管理等规章制度指导保障办学正常运行。

- **教育教学**

1. **师资队伍**

考察教师获得学位，从事教育教学和行业企业工作情况；来自合作办学的外国教育机构情况；外籍教师、双师素质教师、兼职教师等方面的教师队伍结构比例情况；中方师资参加国内外培训和企业实践情况；中外双方师资是否有合作备课或联合科研等工作机制。

2. **培养方案**

考察培养方案和教学计划是否符合培养目标要求，并体现先进性和适用性；关于宪法、法律、公民道德、国情等内容课程开设情况；结合专业特点和人才培养要求，是否安排有校内实践和校外实习实训等。

3. **教材建设**

考察中方开设课程、引进外方课程、共同开发课程大纲及相应教材建设或选用情况。

- **资产财务**

1. **教学设施**

中国教育机构以国有资产作为办学投入的是否有效履行国有资产管理义务；是否未改变按公益事业获得的土地及校舍的用途；教学设施能否满足中外合作办学活动需要，包括校舍、实验室、实习基地、图书馆、多媒体教学设施、案例教学条件、计算机及网络等（机构适用）。教学设施能否满足中外合作办学活动需要，包括校舍、实验室、实习基地、图书馆、多媒体教学设施、案例教学条件、计算机及网络等；面向专业及学生使用情况如何（项目适用）。

2. 收费标准

是否按有关部门审批标准收费，并出具正规票据；是否未在审批项目之外另立收费项目；是否以人民币计收学费；是否存在跨学年或学期预收费情况。

3. 财务管理

是否按国家有关规定设置会计账簿；外汇使用是否符合国家规定；收取的费用是否主要用于教育教学和改善办学条件；对取得合理回报的是否按国家有关规定提取发展基金；是否依法进行财务管理并接受财务审计，在适当范围内公开财务报告和审计结果（机构适用）。是否按国家有关规定在学校财务账户内设立中外合作办学项目专项，依法进行财务管理；外汇使用是否符合国家规定；收取的费用是否主要用于教育教学和改善办学条件（项目适用）。

- 质量保障

1. 办学报告

是否按要求向审批机关提交年度办学报告，对招收学生、课程设置、师资配备、教学质量、财务状况等基本情况进行说明。

2. 专业评估

是否接受国家或地方教育行政部门、社会中介组织开展的中外合作办学质量评价或认证；考察有关评价意见及质量保障机制完善情况。

3. 社会监督

是否建立相关办学信息发布平台，方便学生、家长或社会监督评价。

- 学生发展

1. 招生管理

招生简章、宣传材料是否存在发布虚假招生简章、广告情况；是否存在未执行招生计划违规招生情况；是否按报批文件规定及时为学生注册学籍。

2. 学业表现

是否保持较好的学生就业率；根据专业特点，是否具有较好的海内外企业实习和院校深造机会；是否具有较好的相关行业职业资格证书考取率；参加职业教育方面有关论坛、竞赛获奖情况。

3. 证书发放

颁发证书与报备证书样式是否一致；是否颁发外方学历证书或职业资格证书；颁发的外方证书与在是否其所属国颁发的证书是否一致。

第二节　来华留学教育发展研究

来华留学一般指学历来华留学和非学历来华留学。学历来华留学是指来华留学生以获得我国学历学位为目的，来中国境内高校进行系统化学习。非学历来华留学指来华留学生来中国境内高校学习，但不以取得我国学历学位为目的，学习时长通常为三个月及以上。来华培训是指境外人员有组织、有计划地来中国境内学习及了解相关文化、知识及技能，学习时间通常在三个月以内。

2020 年 5 月 17 日，习近平主席给北京科技大学全体巴基斯坦留学生回信。习主席的重要回信内涵丰富、情真意切、催人奋进，是首次给来华留学生群体的回信，意义重大而深远，充分体现了以习近平同志为核心的党中央对来华留学事业的高度重视和对广大来华留学生的亲切关怀，为新时代来华留学事业指明了前进方向和提供了根本遵循。

习近平主席在给北京科技大学巴基斯坦留学生的回信中强调，"中国欢迎各国优秀青年来华学习深造"，不但向世界各国优秀学子敞开了来华探寻知识的大门，也为来华留学教育工作持续良性发展确立了目标；同时鼓励来华留学生"多了解中国、多向世界讲讲你们所看到的中国"，这不但是对来华留学生的期待，也同时对来华留学教育工作者提出了如何使来华留学生更深刻地认识中国、了解中国、热爱中国的课题；回信中还期望来华留学生们"多同中国青年交流，同世界各国青年一道，携手为促进民心相通、推动构建人类命运共同体贡献力量"，这体现了习近平主席对来华留学生的殷切期望，更是在新冠肺炎疫情为来华留学工作带来重大挑战的时刻，坚定了推进来华留学教育高质量发展的信心，为来华留学事业发展指明了方向。来华留学教育要在习近平主席重要回信精神指引下，准确把握国际教育发展动向，深入贯彻来华留学教育发展新理念，自觉践行来华留学教育改革创新，努力提升来华留学教育竞争力，扎实推进来华留学教育高质量发展，为把中国建成全球主要的留学中心和世界杰出青年向往的留学目的地而努力。

一、高职院校来华留学教育发展现状

随着我国综合国力的不断提升和在世界舞台不断亮相，加之教育对外开放水平的不断提高，越来越多的留学生来中国求学。来华留学生规模不断扩大，结构不断优化，奖学金资助类别逐渐多样，对华友好的高层次人才培养成效渐显，显示出我国教育对世界青年的吸引力增强，来华留学教育发展取得了显著进步。

职教分会调查结果显示，60 所受访院校（72.29%）已招收来华留学生，其中华东、华南及华中地区招收来华留学生人数较其他区域多。从 2019 年招生规模来看，招收来华留学生 50 人以下占比较高，其次是 50~99 人，招收 150 人以上的院校主要位于华东和西南地区。在职业院校类型上，国家"双高计划"建设单位招收来华留学生比例最高，占比 83.33%，国家示范性高等职业院校占比 75.68%，省一流高等职业院校建设单位占比 71.43%。如图 4-1 所示。

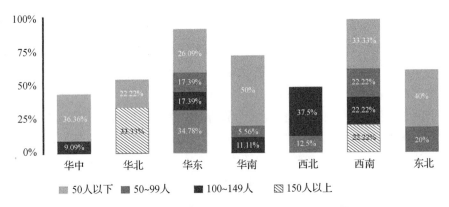

图 4-1　各地区受访院校 2019 年招收留学生规模

不同区域招生规模有别的原因之一是不同省区对来华留学生支持力度存在差异，如有些省份对招收来华留学生拨发经费补助，而有些省份则没有这方面经费支持。此外，不同院校对于招收来华留学生数量的看法也不尽相同，归纳有以下三种情况：（1）院校主观意愿上希望招收来华留学生，但硬件条件欠缺导致来华留学生教育项目未能落地；（2）院校在来华留学生教育方面起步较晚，对来华留学生教育持谨慎态度，不希望规模过大；（3）部分院校来华留学生教育起步较早，领导高度重视，院校地理位置较优越。此类院校对于招生规模有两种做法：一是近些年扩大招生规模，如位于华南地区一些职业院校在2020年注册来华留学生有200多人,最高峰时期来华留学生人数达300人;二是部分院校考虑到管理问题,每年对招生规模有所控制。总体而言,职业院校对来华留学生持欢迎态度,但由于当地政府支持力度不同,院校发展阶段不同,在招生规模上也有所不同。华东、华南及华中地区来华留学生教育起步较早,招生人数较其他地区多,国家"双高计划"建设单位与国家示范性高等职业院校招收来华留学生较其他类别院校多。学历生在来华留学生类别方面居于首位,占比68.33%,非学历语言生占比46.67%,短期项目生占比41.67%,非学历专业生占比30%,学历语言生占比11.67%。部分职业院校在电话访谈中提到,因地理位置优越,近些年来华留学生人数激增,因此,制定政策只招收学历生。职业院校来华留学生类别在进一步扩大,向更高层次、更宽领域、更主动的方向迈进。

但总体来看,相比较本科院校,高职院校对欧美等发达国家的学生吸引力较低,对"一带一路"沿线国家学生的吸引力也不够。大部分高职院校靠提供低学费、免学费等奖学金政策招收来华留学生。根据《2015—2019年中国高等职业教育质量年度报告》数据,2014—2018年度我国高职院校来华留学生在校生人数分别为2 799、3 947、7 000、11 500和17 000,平均在校生人数分别为2.10、2.88、5.15、8.28和11.9。2018年度全国共有26所高职院校来华留学生规模超过200人,在校生人数规模比2017年度增长了50%,较2014度扩大了6.1倍。但与普通本科高校相比,我国高职院校来华留学生规模和平均在校生人数仍处于较低水平。2018年,共有25.8万名接受学历教育的来华留学生来华留学,其中高职院校全日制来华留学生1.7万人,占比仅为6.6%,来华留学生生源地仍以东盟、中亚、非洲等处于工业化初(中)期阶段的"一带一路"沿线国家为主,尚未辐射到经济较为发达的国家和地区,且存在奖学助学来源渠道匮乏、学历教育和汉语进修比例失衡、语言学习和技能培养关系失调及尚未形成中国特色高职来华留学生教育模式等突出问题。调研显示,大多数"一带一路"沿线国家的学生来华留学的主要目的是获取学士以上的学位。

从人才培养模式上看,3年大专学习均在中国境内完成,"1+2"的方式(1年学习汉语,2年专业学习)成为职业院校人才培养最常见模式,占比51.67%;其次是"1+1+1"模式(在境外合作院校学习基础知识及技能1年,在华学习专业知识及技能1年,毕业考试及顶岗实习1年),占比25%。部分职业院校采取"1+3"模式,即1年境外语言学习,通过HSK4级考试,在中国境内完成3年大专学历教育。尽管部分院校采取的模式是3

年大专均在中国境内完成,但在具体设置上存在差异,有些院校设置 2 年专业学习、1 年顶岗实习;有的则是 3 年中国境内学习均为专业学习。值得一提的是,教育部 2018 年颁布的《来华留学生高等教育质量规范(试行)》规定了来华留学生入学时的语言能力标准,即以中文为专业教学语言的学科、专业的中文能力要求应当至少达到《国际汉语能力标准》四级水平。因此,严格意义上来讲,已不允许采用"1+2"的模式培养留学生。

从专业选择上看,电子信息工程技术与商务管理成为来华留学热门专业,分别占比 55% 和 51.67%,机械制造与自动化占比 46.67%,软件技术与动漫制作技术占比 31.7%,其他专业(建筑类、铁路运输相关类及汽车运用与维修等)占比 43.33%,文化创意占比 11.67%,如表 4.3 所示。由此看出,受调查的高职院校在来华留学专业设置上紧贴产业发展,较为精准地对接行业以满足对具有全球视野的高层次国际技术技能人才的需求。

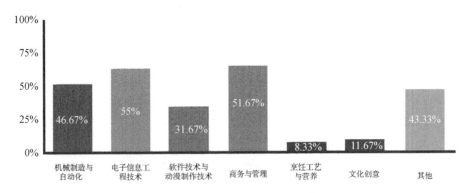

图 4-2　受访院校留学生专业设置情况

综上所述,高职院校来华留学教育取得了一些进步,与此同时,由于部分院校对来华留学教育的经验不足、认识不够、定位不准,出现了部分院校对来华留学工作重数字不重内涵、重形式不重内容、重规模不重质量、重开展不重建设等问题。比如,部分院校尚未结合来华留学生的特点和培养目标重构人才培养方案,对教学安排和课程体系等缺乏有针对性的研究。留学生学历教育的人才培养方案基本采用"简单相加法",即一年汉语集中学习考证或强化后,直接进入中国学生班级插班进行后两年的专业学习,忽视了不同生源国的来华留学生学科基础存在较大差异,各生源国对于技术技能人才的需求也不尽相同等方面。再者,来华留学教育的质量保障体系尚未建立。作为跨境教育的一种形式,来华留学教育的质量保障必须贯穿始终。但是高职院校开展来华留学生教育特别是学历留学生教育,时间短经验少,内部质量保障体系、外部质量监控体系尚未完全建立。来华留学生的培养教育在某种程度上成为一种良心活，容易出现浅显化倾向。此外，高职院校由于办学历史短，内部治理体系和治理结构都还在成熟过程中，处理需要多部门多系统协同的工作时效率偏低。来华留学生的教学安排、心理健康、后勤保障、活动奖惩、学籍变动等，涉及多个部门，但往往各职能部门并不认为是自己的职责，畏难情绪大，内部沟通协调成本高。当前，高职院校留学生在校生规模比较小的学校基本采取外事部门全权负责的模式，留学生规模比较大的学校开始摸索管理模式转型。但总体来看，与中国学生趋同化管理的推进难度较大。

近些年，一些高校出现了来华留学生管理疏漏和处理不当的问题，暴露出来华留学教育在高校整体事业发展中存在"孤岛效应"，部分院校来华留学生管理的体制不全、机制不顺、人力不足、投入不够，来华留学生管理干部队伍发展空间受限和待遇不足等问题，都制约着来华留学教育内生动力的增长。此外，近年来不断涉及来华留学的负面舆情及涉事院校应对不力，加深了社会对来华留学教育的误解，在一定程度上影响了高校来华留学工作的开展，限制了来华留学生管理干部工作创新的积极性，影响了来华留学工作水平的提高，制约了来华留学教育发展的内生动力的发挥。

二、高职院校来华留学教育发展的对策

（一）政府层面

坚持对外开放是我国一项基本国策，也是被历史与实践充分证明的科学发展路径。只有不断提升我国高等教育的国际化水平，坚持高标准、严要求，把各国理解、认同我国价值观念的优秀人才吸引过来，才能为推动全人类的共同发展汇聚智慧和力量。

第一，建立部委协商机制。建立司法部、国家移民管理局、教育部、外交部等有关部委的协商机制，完善《外国人永久居留管理条例（征求意见稿）》《学校招收和培养国际学生管理办法》等政策规定，完善配套制度，进行合理对接，严把外国人永久居留我国和来华留学关口，从源头上做好严格管理。

第二，改革学校国际化考核相关硬性指标。应逐渐摒弃或逐步减少把留学生数量作为考核学校"双一流"建设和国际化的硬性指标，鼓励学校将提高留学生质量和提升培养效果作为工作重点。

第三,稳步推进留学生趋同化管理。落实《来华留学生高等教育质量规范》,进一步推进中外学生管理和服务的趋同化。完善招生标准和审核机制,实现中外学生双向融合发展,让留学生更加融入中国,更加理解、认同中国教育和中国文化;让国内学生更懂包容,坚持国际化眼光,树立全球视野,尊重多元文化。两方面共同发力,真正实现学校提质增效、内涵发展的国际化办学目标,推动我国留学教育的高质量发展。

第四,将汉语教师纳入国家级教师培训系列。汉语教师肩负着向世界传播中华文化、提高汉语国际影响力的重要使命。但就目前来看,在对外宣传、舆情应对等方面,我国汉语教师普遍缺乏必要的专业知识和较高的敏感度。建议教育部有关司局定期举办汉语教师针对性培训,帮助他们进一步树立制度自信,提升国际视野,提高信息化技能水平,更好地适应新时代对汉语教师的新要求。

第五,增强来华留学传播工作的主动性。各级教育主管部门应主动开展来华留学工作宣介,如加大来华留学教育成就宣传、主动回应公众关切问题、提高来华留学经费管理和使用透明度、加强对艾滋病传染知识宣传等,增强来华留学工作的主动性,提升影响力和好感度。

(二) 院校层面

第一,高职院校要充分认识到来华留学教育作为国家战略的重要环节,是教育对外开放的重要内容,是构建国际交往桥梁和涵养国际人脉的重要途径,是公共外交的重要资源。正在崛起的中国不仅需要自己向世界讲好"中国故事",而且要培养一批又一批理解中国文化、认同中国价值的亲华、友华的国际友人。高职院校培养的是面向生产、建设、管理、服务第一线的高素质高技能应用型人才,教育教学过程中尤其强调德技双修。高职院校招收的留学生大多来自"一带一路"沿线国家,他们来中国的目的之一是学得一技之长,改变自身命运和家庭状况。他们在中国学习到的专业知识、职业素养和敬业精神,在日常生活中感受到中国文化、百姓生活和社会状况,在社会交往中体验到法律法规、习俗民风和人情交往,可以加深他们对中国的认识,从而把一个真实的、立体的中国讲述给自己的亲朋好友。这样的民心相通,具有前瞻性、基础性和长远性。社会各方面、政府各部门都应该从这个角度谋划、支持高职院校发展来华留学事业,对于发展过程中出现的暂时困难和问题,做出理性判断,提出系统的解决思路。高职院校开展来华留学教育对于正致力于建设世界一流的中国高职院校来讲具有重要意义。

第二,高职院校要认识到开展留学生教育是高职教育培养国际技术技能人才最直接、有效的途径之一。院校要着力深化职业教育特色的教育教学改革,人才培养要对接国家和区域发展规划,要丰富来华留学教育教学资源,加强留学生教育培养模式创新,强化留学生技术技能实践教学。

首先,积极对接国家和区域发展规划。高职院校要分析国际劳动力市场供需变化,瞄准技术人才紧缺的专业领域和国家地区,提升留学生人才培养质量。用好用足各类奖学金,争取更宽的资金支持渠道。健全留学生招收培养管理机制,将招生数量纳入二级院系招生指标考核体系,院校根据每年在校留学生人数拨付相应的招生与培养经费。

其次,丰富留学生教育教学资源。高职教育要凸显职业教育育人特色,针对生源国家紧缺岗位,制订专业人才培养方案,厚植中国优秀文化与语言交流学习,建设英文版、法文版等双语专业核心课程,并纳入学校专业教学资源库。同时,根据学生语言、学历等学习基础,满足学员个性化学习需要,开设寓教于乐的书法、剪纸、京剧等第二课堂,让学生体验中国优秀文化,增强对中国的认同感。同时,引导留学生形成积极的价值观和信仰系统,为学生面向国际化就业市场奠定适应种族差异和文化差异的基础。

再次,加强留学生教育培养模式创新。随着信息技术与教育的深度融合,教育模式从传统的封闭性、择取性和阶段性向开放性、普遍性和持续性转变,推动着终身教育、以学习者为中心和国际化三大教育发展趋势的进程,新时代高职来华留学教育应当在坚持不断提高留学生线下教育质量的同时,建设以现代信息技术为支撑的来华留学学习环境、学习资源和学习手段,积极探索远程教育在留学生培养中应用的可能性,发展在本地化国际教育,催生线上线下结合式新的来华留学教育形态和新的人才培养范式,建设常态化的线上教育教学资源、摸索入境学习与跨境学习相结合的方式,实现留学生接受中国高等教育方式的变革。实现来华留学教育参与国际教育服务贸易竞争形式和途径的开拓,提高来华留学教育的吸引力、体验度和传播力。

最后,强化留学生技术技能实践教学。充分发挥职业教育产教融合的重要特征,依托校企共建的实训基地,安排专兼结合的高水平"双师双能双语"教学团队现场指导,进行真岗实练,提升留学生的专业技术技能水平与职业素养,并使其了解中国企业的生产过程、掌握生产工艺、感悟生产管理与企业文化,为未来服务本国产业发展奠定坚实的基础。组织留学生参与各类技能比赛,在增强他们自信的同时,展示自我才能和对中国职业教育的认同。

第三，高职院校应进一步完善招生和监管机制，完善相关制度，摒弃过去盲目追求数量指标的倾向，规范招生工作，把好第一道关，提高留学生的源头质量。同时，要下大力气规范留学生学业管理。完善奖学金制度，形成良性筛选机制。尝试建立末位淘汰规则，按比例定期清理学业差、表现差的留学生。对学业成绩不合格、严重违反校纪校规的，采取强制返还奖学金、限期出境等措施。在推动留学生趋同化管理的同时，尊重不同国家、地区留学生的文化、信仰、宗教、习俗等差异。建立学校联动机制，常态化举办国际文化节、座谈会等活动。进行分类管理，帮助留学生建立同国籍、同地区学生自助团体或服务渠道。建立大数据平台，分享有关数据，在信息化基础上提升教育管理的规范性和科学性。

第四，高职院校应充分利用所在区域高等教育资源，加强与本科高校的教育合作，破除政策壁垒，创新升学考核方式，打通专升本、本升硕等留学生学历提升通道，为留学生提供较为丰富的升学路径选择，搭建"专本硕融通"的高职院校留学生学历提升平台。

第五，高职院校要坚持不懈地提高来华留学教育质量。教育质量是所有类别的教育形式的核心竞争力。留学生来华留学的目的就是通过接受高质量的教育获得促进自身发展的基础和能力。在教育财政投入无法持续大幅度增加的背景下，通过实施"来华留学教育供给侧结构性改革"，着力增强入学考试考核、教学培养、管理服务、后勤保障等完备、科学的来华留学工作体系，提高单位教育经费使用效率，瞄准教育理念、师资力量、课程体系设计等核心要素，改革陈旧的思维理念、管理方式和教学方式，从封闭走向开放，通过思维革新、管理创新和手段更新，以增强内源动力。持续完善来华留学教育质量保障体系，提高来华留学质量认证的科学性、实效性和国际认可度，在校内建立微观的内部质量保障体系，从宏观和微观层面塑造来华留学教育整体生态和微观形态，以提高留学生教育质量。

此外，留学生培养质量是包括留学生对华态度、学业学术水平和自身发展能力在内的人才培养综合效能的体现。我们应当从以增强来华留学国际影响力为重点开展招生拓展，以提高生源质量为重点改进入学考试考核，以夯实培养基础为重点加强课程和专业体系建设，以学风建设为重点提高留学生学业学术水平，以安全稳定和科学规范为导引加强日常管理服务，以学生未来发展导向加强心理健康和就业发展指导，以培养留学生对华友好情感为目标持续加强中国国情教育，推动来华留学教育改革创新，实现来华留学教高质量发展。

综上,留学生教育是我国高等教育的重要组成部分,是国家"软实力"建设的重要支撑。当前,国家以"一带一路"倡议为重点推动形成全面开放新格局,来华留学教育事业要适应国家发展大势及大局,使命和责任重大。高职院校要把来华留学教育发展放在国家战略的整体视野中考量,坚定不移地从战略层面推进来华留学教育发展,吸引世界优秀青年来华留学,使来华留学教育真正成为推动我国高等职业教育国际化发展的重要引擎、载体和保障,使留学生成为我国国际形象传播、讲好"中国故事",增强新时代国际话语权的重要力量。

第三节 来华留学生思想与文化育人研究

当前,在经济贸易全球化、科学技术信息化的背景下,教育国际化已成为全球性趋势。国际上,随着我国综合国力的持续提升,高等教育逐渐被世界了解和认可,越来越多的外籍人士来我国学习,来华留学教育蓬勃发展。在国内,诸多高校将来华留学生教育作为推进学校国际化发展的有力抓手,以此带动学校管理机制体制的创新与完善、师资队伍水平的提升和国际化影响力的扩大。

据教育部网站数据,2018年共有来自196个国家和地区的4 900 002 185名各类外国留学人员在全国31个省、自治区、直辖市的1 004所高等院校学习,其中,接受学历教育的外国留学生总计2 500 008 122人,占来华生总数的52.44%,其余为非学历留学生,总数为234 063人;按洲别统计,亚洲学生总数为295 043人,占59.95%;非洲学生总数为81 562人,占16.57%;欧洲学生总数为73 618人,占14.96%;美洲学生总数为35 733人,占7.26%;大洋洲学生总数为6 229人,占1.27%,我国已成为世界第三、亚洲最大的留学目的国。来华留学规模的扩大与我国国际地位的提升密不可分,同时,对提升我国教育国际化水平,开创全方位对外开放新格局有着重要意义。

一、来华留学生思想与文化育人工作的主要内容

党中央高度重视思想政治工作,要求全国大中小学全面贯彻党的教育方

针，办好思想政治理论课，解决好培养什么人、怎样培养人、为谁培养人这个根本问题。① 教育部《来华留学生高等教育质量规范（试行）》在"来华留学生人才培养目标"部分规定，来华留学生应熟悉中国历史、地理、社会、经济等中国国情和文化基本知识，了解中国政治制度和外交政策，理解中国社会主流价值观和公共道德观念，形成良好的法治观念和道德意识。在"跨文化和全球胜任力"部分指出，来华留学生应当具备包容、认知和适应文化多样性的意识、知识、态度与技能，能够在不同民族、社会和国家之间的相互尊重、理解与团结中发挥作用。

经过五年的来华留学生管理和育人实践，笔者认为，高校来华留学生思想教育应包括国情与文化教育、法治与道德教育、成长与人生观教育、人类命运共同体理念教育等内容。具体来说，高校应对留学生开展遵纪守法教育、道德规范教育，让他们在社会普遍接受或认可的规则、准则内行事，不逾矩；向留学生介绍中国国情和博大精深的中国传统文化，让学生了解社会主义核心价值观和新时代中国发展的道路与模式，将来华留学生育人工作与坚定中国特色社会主义道路自信、理论自信、制度自信、文化自信相结合；通过师对生的管理和师生间的情感交流，对学生的思想和行为施加正面、积极的引导，助其树立正确的人生观和职业观，培育融通中外交流、促进民心相通的国际化人才；同时，让留学生知晓全球化背景下的各国人民应友好相处，在追求本国利益时兼顾他国合理关切，在谋求本国发展中促进各国共同发展，摒弃狭隘的民族主义，全世界各国共享和平发展机遇，共建人类命运共同体。

二、做好来华留学生思想与文化育人工作的意义

（一）实现中外学生趋同管理的必然要求

伴随来华留学的浪潮，来华留学相关问题逐渐显现。大部分留学生初到中国，会因文化背景、宗教信仰等差异面临一系列的问题，比如不适应新环境、新学习模式带来的无所适从，消极怠学；不了解中国法律和学校规章制度导致的违法违规行为；因宗教信仰不同产生的摩擦纠纷、打架斗殴等。部分留学生囿于认知，觉得自己"来者是客"，一方面，漠视我国的法律法规

---

① 习近平. 用新时代中国特色社会主义思想铸魂育人 贯彻党的教育方针落实立德树人根本任务［N］. 人民日报，2019 - 03 - 19（001）.

和高校的规章制度，另一方面，向高校谋求并获得高于中国学生的待遇，院校对留学生管理过于松散，严重损害了教育的公平公正。对留学生"特殊化""优待"等表述屡见报端，社会上对留学生实行趋同管理的呼声也越来越高。与之相反的是，一些院校在留学生管理中过于严厉，一味地担心学生发生意外，工作态度和实施方式简单粗暴，没有充分发挥思想育人的作用。部分院校没有正视自身在管理中存在的缺陷，对留学生提出的合理诉求应对不足，导致学生不认可"留学中国"，在一定程度上损害了国家的对外教育形象。

因此，高校应尊重来华留学生的文化背景、风俗习惯和宗教信仰，坚持"同中存异""异中趋同"的原则，把握留学生思想教育的内涵、内容与方法，教育留学生"入乡随俗"，消除因国情差异带来的各种适应障碍和抵触情绪。基于此，《留学中国计划》（2010）中指出，"积极推动来华留学人员与我国学生的管理和服务趋同化"。《学校招收和培养国际学生管理办法》《来华留学生高等教育质量规范（试行）》中强调了对来华留学生招生录取工作、培养质量、汉语水平和趋同化管理的要求。2019年7月，针对来华留学相关问题引起的社会热议，围绕我国发展来华留学教育的相关政策等问题，教育部国际合作与交流司负责人回答了记者提问，明确提出要推进中外学生教学、管理和服务的趋同化，要求高校将来华留学生教育纳入全校的教育质量保障体系中，实现统一标准的教学管理与考试考核制度，提供平等一致的教学资源与管理服务，保障中外学生的文化交流与合法权益。以上均从政策层面强调了高校对来华留学生进行思想教育的重要性与必要性。

（二）培养知华、友华、爱华人士的必要举措

2021年6月21日，习近平主席给北京大学留学生们回信，鼓励留学生们更加深入地了解真实的中国，把想法和体会介绍给更多的人，为促进各国人民民心相通发挥积极作用。

当前高校的留学生招生呈现出国家多、地域广、文化背景差异大的特点。每一位留学生都代表着自己的国家，是该国了解中国的重要载体。高校通过实施留学生思想和文化教育，一方面规范他们的行为道德，引导他们健康成长，顺利完成学业，另一方面提升他们对中国国情和文化的认同，破除部分西方学者妖魔化中国，认为中华文化缺少民主与科学的精神，甚至带有专制和暴力色彩等谬论。留学生回国后乃至在国际舞台上将以亲历者的身份成为"中国故事"的讲述者，在国家间架起沟通和友谊的桥梁，弥补中国声

音海外传播力不足的难题。同时,中华文化积淀了五千年的智慧与结晶,中华民族的传统与优秀品质也可成为涵养留学生思想品德的重要源泉。因此,高校应理论和实践并重,讲好"中国故事",通过校友工作助推"中国故事"走出去,关注留学生在学业和事业上的进步,培养"融中外,兼知行"的知华、友华、爱华的中国文化交流使者。

(三)巩固高校意识形态领域的主导权和提升国家高等教育国际影响力的必然选择

来华留学生教育是我国高等教育的重要组成部分。2020年5月,教育部党组专门下发通知,强调各单位不盲目追求国际化指标和来华留学生规模,要严格执行来华留学生管理文件,加强对留学生中国法律法规、国情校情和文化习俗等方面的教育,增强留学生对中国发展的认同和理解。

因此,高校应通过对留学生开展思想教育工作,促进留学生增强对我国社会文化、教育理念、外交主张等方面的理解、认同,使留学生不仅认可我国经济的高速发展,同时了解我国的制度和文化,有助于巩固高校意识形态领域的领导权、管理权和话语权,构筑起国家高等教育意识形态领域的安全防线,有利于加速我国高等教育事业对外开放的内涵式发展,提升教育对外开放的质量,是服务国家大政外交的必然选择。

三、来华留学生思想与文化育人工作中存在的主要问题

(一)重要性认知不足

《来华留学生高等教育质量规范(试行)》对高校来华留学生培养提出了人才培养目标、招生录取预科、教育教学、管理和服务支持等具体要求,然而,受来华留学事业发展不均衡的影响,全国高校并未统一开展来华留学生思想教育。传统的观点认为思想教育仅适于中国学生,故而在制定留学生教学方案时,删掉了"思想道德修养与法律基础"等思想类课程,仅保留"中国概况"或"中国文化"等少数通识类课程。也说明诸多高校在开展留学生教育时,强调专业知识的传授而忽视了思想教育工作。此外,一些管理者为了避免意识形态上的冲突,在留学生思想教育问题上采取回避的态度。这些都导致来华留学生的思想、道德和价值观学习教育不足,在华生活学习期间对中国政治、经济、文化、国情、社会等方面感知肤浅。

(二)教学模式陈旧

调研发现,在来华留学生中国国情和文化类课程教学中,多数教师是一

学期一本教材用到底,未在教学过程中与时俱进,实时更新最鲜活的教学内容,教学效果不尽如人意。教学方法上,教师多采用传统说教的"填鸭式"教育,没有综合考虑留学生群体的文化背景和接受能力,更遑论学生的个性发展需求。被动状态下学习的学生很难对"所学"进行"所思",不能将学到的知识内化为自身的行动,无法学有"所获"。此外,忽视了"第二课堂"的补充作用,在学生的思想教育过程中缺乏足够的实践活动支撑,单纯的理论学习无法使留学生有切身体会,学生很难完成从了解中国到认同中国的过程。

(三)管理队伍欠缺

《学校招收和培养国际学生管理办法》指出,"高校应设置留学生辅导员岗位,了解留学生的学习、生活需求,及时做好信息、咨询、文体活动等方面服务工作"。调查发现,除留学生的教学明确地归属于教学学院外,不少高校并未将留学生纳入全校的人才培养体系,存在由国际(教育)学院管理除留学生教学外所有事务的现象。专职辅导员配备虽不低于中国学生辅导员的比例,但由于工作头绪多,不仅负责学生的日常管理和服务,还需要时时和学校各部门进行沟通、协调,处理国际学院本身无法解决的学生事务问题。留学生刚到中国,进入一个全新的学习和生活环境,是高校对其开展思想教育的重要时机之一。而情况往往是新生报到之时,辅导员事无巨细,要办理诸如接机、注册、体检、保险和签证等事务,留学生思想教育工作往往开展得不到位,甚至有时无暇顾及。而大部分高校并未配备留学生专职思想教育辅导员,即使有,由于学生规模大,来源背景复杂,年轻的教师阅历浅,管理经验不丰富,年纪大的语言能力不过关等诸多原因,难免出现思想教育滞后的情况。

此外,大部分留学生插班学习,分散在各个专业学院,人数少导致教学学院在管理过程中极易忽视他们,使学生觉得不受重视,甚至有被遗弃的感觉。职能部门因为不熟悉外事政策和留学生管理条例,生怕处置失当,本着多一事不如少一事的态度,对上门寻求帮助的留学生表现冷漠,部门之间会相互推诿,使得学生感受不到尊重,久而久之,学生会对学校的管理产生抵触情绪。

四、加强来华留学生思想与文化育人工作的建议

近年来,世界格局复杂多变,不同思潮交流交融交锋,对高校来华留学

生思想教育工作提出了新的挑战，要求高校不断改进和创新思想教育工作方法与管理模式。对照目前高校在留学生思想教育中存在的问题，可从学生主体、课程载体、实践教学和师资建设四个维度出发，做好留学生思想教育顶层设计，保障第一课堂教学质量，建立实践育人长效机制，夯实师资队伍的教育与管理能力，着力提升高校留学生思想教育工作水平。

（一）以学生为中心，开展思想教育工作

高校历来是各种政治力量争夺青年、争夺意识形态主导权的重要场所，来华留学生更成为境外政治力量进行意识形态和文化观念渗透的主要对象。从深化国家教育对外开放，服务外交大局出发，高校应做到以下几点。

第一，高校应提高留学生思想教育工作的政治站位，设立留学生思想教育工作领导小组，建立部门协调运行机制，明确在学校党委的领导下，教务部门、人事部门、外事部门、思政教学部门及相关教学单位在课程规划、教学组织、教学评价、师资建设等方面的工作责任。同时，厘清思路，抓住制约工作推进的主要问题，为制度和队伍建设提供支持保障，认真践行高校思想工作"做人的工作"本质，以学生为主体，"围绕学生、关照学生、服务学生"，培育学生"思想水平、政治觉悟、道德品质、文化素养"的价值取向。①

第二，高校应深入了解留学生群体在思想与文化学习上的内在需求。留学生的文化习俗、生活习惯、对事物的认知有着不同于我国学生的方面，高校留学生管理者在碰到学生中出现的问题后，在应对时需不浮于表面，更不能有"回避问题"或"听之任之"的态度。一方面，在学生碰到跨文化不适应现象时，要耐心地教育学生，对学生学习和生活上进行适当的人文关怀，让学生感受到学校对他们的教育是看得见、摸得着的。同时，树立"趋同化"的管理服务意识，对学生在学习和制度上严格管理，文化上促进适应与融合，树立好中国教育者的良好形象。另一方面，要分析整理之前在工作中发生过的案例，借鉴学习他校的工作经验，完善学校思想育人的方案和制度，在有章可循、有据可依的前提下开展留学生思想与文化教育，提高教育的针对性和有效性。

第三，要建立留学生群体的自治组织，充分发挥学生干部和志愿者的协

---

① 李慧琳，张营广. 趋同管理背景下高校来华留学生思想教育问题探析 [J]. 思想教育研究，2014 (11)：98 – 100.

调与服务能力，培育学生自我管理的意识，营造一个积极向上的学习和生活环境。实践表明，来自同伴的帮助往往让留学生们更有参与意识、获得感和安全感。

（二）以课程为载体，重视第一课堂教学质量

课堂是教学的主阵地，是教师培养学生学习兴趣的第一起点，是师生面对面共同学习、共同进步的第一场所。

第一，教师在课堂上应注重激发学生学习的兴趣，重视学生的课堂反馈，避免单向灌输。可采取启发式教学，通过抛出问题，层层推进的方式鼓励学生积极思考，参与互动。完善经受时间和实践考验、深受留学生喜爱的课程，激发学生的学习欲望，保持兴趣盎然的学习氛围。与时俱进，结合留学生普遍关注的焦点、热点问题拓展教学内容，而非一味地照本宣科。比如，将孔子"仁者爱人"的观点融入中国人民抗击新冠肺炎疫情的主题教学活动中，结合医务人员舍小家为大家的故事，展现中国在抗"疫"中的大国担当，让留学生感知中国文化的同时感受中国力量，理解在病毒无国界和全球抗击疫情的背景下构建人类命运共同体的重要意义。利用多媒体设备，图文并茂，让学生直观地感受授课内容。运用信息化手段，教师及时发布问题，学生及时给予反馈，提高互动效率和教学效果。开展"线上""线下"翻转课堂，学习方式更为灵活，也可以激发学生进行自主学习。

第二，编写优秀的留学生思想和文化教育教材。一是坚持以习近平新时代中国特色社会主义思想为指导，把握正确政治方向；二是涵盖中国国情的概况，介绍中国特色社会主义实践的经验，特别是改革开放四十多年来的发展和成就；三是秉承知识性与时代性相统一，编入最新的时事政治教育内容，实现鲜活的实事、鲜活的课堂。

第三，开展课程思政。教师以中国特色社会主义核心价值观、中华优秀传统文化和人类命运共同体理念为主线，梳理课程中蕴含的思想教育元素，推动"思政课程"向"课程思政"转变。例如，在学校省级外国留学生英文授课精品课程"工程制图与数字化表达"教学中，专业课程教师除了讲授专业知识外，还围绕中国制造业全门类的发展、中国科学家和工程师的科学创新与奋斗精神等方面开展思想教育。在汉语和文化概况类课程中，教师结合中国的历史、文化和发展，尤其是改革开放四十多年来中国取得的伟大成就，阐释"当今世界，各国相互依存、休戚与共。各国要继承并弘扬联合国宪章的宗旨和原则，构建以合作共赢为核心的新型国际关系，打造人类命运

共同体"的理念。

第四，开发英文精品课程，惠及更多的留学生，包括全英文授课学历留学生和短期的参加来华体验项目的留学生。同时，开设慕课，进行线上学习，以覆盖更多的留学生。例如，自2014年起，江苏省启动了高校省级外国留学生英文授课精品课程及培育课程的评选工作，着力提升江苏外国留学生教育的英文授课能力。诸如中国历史文明、中国文化与旅游、当代中国公共政策、中国丝绸传统技艺、中国茶艺等课程都备受学生欢迎，取得了良好的教学效果。

（三）以活动为补充，建立实践育人长效机制

实践是课堂理论知识教学的有效补充，是思想和文化传播的重要路径。《学校招收和培养国际学生管理办法》规定，"高等学校应鼓励来华留学生参加有益于身心健康的文体活动，为其参加文体活动提供便利条件"。

高校应坚持思想教育理论性和实践性相统一，开展各类思想和文化活动，充分发挥第二课堂，即实践教学的作用。一是以中国传统节日为契机开展具有中国特色或区域特色的文化活动，比如组织留学生开展春节期间的迎新春，包括写春联、剪窗花、包饺子和赏花灯等，清明前后踏青，端午节赛龙舟，中秋节赏月，重阳节登山等活动，让学生在活动中感知中国文化，习得中国精神。二是鼓励留学生参加"我眼中的中国""中国文化之旅"等活动，深入博物馆、文化馆、社会主义新农村等开展实地考察、社会调研、公益活动或志愿者服务，将所学知识内化成实际的行动。如在创建文明城市评比中，组织留学生志愿者走上街头，协助交警维护交通秩序，不仅督促市民在外国友人面前遵纪守法，做出表率，也给留学生们上了一堂生动的社会体验课，加深了他们对交通规则的理解，促进了他们对中国现代治理理念的认知。

从客观上来讲，对留学生的思想教育是一种隐性的教育，它不是抽象的理论说教，而是通过耳濡目染，潜移默化将教育贯穿于教育、管理和服务的全过程。高校应加强学校思想教育的文化氛围构建，让留学生在校园中能时时感受到浓郁的思想文化，"润物无声"，与第一课堂教学形成合力，构建实践育人、文化育人的长效机制。

（四）以师资为抓手，提升思想教育工作水平

习近平总书记强调，办好思想政治理论课关键在教师，关键在发挥教师

的积极性、主动性、创造性。① 当前，各高校开展留学生教育的硬件设施设备都一应俱全，往往忽视了软实力的建设。

首先，高校应充实留学生教育与管理队伍，设立思想教育辅导员岗位，聚焦留学生思想和文化育人工作研究，保障思想教育的质量和留学生管理工作的稳定开展。其次，加强学习，提升队伍的教育水平和管理能力，强化队伍的责任意识、担当意识。笔者学校所在的国际教育园区管委会近三年均组织留学生管理人员培训，涵盖思想教育主题的专家讲座和小组讨论等，旨在提升园区各所学校的留学生教育和管理水平。组织人员学习上级部门关于留学生教学与管理的文件，吃透文件精神，做到精准施策、精细管理。再次，由专业学院在优秀的教师中推荐留学生班主任，在学校留学生思想教育工作小组的指导下，与留学生辅导员、思政教师聚力研讨留学生的思想教育问题，形成一支熟悉思想教育基础理论，深谙外事规则，乐为、敢为、有为的"留学生辅导员—班主任—思政教师"队伍，能够在处理留学生教学和管理事务时有理有据，"情""理"结合，让学生觉得学校和教师可信、可敬、可靠。最后，完善教师和管理人员的工作考评机制，为工作认真负责、成绩突出的人员提供成长通道，激励队伍开拓进取、奋发向上，把留学生思想教育工作做得越来越好。

（五）整合社会资源合力，加强中华优秀传统文化传播

来华留学生是公共外交战略中的一支正在成长且潜力很大的群体，高校除了守好校园主阵地外，还要加强与海外侨团和海外华文教育机构之间的交流与合作，携手共同推动中华文化在其所在国的发展和传播。如充分利用现代传媒和海外社团创办的侨报、凤凰网等信息网站及侨刊乡讯，介绍中国经济、社会、文化发展情况，宣传中国的投资、生活和人文环境，运用新型媒体与传统媒体相结合的模式，增进国际社会对我国基本国情、价值观念、发展道路、内外政策的了解和认知，展现我国文明、民主、开放、进步的形象。②

---

① 习近平在全国高校思想政治工作会议上强调 把思想政治工作贯穿教育教学全过程开创我国高等教育事业发展新局面［N］. 人民日报，2016 - 12 - 09（001）.
② 李慧琳，张营广. 趋同管理背景下高校来华留学生思想教育问题探析［J］. 思想教育研究，2014（11）：98 - 100.

第四节　来华留学生安全管理研究

来华留学生来自不同的国家和地区，文化背景、风俗习惯千差万别。留学生因为宗教信仰差异、跨文化适应能力不足、守法守规意识薄弱等原因，安全问题日益显现，学校教育管理的难度大幅提高。国际冲突、种族纷争等一系列敏感的涉外事件也极易激化留学生群体间的矛盾，对留学生自身的安全和学校的管理造成威胁。相比较西方发达国家，我国来华留学事业起步较晚。虽然近些年政府相关部门出台了如《学校招收和培养国际学生管理办法》《来华留学生高等教育质量规范（试行）》等文件，但涉及留学生安全管理和保障的内容并不丰富。同时，来华留学规模增速较快，新开展来华留学教育的高校迅速增多。由于缺乏留学生管理经验，因此，新招收来华留学生的院校往往不能有效预防留学生安全事件的发生，在事件已经发生的情况下不能采取恰当的应对措施，继而产生严重不良的后果和影响。

作为与经济社会发展紧密联系的教育类型，职业教育国际化的使命在于培养具有国际意识、国际沟通能力和竞争力的生产、建设、服务、管理第一线的技术技能人才，支撑我国产业和企业走向国际、融入国际。同时，高职院校通过国际化建设，向全球共享我国职业教育的理念、经验和成果，提升我国职业教育在世界职业教育界的话语权。以"一带一路"建设为例，一方面，"一带一路"沿线国家的经济发展需要大量的技术技能人才，另一方面，我国有海外业务需求的企业走出国门，积极寻求国际产能合作，同样需要目的国家的本土人才，这为高等职业教育国际化人才培养提供了新的发展机遇。职业教育致力于培养理解中国国情和文化、会讲中文、熟悉中国设备和技术标准的技术技能人才，为我国"走出去"企业提供人力资源支撑。同时，培养知华、友华、爱华的国际友人，留学生学成归国后，会向身边的亲人、朋友介绍在华学习的所见所闻所感，乃至在国际舞台上以亲历者的身份成为"中国故事"的讲述者，促进我国与"一带一路"沿线国家民心相通。

2016年，全国高职院校招收来华全日制留学生7 000人，2017年为11 500人，2018年为17 000人，近三年保持了较快的增速。2017年，全国高职院校与28个国家和地区举办合作办学机构和项目达960个，占高等教育总数的41.8%。① 2018年，595个高职专业教学标准落地国（境）外。② 中国特色高等职业教育模式的国际影响力正日益提升。新形势下，高职院校如何强化自身的管理能力，在留学生安全教育管理工作中考虑教育对象的特殊性，加强学生的安全教育和危机防范意识，保障其健康成长和高校正常的教学管理秩序，是一个值得研究的重要课题。

一、高职院校来华留学生安全管理工作中面临的问题

随着来华留学蓬勃发展，各项来华留学政策、留学生管理规定等文件相继出台。相比较本科院校，高职院校来华留学教育起步晚，留学生规模小，管理机制尚不成熟，留学生安全管理工作中存在不足。当前，高职院校留学生安全管理工作中面临的问题主要来自留学生、院校和外部环境三个层面。

从留学生层面来看，不同民族、种族、文化、宗教信仰的学生汇聚于一处，学校成为承载着多种文化的小熔炉，在折射出世界文化多样性魅力的同时，也极易发生文化冲突层面的问题。首先，留学生来华后，面对陌生的国度和生活环境会出现文化不适应的情况。加之语言不通，同伴较少，没有可倾诉的对象，留学生容易自我封闭，与外部环境隔离开来。③ 如果得不到及时的引导或疏导，留学生往往会产生严重的心理问题。其次，由于不同的民族、种族和宗教信仰差异，留学生与中国学生、留学生内部之间容易产生误会、分歧，出现群体间隔阂。再次，因为中外不同的文化和学习背景，留学生容易对学校规章制度认识不足，遵守不到位。如迟到旷课，考试违纪，夜不归宿，使用违章电器等情况时常出现，甚至发生违法犯罪案件，给学校安全工作带来极大的隐患和负担。

从院校层面看，虽然近年来高职院校在留学生管理和服务方面积累了不少经验，但还存在一些急需增强的薄弱环节。第一，认识程度不足。当前，大多数高职院校留学生规模不足百人，学生人数少，且插班在各个专业学习，虽然学校和二级教学单位在安全工作中将中外学生趋同管理，但容易忽

---

① 上海市教育科学研究院，麦可思研究院. 2018中国高等职业教育质量年度报告[M]. 北京：高等教育出版社，2018：55.

② 上海市教育科学研究院，麦可思研究院. 2019中国高等职业教育质量年度报告[M]. 北京：高等教育出版社，2019：50.

③ 高炳亮. 高校来华留学生心理健康问题的预防与危机干预机制研究[J]. 思想教育研究，2018（5）：131-134.

视留学生安全工作的特殊性。一旦发生意外情况,往往无法从准确的角度介入事件,出现部门间"踢皮球"、互相推诿的现象,无法及时、高效地处理问题。第二,规章制度欠缺。制度建设是做好留学生安全工作的重要保障,其建设应覆盖学生入学和在校的全过程。制度不健全,在留学生管理工作中往往会出现教师不知道如何管,学生不知道怎么做的无序状态,久而久之会导致师生间信任缺失。同时,由于留学生背景各异,学校在该群体管理上无法完全照搬中国学生的管理规定和做法。第三,管理能力不够。留学生安全管理工作因其特殊性对管理者的能力提出了较高的要求。首先,管理人员需有良好的语言背景,掌握一门外语是管理者的必备技能之一。其次,管理人员需对不同群体的文化背景、文化特征有基本的了解,以避免师生间、学生间出现文化摩擦和冲突。同时,工作中做到原则性与灵活性协调统一,在发生文化冲突,甚至危机时,能积极、妥善、有效地处置事件。

从外部环境层面来看,国际冲突、种族纷争等一系列敏感的涉外事件极易影响来华留学生的情绪,激化学生群体间的矛盾,学生容易把对某些国家不满的情绪发泄到该国的学生身上,对学生自身的安全和学校的管理造成威胁。一旦处理不慎,更会被不法分子拿来大做文章,严重的会影响国家间外交关系。①

二、高职院校加强来华留学生安全管理的措施

第一,构建安全机制,做到未雨绸缪。

防微杜渐是将问题消灭在萌芽状态并从根本上解决的最好方法,在安全管理工作中尤为重要,而安全机制建设是防微杜渐,避免问题恶化或再度发生的重要措施。

首先,高职院校应提升来华留学教育政治站位,明确来华留学生教育对于增进我国教育对外交流与合作,提升国家教育国际化水平的重要意义。学校应成立留学生管理事务工作小组,厘清学校职能部门、二级教学单位在留学生管理中的职责,明确各环节的具体责任人。建立校内外协同管理机制,校内与保卫部门、学生工作部门和宣传部门协作,开展留学生学习教育和安全管理工作,校外与政府外事部门、出入境管理部门、属地派出所等部门信

---

① 姜翔耀,韩旭. 在华高校留学生安全问题及对策研究 [J]. 河北公安警察职业学院学报,2019,19 (2):77-80.

息共享、高效联动①，实现意识形态风险、犯罪风险预防和安全工作的过程性监督。

其次，完善留学生安全管理制度建设。近年来，教育部联合相关部委出台了《学校招收和培养国际学生管理办法》《来华留学生高等教育质量规范（试行）》等文件，学校应依据上级部门文件，制定并完善涉及留学生招生、教学、管理等方面的规章制度，规范留学生教育。制度建设应覆盖留学生入学和在校的全过程。2020年5月，教育部党组专门下发通知，强调各单位要严格执行来华留学生管理文件，不盲目追求国际化指标和来华留学生规模。高校应重视留学生教育的入口管理，严格规定留学生招生门槛，建立留学生入学资格审核制度，招收优秀的外籍学生来校就读。"低进宽出"的培养模式会极大增加安全问题和事故发生的概率，严重影响来华留学教育的质量。

比如，在留学生入学前，高职院校应严格审查留学生的申请材料，通过与出入境管理部门联动核实、将申请者的信息上传至来华留学生管理信息系统审核、对申请者进行面试笔试考核等方式，掌握学生有无犯罪记录、来华留学动机和留学学习计划等信息。学生入学后，应按照《外国人入境出境管理条例》，指导和协助留学生办理居留许可，做好留学生住宿登记；对于已发出录取通知书和签证申请表但未到校报到、已持有签证或居留证件但未正常注册且无法联系，以及签证或居留证件实效非法滞留等异常状态的学生，进行逐一核实并立即向公安出入境管理部门通报。建立考勤制度、缺勤约谈警示制度、请假登记制度、假期离校登记制度，对于缺勤严重、长期不在校学生，按照学校规定及时处理，不能听之任之，不能让学生存在侥幸心理。建立住宿管理制度，对于校外住宿的留学生，逐人核查住宿登记信息和实际住址是否一致，及时在公安机关办理住宿登记或变更住宿地址。定期梳理校内留学生宿舍管理情况，核实住宿人员，杜绝在宿舍内使用违章电器，每周开展宿舍检查并把检查记录存档。做好住宿登记和来访人员管理工作，宿舍管理员处有来访人员登记记录，以备查验。重点关注有违规违纪记录、行为举止异常的学生。实行留学生全员保险制度，对未按照规定购买保险的留学生应限期投保，对逾期不投保的留学生不予录取；对于已在学校学习的留学生应予退学或不予注册。全员保险制度在保障留学生合法权益的同时能有效降低学校的管理风险。

---

① 全克林. 意识形态安全视角下的来华留学生管理［J］. 教育观察（上半月），2017，6（5）：45-46，55.

最后，主动学习和借鉴其他高校先进的做法和经验。鉴于本科院校开展来华留学教育的时间长、经验丰富，高职院校应主动借鉴其工作办法，避免在安全管理工作中走一些弯路。此外，上级主管部门会对属地高校开展学生管理督查工作，应积极采纳督查专家的意见建议，查漏补缺，不断完善学校的来华留学生安全管理机制建设。

第二，强化入学教育，增强防范意识。

留学生入学后的三个月是开展安全教育的关键时期。教育内容可以涵盖以下方面：

一是法律法规。向留学生普及中国法律，尤其与在校学习和生活密切相关的法律知识，如出境入境管理法、治安管理处罚条例、宗教活动管理规定、交通运输管理规定等。明确纪律处分规定等校纪校规，结合实际案例对留学生容易触犯的规定进行解读，必要时开展警示教育。

二是人身和财物安全。人身健康是安全工作的重中之重，学校应教育留学生提高个人安全防范意识。如开展"文明出行"主题活动，号召留学生遵守交通规则，文明骑车、安全走路；开展网络安全教育，如防诈骗宣传教育、文明上网教育等。以防诈骗宣传教育为例，学校可向留学生讲解网络诈骗的主要手段和途径，分析当前校园网络诈骗如冒充好友、中奖、校园贷、招工骗局等典型案例，提醒学生坚持"两个不""两个慎重"，即不存侥幸心理、不贪图小便宜，不明网络链接、陌生人转账汇款要求一律要慎重。可结合受到网络诈骗的同学身上发生的真实案例或观看防诈骗案例视频，组织留学生对如何辨别网络诈骗行为进行讨论，加深留学生对网络诈骗的识别和应对能力，切实有效阻断通信网络新型违法犯罪活动向校园蔓延，保护留学生的财产安全。

三是宿舍安全。宿舍是留学生生活的重要场所，学校应教育留学生严格遵守学校寝室管理条例，注意用水用电安全。如开展防火灭火教育和消防应急疏散演练等活动，充分发挥寝室长的作用，强化宿舍日常管理，增强学生责任意识、危机意识，杜绝安全隐患。

四是意识形态安全。意识形态是我国安全体系中不可忽略的重要部分，我们欢迎世界文化在中国的土地上与中华文化碰撞出激烈的火花，但也要时刻警惕可能伴随而来的如贬低社会主义制度，传播西方资本主义价值观、狭隘主义人权观和自由主义思潮，开展非法宗教活动等意识形态风险行为和活动。对留学生开展中国国情与文化教育，让留学生了解新时代中国发展的道路和中国博大精深的传统文化，知晓中国人民"和谐""平等"的核心价值

9. Dormitory management personnel are to execute relevant inspections or check-ups on regular or irregular basis.

10. Students can cook their own food in the dormitories.

Ⅲ. **Questions**

1. If student A wants to go abroad for one week within a semester, what should he/she do before leave?

2. If student B is unable to participate in teaching activities due to emergencies, accidents or physical reasons and fails to fulfill the leave formalities in advance, what should he/she do?

3. What are some of the dormitory regulations? List at least five.

4. List five behaviors that shall be deemed as violations of examination regulations.

5. What are some of the safety rules that international students should abide by during stay in China. List at least five.

附件2 来华留学生安全责任书（样本）

为维护学校良好的教学秩序，保障来华留学生的人身安全，根据中国相关法律、法规及学校的有关规定，特对如下安全事项予以提醒。来华留学生如违反以下任何规定，则须对所造成的后果承担相应的责任。

1. 遵守中国的法律、法规及学校的规章制度，尊重中国的社会公德和风俗习惯。

2. 按照公安部门的有关规定及时办理居留许可及变更、延期等手续；从境外返回中国后，须在24小时内去属地派出所登记。

3. 遵守学校《来华留学生宿舍管理办法》，保持宿舍安静，不得擅自调换、转让房间和床位。

4. 遵守宿舍作息制度，每天22:30之前须在校住宿。如有事确需晚归，须事先履行请假手续，回来时要保持安静，不影响他人休息。来访者须在21:30之前离开，宿舍内不得留宿他人。

5. 宿舍内禁止使用电炉、电饭煲、煎锅、电热器等大功率电器及电热毯等容易引起火灾的电器；不得使用明火器具；禁止存放易燃、易爆、有毒物品和其他危险品；禁止损坏、拆卸、改装宿舍楼的设备和线路，爱护消防设施。禁止在公共场合吸烟。

6. 离开房间要锁好门、关好窗，不要轻易将房间钥匙交给他人，以免被盗配。

7. 妥善保管好个人财物，应将多余的现金存入银行，银行账户密码不要告诉他人，贵重物品不要随意存放在教室、图书馆等公共场所。

8. 换汇一定要去银行，不要在私人商店或个人处换汇。在非正式营业点换汇是违法行为。

9. 严格遵守交通规章制度，不使用摩托车、燃油助动车和大功率电瓶车；严禁无照驾驶机动车，严禁酒后驾车，严禁在校园内快速开车，严禁骑车带人。电瓶车须上牌登记。

10. 乘坐出租车一定要选择正规出租车公司的出租车，并索取发票。不要打"黑车"。

11. 严禁在校园、宿舍内燃放烟花爆竹和烧烤。严禁到江、河、湖泊、水库等非正规游泳场所游泳或捕鱼；不到自然条件险恶的地方游玩。

12. 严禁赌博、酗酒、打架斗殴以及其他干扰学校教学、科研和生活秩序的行为。

13. 禁止在公开场合进行传教、宗教聚会等任何宗教活动

14. 节假日，包括国家法定假日，以及寒暑假、公休日等，学生外出旅行前须履行请假手续；出行中注意安全，并妥善保管护照、钱包及贵重物品。

本人充分理解上述条文，承诺遵守中国的法律、法规和学校的规章制度，如有违反，本人接受相应的处罚及承担由其引发的包括人身和财务等方面受到损害的后果。

承诺人：_____（护照名）_____（中文名）

日期：_____

同时，安全教育和管理工作要做到常态化，要将定期的安全检查和特殊时期的安全排查有效结合，将安全意识深入到每位管理者和留学生的心中。

第三，理解文化差异，增进彼此交流。

有着不同文化背景的来华留学生间难免发生碰撞，他们既会对其他国家的文化产生强烈的好奇心，也会本能地捍卫根植于内心深处的本国文化。一方面，管理人员从跨文化交际的角度寻找矛盾和摩擦的根源，既要尊重不同群体的思维方式、风俗习惯、宗教信仰等不同因素，又要通过实际举措让学生在异国他乡能感受到家的温暖，体会到文化融合、求同存异的意义。另一方面，中国学生作为文化交流的主体和与来华留学生交流较多的人群，应积极与来华留学生建立良好友谊，既汲取其他文化的养分，开阔自己的视野，

也要向来华留学生介绍博大精深的中华文化，向来华留学生展现中国人民崇尚和平、和睦、和谐的理念，从情感上号召外籍友人与中国共享和平发展机遇，共建人类命运共同体。不加了解地直接干涉或粗鲁应对只会加大留学生与学校管理人员、留学生与中国学生、留学生间的冲突，只有充分理解并包容彼此间的文化差异，才能更好地避免由文化差异引发的问题，减少不必要的误会，维护学校正常的管理秩序。

第四，借助信息技术，搭建交流平台。

随着信息化技术的不断普及，新形势下来华留学生安全管理工作也要充分利用互联网这一巨大优势为安全管理工作保驾护航。首先，充分利用上级部门搭建的来华留学管理平台，出入境部门、外事部门和院校之间实现信息共享，对有违法犯罪前科的申请者不予录取和入境，从源头上保证生源质量。同时，实行黑名单制度，将违法违规、表现差的学生录入黑名单，使学生无法钻转校后继续在境内其他院校学习的空子。其次，建立来华留学生信息化管理平台，实现一体化服务，指导和协助来华留学生办理在华居留签证，配合属地派出所做好来华留学生住宿登记。建立规范的在校学生电子及纸质档案，准确掌握学生的国籍、性别、年龄、宗教信仰、电话、个人爱好等信息，必要时可迅速查询获取信息，全方位掌握学生的动态。① 最后，利用网络媒体的开放性、丰富性和即时性等特点，开展线上线下相结合的安全教育活动，向留学生普及安全教育知识。

第五，健全管理队伍，保障安全稳定。

来华留学生群体的特殊性无疑给管理人员提出了高要求。学校应重视留学生管理队伍建设，努力建成一支敢干事、肯干事、会干事的队伍，有力保障学生的日常管理和安全教育工作。

首先，学校应依据教育部《学校招收和培养国际学生管理办法》，配齐留学生管理人员，尤其是辅导员队伍，配备比例不低于中国学生辅导员比例。将留学生辅导员纳入学校学生工作部门管理序列，与中国学生辅导员同等考核，享受同等待遇，增强留学生辅导员的归属感和工作成就感，更有信心依据"同中有异、异中趋同"的原则开展留学生管理工作。

其次，组织学校外事、留学生辅导员和班主任等人员学习上级部门下发的关于外事工作、来华留学生教育质量规范等相关文件，积极参加上级部门

---

① 赵南森，何磊磊，李家辉. 新形势下外籍留学生安全管理的挑战与对策 [J]. 吉林广播电视大学学报，2019（6）：158-160.

组织的来华留学管理干部培训,重点关注三方面能力的培养。一是思想政治教育,坚定社会主义办学方向,明确高职院校开展来华留学教育的使命;二是对全球化背景下意识形态风险的辨别力和应对能力;三是基本的外语能力和跨文化交流能力。

再次,完善管理人员的工作考评机制,激发队伍工作的积极性和创造性。一是学校内部召开周期性研讨会,就近期工作中碰到的事务进行研究、总结和归纳,举一反三,增强队伍处理实际问题,尤其是突发问题的能力;二是为工作认真负责、成绩突出的人员提供成长通道,激励管理队伍开拓进取、奋发向上,有效提升队伍的管理能力和水平。

第六,增强主人翁意识,创新管理机制。

学生是自我管理、自我监督、自我发展的主体。一方面,学校要求留学生遵守中国法律法规、校纪校规等,另一方面,应增强留学生的主人翁意识,给予他们一定的自主管理权。可选拔出具有奉献精神和卓越才能的学生骨干,形成具有强大凝聚力的留学生干部和志愿者群体,培育学生自我管理的意识,营造一个积极向上的学习和生活环境,提高留学生安全管理的工作效率。实践表明,来自同伴的帮助往往让同学们更有参与意识、获得感和安全感。同时,留学生多元的文化背景使得群体间的文化冲突不可避免,因此,留学生干部和志愿者群体可充分发挥他们的协调、组织和服务能力,加强学生间的交流,将可能发生的问题消灭在萌芽状态。此外,中国学生也应树立主人翁意识,当好东道主,帮助留学生尽快适应学校周边环境,了解学校相关管理制度,克服文化差异和由此导致的焦虑,尽快适应在中国的学习和生活;以身作则,遵守各项规章制度,努力学习,积极上进,在留学生同学面前起到表率作用;向留学生展现中国人民崇尚和平、和睦、和谐的理念,从情感上号召外籍友人与中国共享和平发展机遇,共建人类命运共同体。

三、来华留学生安全管理的要点

(一)医疗保险

要求境外留学生购买医疗保险是国际通行做法。由于境外留学生在其本国保险公司购买的医疗保险赔付范围各异,且该保险公司可能在其留学目的国未设立代表处,可能造成理赔程序繁杂或根本无法理赔,因此,要求境外留学生在其留学目的国购买医疗保险是目前绝大多数国家对学生留学的基本要求。

《学校招收和培养国际学生管理办法》规定，各招收来华留学生的院校实行来华留学生全员保险制度。来华留学生必须按照国家有关规定和学校要求投保。对未按照规定购买保险的，应限期投保，逾期不投保的，学校不予录取；对于已在学校学习的，应予退学或不予注册。

为优化来华留学环境，保障来华留学生的合法权益，完善学校处理突发事件的应急机制，维护校园稳定，建议高职院校做到以下几点。

（1）院校规定来华留学生在我国大陆购买团体综合保险，作为其办理新学期入学注册手续的必备材料，该保险包括平安险、人身意外伤害医疗险、住院医疗保险等基本内容。

（2）院校将留学生保险列入留学生日常管理工作制度，留学生管理部门和工作人员必须准确记录选定的保险公司业务人员姓名、电话、传真等，以备留学生出险时协助理赔。

（3）院校选定中国银行保险监督管理委员会认可的人身险保险公司，选定其包括如下基本内容的一种团体综合保险：平安险（身故或残疾定额赔付），身故保额不得低于10万元人民币；人身意外伤害医疗险，保额不得低于1万元人民币；住院医疗保险，保额不得低于40万元人民币。

（4）留学生在院校集中报到时可由保险公司派员来校办理投保事宜。学生在本国已办理保险的，报到注册时仍需购买来华人员综合保险；若已在我国大陆购买符合规定的保险，则须出示保单原件。

（5）留学生在购买保险时，须阅读保险保障计划，及时了解保险相关责任及免除责任说明。

（6）既往症、先天性疾病属于来华人员综合保障计划的免除责任，慢性病次年不得续保，如有违反相关规定由学生本人承担相关法律及经济责任。

（7）留学生保险对于就诊医院的规定为公立医院（国际部除外）、普通科室就诊费用，不包含私立医院、公立医院内的特需病区、外宾病区、高干病房、VIP病房等同类病区发生的费用。

（二）突发事件

1. 留学生突发事件分类

根据突发事件的发生、发展过程和性质，留学生突发事件可以分为以下六类：意外伤亡类、刑事治安类、精神疾患类、公共卫生类、重大国际类和自然灾害类。其中公共卫生类较为突出的是由疾病防疫事件引发的突发事件。2019年年底爆发的新型冠状肺炎传染性强、病发率高，具有一定的致死率，是典型的由疾病防疫事件引发的公共卫生类突发事件。根据突发事件的性质、紧迫程度、影响规模、可能造成的危害和影响等由低到高可分为四个等级：一般事件（Ⅳ级）、较大事件（Ⅲ级）、重大事件（Ⅱ级）和特别重大事件（Ⅰ级）。

2. 留学生突发事件处置与预防实施路径

为有效预防、及时控制和妥善处理留学生中的突发事件，提高快速反应和应急处理能力，建立健全保障和应急处理机制，最大限度地预防和减少突发事件所造成的损失与伤害，切实保障留学生的合法权益，根据教育部、外交部、公安部联合颁发的《学校招收和培养国际学生管理办法》的规定和要求，各学校应结合学校各类应急预案运行实际，制定突发事件应急工作预案。

第一，建立预防机制，明确工作原则。突发事件的最大特点是不可预测性，但可以就分析突发事件的产生原因建立有效的预防机制。为加强留学生应对突发公共卫生事件的能力，学校应立足平时，做好留学生安全宣传教育。留学生中不少学生存在法制观念薄弱、自律意识差的现象，对中国的法律法规、校纪校规认识不足。

鉴于此，一方面，学校应当努力提升留学生安全防患意识，把握重要时间节点，做好阶段性教育。在留学生入学时，将校纪校规纳入新生入学教育，关注重大节假日留学生去向，及时统计留学生离校返校信息，做好工作预案。另一方面，在应对留学生突发事件时，学校应具备正确的危机处理意识和工作原则。在平时工作中树立"加强教育，预防为先；居安思危，防患未然"的防范意识。在处置突发事件过程中，坚持"统一领导，明确职责，快速反应，协同应对"的原则；在保障工作中，坚持"加强保障，重在建设；引进技术，提升水平"的原则；在总结工作中，坚持"以人为本，减少危害；分析总结，共享经验"的原则。明确工作原则有助于学校留学生管理队伍及时发现留学生突发事件的苗头，尽早进行危机干预，将危机事件扼杀在萌芽状态，有效避免事态的进一步恶化；有助于学校管理队伍及时有效处置留学生突发事件，及时总结经验，有效防范类似的突发事件的发生。

第二，设置应急处置机构，完善分级响应程序。学校应成立留学生突发事件应急处置领导小组，留学生管理部门协同后勤、保卫处、校医院等形成工作合力，构建良好的协同机制，切实提高留学生管理效能。进一步明确应急指挥领导小组的工作职责，同时注重激发基层管理活力，有效发挥班主任、年级辅导员的积极作用，形成"辅导员、学院、学校"三位一体的管理体系，形成管理闭环，避免出现管理缺位。建立分级响应程序。一般事件发生时，留学生管理工作人员接报后应立即向分管留学生院部负责人报告，同时启动工作小组应急响应，做出应对决策，采取有效措施控制局面。较大事件发生时，学生管理工作人员接报后向分管留学生院部负责人报告，同时启动工作小组应急响应，第一时间召开工作小组会议，及时做出应对措施，采取有效措施控制局面。特别重大事件发生时，领导小组接报后要立即启动应急响应，第一时间向学校主要领导、分管领导报告，立即召集领导小组会议，及时做出应对决策，控制局面，防止事态恶化，启动相关信息上报程序。

第三，加强团队建设，形成管理合力。国家重视留学生管理队伍建设，学校建设一支强有力的留学生基层管理队伍是推进留学生日常管理工作的重要保障。根据《学校招收和培养国际学生管理办法》，学校应设置留学生辅导员岗位，了解留学生的学习和生活需求，及时做好信息、咨询、文体活动等方面的服务工作。留学生辅导员配备比例不低于中国学生辅导员比例，与中国学生辅导员享有同等待遇。在学校积极推进留学生趋同化管理的要求下，要优化教师队伍，根据近几年留学生的生源结构，适当引进具备小语种能力的管理人员，保障师生语言沟通顺畅。

注重管理团队岗位技能培训工作，学校定期组织留学生辅导员参加国家基层管理干部技能培训，提升管理队伍的工作技能与管理效能。重视留学生干部队伍建设，激发留学生主体作用。在管理实践中，做好留学生干部管、培、养工作，有效发挥留学生干部的积极作用，及时扩充留学生志愿者团队，在实践中培养留学生的沟通协调能力，形成师生联动的工作机制。在学生日常管理中，要构建辅导员、班主任、学生干部及志愿者的三级管理队伍，注重管理队伍建设，形成师生管理合力，同时促进留学生自我教育、自我管理、自我服务。

第四，构建导学服务体系，推进留学生趋同化管理。教育部于2019年明确要求将进一步推动中外学生趋同化管理，对违规违纪的留学生严肃处理、绝不姑息，这为学校处置留学生突发事件提供了重要参考。学校在推进留学生趋同化管理的要求下，积极探索建设留学生工作运行与质量保障、监控体系。构建"运行、评价、反馈、改进"的管理运行模式，形成管理闭环。重点打造辅导员、教学助理团队、学生志愿者相辅相成的多维导学服务体系，实现精准服务和管理，有效预防和处置留学生突发事件。

(三) 舆情管理

近年来，来华留学教育极易成为公众舆论的中心。比如，留学生中发生的突发事件往往掺杂着跨文化因素、国际政治因素、民族宗教因素等，破坏力强，如对网络舆情处置不及时，会给学校和社会稳定造成不良影响，严重者会影响到国家声誉。2019年，福州某大学留学生推打交警事件、山东某大学的学伴制度事件均迅速地引爆了网络舆论，很多人质疑高校的留学生是否一直享受"超国民"待遇。

以新冠肺炎疫情期间留学生舆情分析为例，中国传媒大学高教传播与舆情监测研究中心对2020年2月19日至4月5日（共45天）国内主流媒体及社交媒体平台关于留学生的新闻报道、相关信息等进行监测，发现总体舆情以正面为主，存在个别负面现象。①

正面舆情有留学生积极配合、支援我国抗击疫情等，大部分留在我国的留学生把疫情期间的学习生活看作一段特殊的文化体验。许多寒假期间离校回国的留学生情系我国，通过媒体以不同方式为我国加油，甚至筹集、捐赠抗疫物资。之后，在向世界传播与分享我国抗疫经验时，留学生群体成为联系中外、沟通各方的重要桥梁和纽带。这些信息都从侧面强化了留学生的正面形象，也在一定程度上印证了民心相通是可以实现的。

负面舆情主要有以下几方面。第一，疫情期间，我国发布了《外国人永久居留管理条例（征求意见稿）》，舆论反响极为强烈。虽然司法部表示将广泛听取并吸收公众意见，相关专家也就外国人获得永久居留权的条件进行了解读和说明，并表示外国人获得永久居留权"没有想象中那么容易"，但公众对此还是表现出了强烈的抵触情绪，甚至再次引发了关于过度优待留学生问题的回溯和讨论，相关负面舆情有所增加。第二，疫情暴发初期，我国抗疫资源处于紧张状态。我国国内学生均在家隔离，而留学生大多在学校的统一安排下进行防疫抗疫。在此情境下，一些新闻报道引起了国内民众的过度解读，也再次引发了对留学生与国内学生不同待遇的不满，甚至一度上升到"超国民"待遇、呼吁中外学生趋同化管理等热点议题层面，造成相关负面舆情进一步发酵。第三，对留学生招生标准和质量问题在疫情期间也引发了持续讨论，如"清华大学给留学生开后门，招生条件太简单"等声音此起

---

① 王保华，申金霞，刘海燕，等. 全球公共危机时代的来华留学舆情：现实图景与应对之策 [J]. 对外传播，2020 (11)：39-41.

彼伏。个别留学生不遵守相关规定的报道加剧了网民对来华留学教育质量的质疑，相关议题持续升温，负面舆情不断。第四，来华留学一旦出现负面舆情，特别是当非洲留学生的负面信息出现时，往往伴生着非洲学生素质不高、带来艾滋病传染等话题，"炒剩饭"现象时有发生，给来华留学工作带来较为严重的负面影响。

因此，学校要把握网络舆情，抓实抓细宣传教育。比如，在抗击新冠肺炎疫情过程中，学校应做好正面宣传，对留学生做好人文关怀，正面应对网络舆情。面对留学生的焦虑心理，学校应积极创新宣传教育模式，牢牢把握网络宣传阵地，做好疫情期间宣传工作。一方面，发挥课堂的主渠道作用。留学生任课教师应积极创新教学思路，努力将留学生安全教育贯穿课堂教育过程始终。留学生管理队伍应积极发挥第二课堂的辅助教育功能，鼓励留学生参与各项社会实践，在实践过程中融入安全教育，做好实践育人。另一方面，牢牢掌握网络宣传主阵地。留学生辅导员要主动发挥思想引领作用，创新管理思维，运用新媒体做好留学生思想教育工作，通过"两微一端"、短视频、直播等互联网平台，将安全教育融入留学生思想教育中。激活留学生的宣传主体作用，培育留学生干部组织，畅通师生互动，拓宽宣传渠道，弘扬正能量。要充分发挥学校教师在文化传递、心灵沟通、日常交流等方面的一线作用，通过他们严肃校规校纪，严抓学习纪律。同时，要督促教师严格按照有关规定开展教育教学和管理工作，真正做到教书育人，为提升中华文化影响力和感召力贡献力量。

高职院校的留学生教育正处于快速发展阶段，面临许多新形势和新情况，需要学校形成强有力的安全管理机制，涵盖留学生在华学习生活的方方面面，防治结合，推进留学生教育管理向前发展，为国家扩大教育对外开放和实施"一带一路"倡议提供强有力的支持。

第五章

中国高等职业教育国际化助力企业"走出去"研究

党的十七大报告明确指出:"坚持对外开放的基本国策,把'引进来'和'走出去'更好地结合起来,扩大开放领域,优化开放结构,提高开放质量,完善内外联动、互利共赢、安全高效的开放型经济体系,形成经济全球化条件下参与国际经济合作和竞争的新优势。"这预示着我国"走出去""引进来"的双向开放向纵深发展。"走出去"战略是党中央、国务院根据经济全球化新形势和国民经济发展的内在需要做出的重大决策,是发展开放型经济、全面提高对外开放水平的重大举措,是实现我国经济与社会长远发展、促进与世界各国共同发展的有效途径。

"走出去"是以中国公司为主导,服务于中国公司战略的一种跨国整合模式,是我国发展外向型经济的必由之路,是我国参与经济全球化的重要条件和我国企业发展壮大后国际扩张的必然选择。当前,无论是从开拓市场空间、优化产业结构、获取经济资源、争取技术来源等方面入手,还是突破贸易保护壁垒,培育中国具有国际竞争力的大型跨国公司,"走出去"都是一种必然选择,也是中国对外开放提高到一个新水平的重要标志。

"走出去"的战略意义主要有以下几个方面。

第一,在更加市场化、更加开放、更加相互依存的世界,国家须考虑通过具有宏观影响力和国家长远发展战略意义的对外投资,提高国家在全球经济中的地位,在国际资源分配中争取一个更加有利的形势并改善与相关国家和地区的关系。

第二,在中国成为"世界工厂",对外贸易依存度超过70%的情况下,国家须考虑通过提高引进外资质量和扩大对外投资两个轮子,主动地在更广阔的空间进行产业结构调整和优化资源配置。在保持制造业优势的同时,向产业链高增值环节迈进，提升中国在国际分工中扮演的角色。

第三，无论是从中国为全球制造产品，还是自身工业化、现代化的需要看，都必须考虑如何通过对外投资主动地从全球获取资金、技术、市场和战略资源。

第四，在外资企业大举进入中国、分享中国市场的情况下，中国经济必须考虑新的发展空间。在外资企业"走进来"的同时，中国有实力的企业"走出去"，发挥各自优势，"你打你的，我打我的"，这将是一种必然的现实。

第五，中国有实力的企业应利用跨国公司产业结构调整的机会，以自己的比较优势重组他国产业和企业，主动参与国际合作与竞争，以获得市场份额和技术开发能力。

本章以"一带一路"沿线国家为例，从中国企业对"一带一路"沿线国家的投资合作概况、"一带一路"沿线国家的中国企业对人才的需求出发，结合江苏省四所高职院校服务"走出去"企业的探索与实践，探讨高等职业教育服务"走出去"企业，助力国际产能合作的对策。

第一节　中国企业对"一带一路"沿线国家的投资合作概况

2013年9月和10月，习近平主席在出访中亚和东南亚国家期间，先后提出共建"丝绸之路经济带"和"21世纪海上丝绸之路"（简称"一带一路"）的重大倡议，得到国际社会高度关注。2015年3月，国家发展改革委、外交部、商务部联合发布《推动共建丝绸之路经济带和21世纪海上丝绸之路的愿景与行动》，指出"一带一路"建设是一项系统工程，要坚持共商、共建、共享原则，积极推进沿线国家发展战略的相互对接，让古丝绸之路焕发新的生机活力，以新的形式使亚欧非各国联系更加紧密，互利合作迈向新的历史高度。

一、"一带一路"沿线国家概况

"一带一路"沿线是东连亚太地区，西连欧洲，南连非洲的一个区域。

根据有关数据，目前"一带一路"共有 65 个国家和地区加入。"一带一路"沿线国家与地区情况如表 5-1 所示，"一带一路"沿线国家工业化阶段分类如表 5-2 所示。

表 5-1 "一带一路"沿线国家与地区情况

地区	国家
东盟 11 国	菲律宾、新加坡、马来西亚、越南、老挝、缅甸、泰国、柬埔寨、文莱、印度尼西亚、中国
南亚 8 国	孟加拉国、不丹、尼泊尔、印度、斯里兰卡、巴基斯坦、马尔代夫、阿富汗
中亚 5 国	哈萨克斯坦、吉尔吉斯斯坦、塔吉克斯坦、乌兹别克斯坦、土库曼斯坦
西亚北非 19 国	伊朗、伊拉克、以色列、科威特、沙特阿拉伯、阿拉伯联合酋长国、阿曼、也门、黎巴嫩、约旦、巴勒斯坦、卡塔尔、叙利亚、土耳其、埃及、阿塞拜疆、格鲁吉亚、亚美尼亚、巴林
中东欧 19 国	乌克兰、波兰、阿尔巴尼亚、爱沙尼亚、拉脱维亚、塞尔维亚、克罗地亚、罗马尼亚、保加利亚、斯洛文尼亚、斯洛伐克、捷克、匈牙利、波黑、黑山、马其顿、摩尔多瓦、立陶宛、白俄罗斯
其他	俄罗斯、蒙古

表 5-2 "一带一路"沿线国家工业化发展阶段情况

前工业化阶段（1 国）	尼泊尔
工业化初期（14 国）	前期：塔吉克斯坦、柬埔寨、缅甸、东帝汶、阿富汗
	中期：老挝、巴基斯坦
	后期：吉尔吉斯斯坦、乌兹别克斯坦、越南、印度、孟加拉国、不丹、也门
工业化中期（16 国）	前期：阿尔巴尼亚、摩尔多瓦、叙利亚、亚美尼亚
	中期：蒙古、印度尼西亚、菲律宾、格鲁吉亚、埃及
	后期：斯里兰卡、黑山、马其顿、波黑、乌克兰、伊拉克、阿塞拜疆
工业化后期（34 国）	前期：哈萨克斯坦、土库曼斯坦、泰国、文莱、马尔代夫、保加利亚、伊朗、阿联酋、沙特阿拉伯、卡塔尔、科威特、阿曼
	中期：中国、俄罗斯、克罗地亚、塞尔维亚、罗马尼亚、巴林、约旦
	后期：马来西亚、波兰、捷克、斯洛伐克、匈牙利、斯洛文尼亚、爱沙尼亚、立陶宛、拉脱维亚、白俄罗斯、土耳其、黎巴嫩
后工业化阶段（1 国）	新加坡

资料来源：依据黄群慧（2015），张原（2016）发表的工业化发展阶段数据整理。

依据2017年9月中国电子信息行业联合会、电子工业出版社联合发布的《"一带一路"国家工业和信息化发展指数报告》，经过对比分析"一带一路"沿线国家经济增长、竞争力、创新力、信息化发展水平、效率、基础设施建设等情况，"一带一路"沿线国家工业和信息化发展指数共分"优越型"（100~200分）、"稳健型"（70~100分）、"潜力型"（35~70分）、"薄弱型"（35分及以下）四个等级。其中，"一带一路"沿线各国工业和信息化发展指数"优越型"等级国家占比为5%，"稳健型"占比为15%，"潜力型"占比为70%，"薄弱型"占比为10%。其中，新加坡指数最高，达172.78，吉尔吉斯斯坦最低，仅为29.51，沿线国平均指数为58.61。通过量化手段剖析"一带一路"沿线国家工业和信息化发展状况，客观分析企业"走出去"的发展环境，为企业参与"一带一路"沿线国家建设和投资决策提供参考依据，助力国家"一带一路"倡议顺利实施。

二、我国企业对"一带一路"沿线国家投资合作情况

2019年，中国对"一带一路"国家实现直接投资186.9亿美元，较2018年扩大8亿美元，同比上升4.5%，占当年中国对外直接投资总额的13.7%，较2018年增加1.2个百分点。制造业是中国2019年对"一带一路"沿线国家投资的主要行业，规模达67.9亿美元，同比增长15.5%，占比36.3%。新加坡、印度尼西亚、越南、泰国、阿拉伯联合酋长国、老挝、马来西亚、伊拉克、哈萨克斯坦和柬埔寨是当年中国对"一带一路"沿线国家投资流量最大的10个国家，合计投资159.6亿美元，占当年中国对"一带一路"沿线国家投资额的85.4%。

截至2019年年末，中国对"一带一路"沿线63个国家开展了直接投资，设立企业近11 000家，累计直接投资1 794.7亿美元。2013年至2019年，中国对"一带一路"沿线国家累计直接投资1 173.1亿美元。如图5-1、图5-2所示。

图 5-1　2016—2019 年中国在"一带一路"沿线国家直接投资量

数据来源：商务部、国家统计局、国家外汇管理局 2016—2019 年度《中国对外直接投资统计公报》。

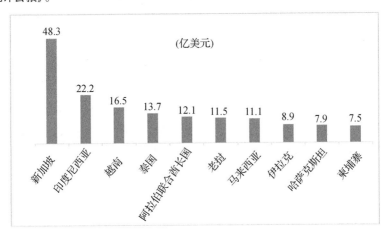

图 5-2　2019 年中国在"一带一路"沿线国家投资量前 10 国家

数据来源：商务部。

2019 年，中国对外直接投资在制造业领域的投资流量规模和占比双双呈现上升趋势，在制造业的对外直接投资为 202.4 亿美元，同比增长 6%，增幅较 2018 年提高了 41.2 个百分点，占当年中国全部对外直接投资流量的 14.8%，占比较 2018 年提高 1.4 个百分点。

在对外承包工程方面，2018 年，我国企业在"一带一路"沿线国家新签对外承包工程项目合同 7 721 份，新签合同额 1 257.8 亿美元，占同期我国对外承包工程新签合同额的 52%，同比下降 12.8%；完成营业额 893.3 亿美元，占同期总额的 52.8%，同比增长 4.4%。2019 年，我国企业在"一带一路"沿线的 62 个国家新签对外承包工程项目合同 6 944 份，新签合同额 1 548.9 亿美元，占同期我国对外承包工程新签合同额的 59.5%，同比增长 23.1%；完成营业额 979.8 亿美元，占同期总额的 56.7%，同比增长 9.7%。2020 年，我国企业在"一带一路"沿线的 61 个国家新签对外承包工程项目合同 5 611 份，新签合同额 1 414.6 亿美元，同比下降 8.7%，占同期我国对外承包工程新签合同额的 55.4%；完成营业额 911.2 亿美元，同比下降 7%，占同期总额的 58.4%。

第二节 中国"走出去"企业对人才的需求状况

随着"一带一路"倡议的深入推进，"走出去"企业急需大量的国际化人才以迎接"一带一路"带来的机遇和挑战。企业所需的人才要深入了解企业发展和自身业务，并精通相关专业技能，具备高度的责任意识，高度认可企业文化，对企业有强烈的归属感，愿意将企业在海外的发展作为奋斗目标。当前，企业对国际化人才的需求倾向于定制型，单方面由学校培养的人才难以满足企业的个性化需求。[①] 因此，基于企业对多层次的国际化复合型人才的需求不断增加，在校企合作的模式下，高职院校需与企业合作培养具备以下素养和专业技能的人才。

一、具备国际化交流能力

国际化交流能力主要包括语言表达能力和克服跨文化交际障碍的能力。语言表达能力是人际沟通、交往的重要手段，是知识、素养外显化的重要方式。国际化人才要参与国际化活动，必须具备优秀的语言表达能力。首先，服务企业"走出去"的国际化人才要掌握至少一门以上的外语。以"一带一路"沿线国家为例，其涉及 65 个国家，官方语言达 53 种。要深入这些国家的市场，仅仅掌握英语是不够的，需要精通目的国语言，在交流中做到用

---

① 杨玥."一带一路"背景下基于校企合作的高职国际化人才培养体系研究［J］.高等职业教育（天津职业大学学报），2018，27（4）：55-58.

词准确，语意明白，表述规范，避免因歧义而导致交流失败。其次，要具备较强的语言组织能力，注意表达的逻辑性、连贯性和完整性，适当使用表达技巧，做到表述清晰、准确、得当，有理有据，使人信服。此外，国际化人才要熟悉目的国的文化和风土人情。企业不重视跨文化差异，导致在对外贸易中损失国际市场份额，损坏了企业形象和品牌的例子比比皆是。同时，文化之间的冲突也极易形成矛盾，很多企业没有及时全面地了解所在国的风俗、习惯和信仰而盲目投资，往往会蒙受损失，导致跨国交易的失败。如我国企业在实施海外并购时，往往以为给当地注入大笔资金，提振就业率，缴纳不菲的所得税，就一定会得到当地政府、社会和企业的热烈欢迎。然而，企业在并购当地企业时遭遇对方政府的苛刻审查、工会的抵触甚至抵制的情况屡见不鲜，在很大程度上正是因为企业没有充分考量并化解文化差异。因此，企业人员熟悉目的国文化和习俗等，有助于增加企业对国际市场变化，乃至危机的快速应对能力。

二、具备国际化专业能力

国际化专业能力主要包括人才具有的赖以谋生的技术技能，参与国际合作与竞争需具备的国际视野，以及诸如了解目的国法律法规、贸易政策、掌握相关商务知识和商务谈判等技能。首先，国际化人才自身的专业技能要过硬。随着市场经济的发展和市场竞争的日趋激烈，全社会对人才的认识正在发生变化，即从注重文凭向注重实际操作能力转变。高职院校的学生要通过在校系统学习某方面的专业知识和技能，在实际运用中不断摸索，自主创新，切实掌握安身立命的真才实学。其次，"一带一路"倡议带动亚非欧，辐射全球，企业走出国门，到沿线国家开展商务合作，需要的人才要具备国际视野，能敏锐洞察国际市场环境变化，了解国际市场的发展动态，能够为企业在海外的决策提供建设性意见。再次，到"一带一路"沿线国家进行投资，企业原有的人才具有的商务知识结构不能满足在海外拓展商务的需求，需要通晓国际商务知识的人才参与到商务活动中。这种类型的人才不仅要具备国际贸易基础知识，而且还要熟悉涉外经济法规和投资国家或地区的贸易政策，同时对国际结算、国际商法、国际经济合作等也要有一定的认知。比如，在"走出去"企业实施海外并购时，往往会发现熟悉海外并购或海外资源整合的人才极度缺乏。为此，高职院校需与企业合作培养定制型人才，如企业要到哪个国家或地区进行投资，要结合企业自身的业务需求进行有针对性的人才培养，方能满足企业开展海外商务合作的需求。

三、具备国际化合作能力

国际化合作能力的关键在于合作双方共同遵守政治原则和政治方向，充分发挥自身优势，携手共进，谋求发展。① 国际化合作共事能力主要体现在三个方面。其一，团结能力。团结能力是合作共事的核心，强调共事双方互相信任、互帮互助，在自身所属的领域里获得最大的支持，形成合力，提高效率。其二，协商能力。协商能力是合作共事的重要途径，强调合作双方能够随时进行沟通，听取不同的意见或建议，从中找出最佳的解决办法。其三，应变能力。国际合作涉及国家间的政治体制、经贸环境、民族文化和社会思潮等方面的差异，形势错综复杂，瞬息万变。国际化人才需具备良好的应变能力，能审时度势，冷静对待，谋划最佳的应对方案。

第三节 中国高等职业教育服务"走出去"企业的对策

实施企业"走出去"战略是国家对外开放的重大举措，对于推动企业参与境外竞争与合作，开拓国际市场具有十分重要的意义。随着"一带一路"倡议的深入推进，我国与"一带一路"沿线国家的经济合作提质扩面，企业"走出去"战略迫切需要职业教育的及时跟进和服务。作为与经济发展联系最为紧密的教育类型，职业教育国际化建设的根本目的在于培养具有国际意识、国际沟通能力和竞争力的生产、建设、服务、管理第一线的技术技能人才。同时，职业教育通过与校企合作"走出去"办学、招收海外业务目的国人才来华留学等途径，在人才精通本国语言和文化的前提下，使其了解中国"走出去"企业的技术、文化、管理等内容，有效助力我国经济发展战略和国际合作倡议的实施。高职院校在培养"走出去"企业所需的本国技术技能人才、目的国技术技能人才方面有着得天独厚的优势。

---

① 王忠昌，董磊，李晓娟. 共建"一带一路"：新时代职业教育校企协同国际育人探析 [J]. 教育与职业，2020（21）：28-35.

一、当前高职教育服务"走出去"企业的路径

（一）校企境内合作育人，培养国际化高技术技能人才

自"一带一路"倡议实施以来，诸多企业，尤其是制造类、建筑类企业陆续走出国门，对外输出技术和服务，加快布局未来产业，努力抢占未来竞争制高点。高职院校应主动联系"走出去"企业，了解其对于人才，尤其是中高级技术技能人才的需求。基于企业需求，以产教融合理念为指导，调整专业结构、改革教学模式、共建教学标准等。首先，在专业和课程建设上，建立与企业海外业务需求相契合的专业群，开展"订单班""冠名班"等项目。校企共同开发国际化课程标准、教材和课程资源，构建线上线下相融合的教学体系。课程中融入中国优秀文化元素，坚定学生文化自信，厚植爱国情怀，强化立德树人教育。其次，在机制建设上，校企设立产教融合工作协调组，实行育人"双导师"制，学校专任教师和企业工程师结对，联合指导学生。设立学生培养工作专项资金，分别用于校内理论课程授课、企业实践补贴、校企合作运行管理等方面。不定期召开学生培养工作例会及研讨会，及时反馈、汇总、沟通和协调解决学生培养过程中遇到的困难与问题。再次，在实践教学上，"走出去"企业给学生提供实习机会，学生了解企业的生产管理、技术工艺和企业文化，为今后高质量就业打下基础。《中国职业教育质量年度报告2020》显示，2018和2019年度，全国高职院校在校生服务"走出去"企业国（境）外实习工作量分别达到132万人日和165万人日。最后，校企可依据学生的特点和意愿，聚焦技术型、管理型、服务型人才的核心竞争元素，实施分类分层人才培养，精准对接企业的人才需求。

（二）政校企境外合作办学或建立培训基地

对接企业需求，联合目的国相关政府部门，政校企合作在境外设立办学机构或实习基地，是职业院校服务企业"走出去"和"一带一路"沿线国家经济发展的重要形式。当前，大部分"一带一路"沿线国家的职业教育发展水平滞后，技能型劳动力培养不足，技术研发相对落后，无法满足"走出去"企业和当地经济发展的需要。因此，职业院校依托目的国政府部门的支持，校企共同建立境外办学机构或实习基地，可以有效培养目的国的技术技能人才，实现政校企三方共赢。

比如，天津市教委统筹规划的"鲁班工坊"，采用学历教育与职业培训的方式走出国门，传播我国优秀的职业技术和文化，服务参与"一带一路"

建设的中资企业，助力目的国的经济社会发展。目前，鲁班工坊已在泰国、印度、印度尼西亚、柬埔寨、英国、吉布提等多个国家成立。

宁波职业技术学院承办商务部"发展中国家职业教育管理研修班"，建立了全国唯一"中国职业技术教育援外培训基地"，在开展援外培训和校企共建海外培训基地方面发挥了积极的示范作用。学院自2016年起与贝宁CERCO学院合作成立中非（贝宁）职业技术教育学院，双方共同制定人才培养方案、师资共享、教学共担，助力贝宁及西非各国培养技术技能人才。2018年，中非（贝宁）职业技术教育学院首批30名计算机专业学历生在贝宁正式入学，是中外合作境外办学培养学历生的有效尝试，学生毕业后将同时颁发贝宁CERCO学院与宁波职业技术学院文凭。

自2012年5月起，无锡商业职业技术学院与柬埔寨西哈努克港经济特区有限公司在西港特区成立职业培训中心，为柬埔寨当地技术工人开展职业培训和汉语培训，截至2018年11月，累计举办13期培训，共35 000余人次受益，切实提高了西港特区企业劳动力的职业技能和素质。2018年11月，西哈努克港工商学院正式成立，这是我国首个校企合作股份制，集学历教育、技能培训、技术服务、人文交流"四位一体"的应用型海外本科大学，被纳入柬埔寨国民教育体系。西哈努克港工商学院面向柬埔寨开展高等学历教育和职业培训，为东南亚国家和东南亚国家的中资企业培养高素质应用型专业技术人才，在开发国际通用的专业标准和课程体系，形成可复制的人才培养标准体系等方面得到了国内外广泛的赞誉。

（三）为境外企业提供技术人才培训

通过与"走出去"企业联合开展人才培养培训项目，为其培养境外工作的专业技术人才也是我国高职教育校企协同"走出去"的重要形式。比如，南京科技职业学院与江苏德龙镍业有限公司在印度尼西亚合作成立南京科院印尼德龙分院，面向当地员工开展技术技能培训。陕西国防工业职业技术学院与巴斯夫（中国）有限公司签订"巴斯夫汽车维修涂装职业教育项目合作协议校企合作项目协议"，为企业提供订单喷涂技师培训。南京信息职业技术学院与中邮建技术有限公司共建海外培训基地，面向埃塞俄比亚、柬埔寨、泰国等国家的中邮建员工开展通信原理、工程项目管理及4G移动通信等内容的技术培训。天津铁道职业技术学院为吉布提铁路公司订单的培训涉及铁道机车车辆、铁道工程、铁道通信信号、铁道运输4个专业的铁路员工，培训得到了吉布提铁路公司与培训学员的一致认可。天津交通职业学院与境外企业开展订单班式合作项目,推进学生适应国际化企业更高标准的技能、管理、服务和企业文化要求,共同提高人才培养质量。

《中国职业教育质量年度报告2020》显示,2018和2019年度,全国高职院校专任教师赴国(境)外指导和开展培训时长达25.8万人日和36万人日。其中,在外向型经济发达,"走出去"企业数量相对较大的江苏省,其高职院校专任教师赴国(境)外指导和开展培训时长达67 747人日,占比全国的18.8%,其中为"走出去"企业提供海外人员培训的时长占比总指导和培训时长的五成左右。

(四)为企业提供境外技术指导或管理咨询服务

派遣专业教师赴境外为企业开展技术指导、职业教育合作项目指导,或直接从事生产实习等,是高职院校服务企业"走出去"的另一种形式。据统计,2019年,浙江省高职院校在校生服务"走出去"企业国(境)外实习时长为13.62万人日,比2018年增长15.2%;专任教师服务"走出去"企业国(境)外指导时长为25 000人日,比2018年增长53.2%。同年,江苏省高职院校在校生服务"走出去"企业国(境)外实习时长为31.18万人日,比2018年增长29.5%;专任教师服务"走出去"企业国(境)外指导时长近68 000人日,比2018年增长0.27%。从两省的数据举一反三,可以看出,近年来,中国的高职院校为"走出去"企业海外发展提供了一定的智力、技术和管理支撑。

如顺德职业技术学院与德国亚琛工业大学合作共建4.0研究中心,引入德国工业4.0技术标准,开展技术研发,服务企业技术升级。柳州职业技术学院为广西恒宝丰农业发展有限公司柬埔寨分公司选派实习生,从事设备维修及人员管理工作,及时解决公司在海外设备维修及管理方面人才不足的难题。宁波职业技术学院选派教师为中国航空技术国际控股有限公司肯尼亚大中专升级改造项目提供技术指导和管理咨询服务,得到了企业和当地员工的高度认可,为我国高职教育服务企业"走出去"提供了典型模板。

(五)助力企业开发国际标准和规范体系

高职院校发挥自身的理论优势,与企业技术专家共同组建研发团队,开发相关的生产、技术标准和规范体系,并向海外推广,提升了企业"走出去"的实践成效。如广东农工商职业技术学院与广东农垦橡胶集团海外公司合作开发《橡胶加工安全生产规范标准》,被泰国、柬埔寨、马来西亚、印度尼西亚4个国家的20多家海外公司认定和使用,提高了集团海外公司的安全生产水平,为世界橡胶行业安全生产提供借鉴和参考。南京铁道职业技术学院与南京地铁集团有限公司合作开发的《电气自动化技术专业(订单)人才培养标准》《城市轨道交通通信信号技术专业(订单)人才培养标准》等7个专业教学标准、135门课程标准分别被埃及隧道局、老挝交通部铁道司、埃塞俄比亚吉布提标准轨股份公司、俄罗斯圣彼得堡国立亚历山大一世皇帝交通大学等国(境)外的合作学校和单位采用,助力我国轨道交通标准"走出去"。

二、高等职业教育服务"走出去"企业的对策

职业教育国际化发展是时代潮流,"一带一路"倡议为高职教育国际化带来了发展机遇,也带来了诸多挑战。2019年国务院发布的《国家职业教育改革实施方案》(国发〔2019〕4号)指出,职业院校应当根据自身特点和人才培养需要,主动与具备条件的企业在人才培养、技术创新、就业创业、社会服务、文化传承等方面开展合作。高职院校应秉承让中国企业"走出去"、中国职业教育"走出去"的责任担当,以更加广阔的国际视野,更加开放包容的交流合作,对外输出中国优质的职业教育资源,引源头活水到"一带一路"沿线国家发展道路的土壤上,形成中国职业教育的绿洲,打造世界职业教育的"中国模式",共建"一带一路"沿线国家职业教育共同体,开创中国高职教育国际化发展的新局面。

(一)完善高职院校服务企业"走出去"的政策保障体系

当前,国家政策在顶层设计上明确鼓励高职院校要积极服务企业"走出去"。2015年,教育部《高等职业教育创新发展行动计划(2015—2018)》(教职成〔2015〕9号)明确提出高职院校要"主动发掘和服务'走出去'企业的需求,配合'走出去'企业面向当地员工开展技术技能培训和学历职业教育"。2016年,教育部《推进共建"一带一路"教育行动》(教外〔2016〕46号)明确提出,职业院校要"立足各自发展战略和本地区参与共建'一带一路'规划",助推企业成长;2017年,国务院《关于深化产教融合的若干意见》提出"鼓励职业教育、高等教育参与配合'一带一路'建设和国际产能合作"。2019年,《教育部财政部关于实施中国特色高水平高职学校和专业建设计划的意见》(教职成〔2019〕5号)也提出,要积极"参与'一带一路'建设和国际产能合作","承接'走出去'中资企业海外员工教育培训",为企业培养本土化技术技能人才。

国家顶层设计还需要相应的实施办法去落实。当前，在政策体系已进一步完善的背景下，还需在国家顶层设计与地方落实、院校执行之间做好制度衔接。如高职院校在服务"走出去"企业的过程中，面临着教师境外服务因占用"三公"指标难以实施、资产设备无法运送出去、校企合作利益如何共享等多种问题，均需要有具体的针对性政策加以明确。因此，当前需要出台相应的管理办法，针对高职院校服务企业"走出去"遇到的瓶颈问题，明确主体责任、保障措施、操作规范和流程等，为高职院校服务企业"走出去"提供制度保障。①

（二）搭建多种资源有效整合的政校企合作平台

国务院《关于推进国际产能和装备制造合作的指导意见》（国发〔2015〕30号）明确"企业主导、政府推动"是国际产能合作的基本原则。企业是参与国际产能合作的主体，是连接职业教育和社会经济发展的重要载体。政府是企业参与国际产能合作的"推动者"，应架起校企合作的桥梁，搭建多种资源有效整合的政校企合作平台，将相对分散、独立的职业教育和企业的软硬件资源进行类聚、融合和重组，使其形成合力，实现三方之间的信息共享、需求对接、优势互补，组成一个效能更好、效率更高的校企协同资源体系。比如牵头搭建职教联盟，推动办学实力强、有"走出去"基础和经验的高职院校依托联盟建设"鲁班工坊"，引导一般高职院校依据自身办学特色，重点选择"一带一路"沿线相对固定的区域搭建教育平台，开展稳定合作。校企、校企行建立协同发展机制，统筹优化国内外校企资源，实现资源配置、管理、服务、监督的有机衔接，解决校企双方资源需求不足和供给过剩的问题，提高资源的开放程度和利用率，形成校企合作各要素的有效分工、合理衔接和有机融合。

（三）优化校企协同"走出去"的利益共享机制

首先，应坚持企业主导的原则，让企业根据自身发展需求设定项目和遴选院校，乃至向高职院校购买服务。根据"谁受益，谁投入"的原则，引导企业为院校"走出去"提供必要的经费、场地和设备支持；引导院校开发企业需求的项目，实现校企供需的有效对接。如中航国际成套设备有限公司和宁波职业技术学院签订协同"走出去"框架协议，委托宁波职业技术学院培

---

① 王琪. 高职院校服务企业"走出去"的现状、问题与优化策略［J］. 职业教育（下旬刊），2020，19（9）：29-34.

训肯尼亚员工,明确双方合作的权、责、利和风险机制。宁波职业技术学院派出电子专业教师赴肯尼亚进行电子产品装配技能培训,"做中学"的教学方法深受肯尼亚学员欢迎,提升了企业人力资源素质。

其次,实现校企优势互补。"走出去"企业在目的国摸爬滚打多年,对目的国的行业动态、政策环境、文化差异等有着更加清晰的把握,职业院校则在项目课题研究、专业技术服务、人才培训方面拥有优势。校企双方应发挥各自优势,在"走出去"过程中优势互补,取长补短,实现合作共赢。

最后,发挥行业协会或社会组织的协调作用,连接企业需求与院校服务。在"走出去"的过程中,单一院校的服务能力和单一企业的需求往往难以一一对应,需要构建多家院校共同对接多家企业的合作模式,提升合作效率。如中国有色金属工业协会在协同北京工业职业技术学院等8所高职院校"走出去"的过程中,形成了多主体"联络汇报,定向沟通"的工作机制,破解了合作中的部分难题,提升了合作效率。

(四)加强院校服务企业"走出去"能力建设

高职院校是服务企业"走出去"的实施主体,加强院校自身能力建设是提升服务"走出去"企业质量和效能的有效途径。首先,高职院校应加强教师国际能力建设。教师国际能力指教师在教会学生学习、育人和服务专业任务中表现出来的国际化设计、实施和评估的专业能力。高职院校应将国际能力作为重要模块纳入现有的师资培训体系,从国际化的相关知识、开放和包容的态度及跨文化技能等多个方面加强教师国际能力培养培训,如通过开展来华留学教育、选派教师赴境外合作院校授课等国际合作项目。组织教师学习旨在提升国际教育教学能力的课程,鼓励专业教师赴企业进行挂职锻炼等,提升高职院校教师服务"走出去"企业的水平。其次,对接"走出去"企业需求,开展国际化人才培养。院校应积极对接"走出去"企业需求,科学设定人才培养目标和规格,优化人才培养方案,吸纳"走出去"企业技术人员和专家参与课程开发和教育教学,提升人才培养的针对性。最后,完善服务"走出去"企业的制度保障体系和激励机制。服务"走出去"企业是高职院校履行社会服务职能的重要内容,院校应加强相关的保障制度和激励措施建设,激发教师参与的积极性,提升服务的质量和效益。如制定教师赴境外机构工作管理办法,规范学校赴境外人员管理,支持学校境外合作办学项目建设。依据财政部、教育部《国家公派出国教师待遇管理规定》(财教〔2011〕194号),结合依据境外授课地区的艰苦程度,设立不同的津贴标准。对圆满完成外派任务、表现突出的人员给予表彰。同等条件下，圆满完成外派工作任务的人员，在专业技术职务申报、职称评定和职务晋升时优先考虑，激发教师参与"走出去"项目建设的积极性。

（五）拓宽"走出去"办学的资金渠道

高职院校"走出去"办学需要较多的经费支持，然而，目前高职院校"走出去"办学绝大部分依靠学校自身的资金，如果仅靠高职院校的一己之力，很难保证合作项目能维持长期的良性运行。中央和地方政府应根据高职院校的切实需求，设立推动职业教育"走出去"的专项资金，主要用于开展职业教育的境外培训、服务企业"走出去"等助力职业教育"走出去"的合作项目。同时，盘活中央和地方政府职业教育经费、资金渠道，形成专项，向"走出去"的高职院校倾斜，开辟多方资金渠道，构建稳定的相关方经费投入渠道。要充分利用社会资金，鼓励中国企业与高职院校合作，为"走出去"海外办学提供资金支持。

第四节　中国高等职业教育国际化助力企业"走出去"案例

本节以江苏省4所高职院校为例，介绍它们在深化校企合作，培育海外技术技能人才，助力"走出去"企业方面所做的探索与实践。

案例1　扬州工业职业技术学院：深化校企合作育人，打造"丝路人才"教育品牌

扬州工业职业技术学院加大提升服务教育对外开放的能力，聚焦"一带一路"倡议，立足服务"走出去"优质产能，聚力打造"一带一路"职业教育升级版。学校创新校企合作协同育人模式，主动对接行业企业的人才需求，在"平台共建、人才共育"等领域积极开拓新途径，推行"扬工方案"的"丝路人才"教育品牌的建立与输出，为校行企共同培养国际化技术技能人才做出重要探索与实践。

一、下好机制体制创新"先手棋"

学校结合现有办学基础，抓好联合培养项目的顶层设计，探索建立联合

培养保障体系。成立联合管理机构，建立招生、教学、实习、就业等"一体化"工作细则，校企联合培养的"双主体育人"模式初步建立。

学校与北京华夏力鸿商品检验有限公司、安徽海螺集团有限责任公司、江苏贝德集团等优质"走出去"企业携手在印度尼西亚、缅甸等区域加大生源的组织与招生，共同制订招生方案。综合海外合作院校、走出去企业的情况，对人才培养方案制订、课程设置、合作企业选择、师资队伍聘用与培养、教学成效评价、教师工作量认定、教师绩效分配等一系列制度进行"量身定做"，确保校企合作项目顺利开展与实施。通过签订协议，明确"现代学徒制"学生的"双重身份"和在岗培养的具体岗位、教学内容、权益保障等，明确校企联合培养的"双主体育人"责任与权益。各项规章制度和运行管理机制已初步建立，人才培养标准和质量评价体系正在逐步建立。在项目运行中，这些制度有效调动了教师、合作企业的积极性，激发了各方参与项目建设的积极性，为联合培养项目提供了"优质的种子"。

二、打好服务走出去企业"主动仗"

"语言通、技术懂、文化融"成为扬州工业职业技术学院留学生的亮丽名片。近年来，学校主动联系各行业的中资"走出去"企业，充分了解他们对人才的需求。重点破解"走出去"企业所面临的本土高技能人才匮乏、高职院校来华留学生招生就业的不确定性、培养质量难以保障等共性问题。

学校与北京华夏力鸿商品检验有限公司、安徽海螺集团有限责任公司、江苏贝德集团等企业联手，率先开展"丝路人才"试点联合培养项目，致力于培养"熟悉当地人文社情、具有国际视野、通晓国际规则的'丝路'高技能人才"，携手走出去企业开展"'丝路人才'现代学徒制"培养。学校现建有"扬工院—丰尚埃及"联合培养人才基地、"扬工院—印尼海螺"丝路人才联合培养基地、"扬工院—江苏贝德"缅甸区域联合培养项目。现有项目还将延伸至其他多家"走出去"企业进行联合培养，为"走出去"企业可持续发展提供优质的本地化人才储备。这些都为联合培养项目高质量地开展提供了"肥沃的土壤"。

学校与"走出去"行业企业共同探索切合"学历教育与岗位技能认证相结合，专业核心课程与职业技术标准相结合，职业技能培养与行业发展需求相结合，专业知识教育与职业素养教育相结合"的人才培养方案。通过在教学上嵌入企业课程，学生在培养过程中提前接受企业文化熏陶。"中印尼'丝路人才'产教融合联合培养项目"入围全国"中国—东盟双百职校强强合作旗舰计划"项目,为东盟区域输送了近200名本土化技术技能人才。

三、弹好多方互利共赢"协奏曲"

"三位一体"的人才培养体系初显成效。联合培养不是扬州工业职业技术学院的独奏,而是合作各方的协奏曲。学校、企业、学生是命运共同体,校企合作能否结出硕果,关键就在于命运共同体是否能够实现互利共赢。学校始终遵循共建、共商、共享的原则,充分听取外方院校、合作企业的意见和建议,与合作院校和合作企业共同研究制定了以汉语言应用能力、专业能力和跨文化能力为核心素养的"三位一体"的人才培养体系。通过联合培养国际化的师资、输出优质教学标准,真正实现"互研、互建、互学、互用"的共赢发展,为"一带一路"沿线国家经济社会输送优秀的本土化技术技能人才,让联合培养项目结出"累累的硕果"。

校企合作"订单式"人才培养在扩大生源途径、搭建留学生出口平台、解决"走出去"企业人才需求方面的价值日渐彰显。留学生在"中英一带一路青年创新创业技能大赛"中国区总决赛、全国职业院校技能大赛、中国—东盟教育交流周首届学生技能大赛、"外研社杯"江苏省大学生跨文化大赛斩获佳绩,名列全国高职院校前列。在第五届中国"互联网+"大学生创新创业大赛国际赛道中,学校乌兹别克斯坦留学生的团队获得国赛铜奖。留学生通过嵌入式课程学习及在"走出去"企业的实习实训,以优异的成绩毕业顺利进入中资企业实习就业,获得企业的高度认可。学校在此过程中也获得企业的青睐,企业主动上门签订订单式的校企合作协议,为学校的来华留学生教育精准对接国家政策提供了重要支点。

新时代背景下,学校将继续坚持以特色发展服务国家经济转型和"一带一路"建设,通过不断深化校企合作育人实践,在创新发展、特色打造、合力共融、辐射共享中不断完善,实力助推"一带一路"建设,从而完成职业教育适应产业需求,满足产业发展的历史使命和责任担当。

案例2 南京科技职业学院:助力"走出去"企业,联合开展国际技术技能人才培养

近年来,南京科技职业学院招收的留学生95%以上来自"一带一路"沿线国家,截至2019年7月,学校已有三届学历教育留学生共140人毕业,其中50%的毕业生通过校企合作的外国留学生现代学徒制项目进入"走出去"企业的海外分公司或工厂就业。

学校以"走出去"企业需求为导向，倾力打造"外国留学生现代学徒制"项目。学校密切联系合作企业，实地了解相关"走出去"企业用工数量、专业、技术能力等方面的需求，在精准掌握相关信息的基础上，推进"外国留学生现代学徒制"实践。2014年，学校与江苏德龙镍业、安徽海螺水泥等"走出去"大型企业开展深度合作。面向印度尼西亚留学生，在应用化工技术、机电一体化技术等8个专业方面在国内率先开展外国留学生现代学徒制实践，形成"标准引领、平台支撑、文化交融、校企联合，招生培养就业一体化"的培养模式，落实留学生双重身份，实现校企双主体育人，真正实现"招生即招工，校企联合培养，毕业即就业"。校企合作开发课程11门，培养70余名"现代学徒制"国际毕业生，全部被"走出去"企业录用，薪资水平更是当地平均水平的两倍以上。2018年6月，"中印尼'现代学徒制'来华留学生项目"入选教育部"中国—东盟双百职校强强合作旗舰计划"的首批20个"中国—东盟高职院校特色合作项目"。

学校发挥校企优势，共同合作"出海"。2018年6月，学校与江苏德龙镍业有限公司的校企合作进一步推进，在江苏德龙位于印尼肯达利的海外公司厂区内联合成立"南京科技职业学院印尼德龙学院"，开展面向企业海外职工和储备职工的教育培训，现已开展2期企业海外员工培训班。在这一实践中，校企双方成立印尼德龙学院管理委员会，在"印尼德龙学院"的运行中德龙镍业负责教学场所建设、教学设施和设备的投入，学校负责教学师资、教学资源的投入，形成校企分工合作、协同育人、共同发展的长效机制。

截至2019年11月，学校先后与22个国家（地区）的80余所高校或机构建立稳定的交流合作关系，与"一带一路"沿线国家签署180余份合作备忘录。2017年《高职院校外国留学生"现代学徒制"的探索与实践》被评为江苏省教学成果一等奖，2018年"校企合作工程类专业现代学徒制印尼项目"立项"2018年江苏外国留学生优才计划高技能人才项目"，学校连续3年蝉联全国高职院校国际影响力50强。在"一带一路"倡议的推进下，学校将继续秉承对外开放合作的精神，以服务国家战略、服务社会、服务企业、服务学生为出发点，培养更多知华、友华的国际技术技能人才。

案例3　无锡职业技术学院：创新留学生教育培养模式，服务企业"走出去"

无锡职业技术学院创新留学生教育培养模式，建立产学联盟。学校除了进一步利用现有校内实验实训平台，提高留学生的专业实际操作能力和素质外，还积极拓展建立校外三资企业及"走出去"中资企业等实习基地，搭建产学联盟，使其不仅能够满足留学生校外实践教学、岗位实习及就业等需要，还能适应校企合作专业课程开发、教科研项目研究等需要，满足留学生在属地国实习就业的需要。

学校积极开拓各类渠道，服务中国企业"走出去"。学校与宁朗（泰国）有限公司在泰国罗勇府联合成立"无锡职业技术学院—宁朗（泰国）公司人才培养基地"。这是学校首次在海外设立人才培养基地，也是推动海外校企合作联合培养国际化应用型人才的新平台。学校与宝鸡机床厂共建留学生人才培养基地。通过高职教育国际化项目，为宝鸡机床厂实施国际化战略提供人才保障。校企联合创新留学生培养模式，双方联合招收留学生，学校负责汉语及专业基础技术技能培养，宝鸡机床厂负责专业实践、毕业实习，毕业生定向服务宝鸡机床厂在越南、俄罗斯、南非等的海外基地。

学校在马来西亚管理科学大学已建汉语培训中心，同时派出汉语教师为印度尼西亚300名学生开展了汉语培训。2017年9月，在老挝教育部副部长孔熙的见证下，学校与老挝申沙万教育集团就无锡职业技术学院海外分校项目签约，2018年实现项目招生。学校把优势专业辐射到东南亚国家，输出专业教学标准。这些举动进一步推进了学校与经济走廊国家的教育合作，形成了品牌效应。汉语中心及分校的建立为"一带一路"沿线国家社会经济发展提供了智力支持，推动无锡职业技术学院职业教育品牌走向世界。

学校教育国际化工作获得了国内外媒体的广泛赞誉。老挝《新万象报》《万象时报》，印度尼西亚《国际日报》《媒体印尼》等当地主流媒体及国内《中国教育报》、《江苏教育报》、《江苏教育》、《科技日报》、高职高专网、光明网等国内媒体报道了国际交流合作工作成果，进一步提升了学校的国内国际影响力。

案例4 江苏工程职业技术学院：政校企深度合作，共育来华留学教育品牌

江苏工程职业技术学院2000年与澳大利亚堪培门学院合作成立南通纺织职业技术学院堪培门学院，是江苏省首批开办中外合作办学机构和项目的高职院校。学校两度被评为"江苏省教育国际合作交流先进学校"，2017年、2018年连续获得"国际影响力50强"学校，江苏省侨务办公室、文化厅授予学校"中华文化海外传播基地"的称号。

一、发挥专业优势，政校企合作订单式培养留学生

学校从2015年起与老挝琅南塔省教育体育厅合作，先后接受314名老挝留学生来校就读道路桥梁工程技术、建筑装饰工程技术等专业，订单式培养老挝经济发展急需的高端技术技能人才。学校协同行业协会和中国交通建设有限公司、中国铁建四局华东公司、南通路桥集团等多家企业构建校企协同育人平台，成立由老挝教育体育厅、行业协会、企业专家及学校专业教师组成的专业建设指导委员会，共同制订人才培养方案，建设实训基地。依托企业项目资源，共同建设专业课程和教育资源，实施"教学做"一体化教学模式，培养学生岗位技能；依托企业典型在建工程项目，提供学生顶岗实习岗位，实施"双导师"制，强化学生专业技能训练。该培养项目荣获首批20家"中国—东盟双百职校强强合作旗舰项目"，道路桥梁工程技术专业获批2018年留学江苏优秀人才遴选计划项目。

二、联合知名企业，打造短期来华留学品牌

基于学校纺织专业的教学资源和教学质量优势，2010年，学校与荷兰撒克逊应用科技大学签署纺织类专业学生交换学习协议，学校联合江苏联发纺织股份有限公司共同打造的"纺织工程管理专业＋中国特色文化课程"短期留学生项目，已连续举办12期，吸引了百余名荷兰撒克逊应用科技大学纺织工程与管理专业的本科生前往学习，该项目连续2年获批省级外国留学生短期项目，形成了短期来华留学品牌。学校联合江苏华艺集团和意大利艺术与设计大学合作，三次参加意大利国际工作坊交流活动，互派师生参加中意学生服装与布艺设计国际交流赛。学校牵手库卡机器人（上海）有限公司，完成泰国坦亚武里皇家理工大学首批20名教师为期1个月库卡工业机器人培训。

三、牵头成立国际纺织服装职业教育联盟,服务"走出去"中资企业

由学校牵头,来自意大利、马来西亚、肯尼亚等 17 个国家和地区的政府、高校和行业组织及 18 家中外企业共同组成国际纺织服装职业教育联盟,搭建国际教育交流平台,促进资源共享、优势互补,主动服务"走出去"中资企业。学校深度参与中航国际援非项目建设,派出专业教师赴肯尼亚为肯尼亚教育部 24 名高校教师开展为期 3 个月的服装设计专业培训;为中国航空技术国际控股集团有限公司乌干达、科特迪瓦教育部大中专升级改造项目编写服装设计与工艺、印刷技术等 5 个专业教学方案等。学校与海外纺织服装联盟多次洽谈合作,开展属地员工培训。

新时代背景下,学校将积极推进职业院校"走出去"办学,探索职业教育"走出去"办学模式。依托学校传统优势专业,联合"走出去"企业,多方共建国际化人才培养基地、留学生实习和就业基地、技能培训中心,实力助推"一带一路"建设。

第六章

江苏高等职业教育国际化研究

第一节 江苏高等职业教育发展

江苏是全国教育大省,是中国现代职业教育的发祥地之一。20 世纪 80 年代建立了全国第一所职业大学——金陵职业大学,全国第一所县办大学——沙洲职业工学院,2004 年建立了全国第一所中外合作办学高职院校——苏州百年职业学院。

截至 2021 年 2 月,江苏共有普通高校总数 146 所,其中本科院校 56 所(含民办本科院校 4 所,中外合作办学本科院校 2 所),高等职业院校 90 所(含民办院校 22 所,中外合作办学 1 所)。其中,高职院校数量居全国首位,在校学生达 68 万人。2019 年,南京工业职业技术学院升格为职业本科学校,2020 年经教育部批准更名为南京工业职业技术大学,成为全国第一所公办本科层次高等职业院校。

2020 年,江苏省 13 个设区市中,高等职业院校数量排名前五的分别是南京市、苏州市、无锡市、常州市,以及南通市、扬州市、徐州市(南通市、扬州市、徐州市并列第五)。苏南地区各设区市的平均院校数为 11 所,苏中地区和苏北地区各设区市的平均院校数为 4 所(表 6-1)。

表 6-1 江苏省各设区市高等职业院校数量

设区市	院校数/所	设区市	院校数/所	设区市	院校数/所
南京市	18	南通市	6	徐州市	6
苏州市	17	扬州市	6	淮安市	5
无锡市	10	泰州市	2	盐城市	4
常州市	7	—	—	连云港市	3
镇江市	4	—	—	宿迁市	2
合计（苏南）	56	合计（苏中）	14	合计（苏北）	20

2006—2012年，江苏省共有15所高等职业院校完成"国家示范性高等职业院校建设计划"建设任务并通过验收，其中，7所为国家示范性高等职业院校，8所为国家示范性（骨干）高等职业院校。2018年，江苏省立项建设高水平高等职业院校22所，其中8所为江苏省卓越高等职业院校培育单位。2019年，17所高等职业院校被教育部《高等职业教育创新发展行动计划（2015—2018年）》项目认定为国家优质专科高等职业院校。20所高等职业院校入选中国特色高水平高职学校和专业建设计划第一轮建设单位，其中7所为高水平学校建设单位，13所为高水平专业群建设单位，成为全国1 400多所职业院校中发展最为强劲的团体之一。

多年来，江苏高等职业教育不断探索、转型、跨越、提升，多项发展指标位居全国前列。如江苏省拥有国家示范（骨干）高职院校的数量为全国第一；江苏高职院校在2014年首届、2018年第二届国家职业教育教学成果奖中获奖总数均居全国第一；江苏高职院校中外合作办学项目（机构）数量为全国第一；江苏高职院校主持或联合主持的国家职业教育专业教学资源库项目占全国立项总数的1/5，总数为全国第一；在全国职业院校技能大赛中摘获"十连冠"。"十三五"以来，全国高职高专院校校长联席会根据《中国高等职业教育质量年度报告》评选的6届中国高等职业院校"教学资源50强""国际影响力50强""服务贡献50强"中，江苏高职院校入选最多，为75校次。《2018年中国高职高专院校地区竞争排行榜》中，江苏省以满分100排名第一。江苏高等职业院校办学条件如表6-2所示，江苏高等职业院校2020年标志性成果占比情况如表6-3所示。

第六章　江苏高等职业教育国际化研究

表 6-2　江苏高等职业院校办学条件

序号	办学条件指标	单位	2019 年	2020 年	增量
1	生师比	—	12.87	13.48	+0.61
2	校内专任教师中具有硕士及以上学位比例	%	70.56	71.03	+0.47
3	具有高级职称比例	%	38.23	38.59	+0.36
4	具有双师素质比例	%	79.06	79.24	+0.18
5	生均教学科研仪器设备值	元	16 806.25	15 932.94	−873.31
6	生均教学行政用房面积	m²	22.47	22.01	−0.46
7	生均占地面积	m²	80.94	75.55	−5.39
8	生均宿舍面积	m²	11.31	10.22	−1.09
9	新增教学科研仪器设备所占比例	%	14.56	12.14	−2.42
10	生均图书	册	89.00	84.00	−5.00
11	生均年进图书量	册	3.67	4.03	+0.36
12	百名学生配教学用计算机数	台	47.46	45.31	−2.15

表 6-3　2020 年标志性成果占比情况

序号	2020 年标志性成果	在全国同类成果中占比/%
1	获全国职业院校教学能力比赛一等奖 2 个、二等奖 3 个、三等奖 8 个	5.26
2	入选国家精品在线开放课程 11 门	11.11
3	入选"十三五"职业教育国家规划教材 454 本	16.04
4	入选"十三五"职业教育国家规划教材（"1+X"证书配套教材）9 本	11.84
5	入选全国示范性职业教育集团（联盟）培育单位 15 所	10.00
6	入选首批全国职业院校"双师型"教师队伍建设典型案例 10 个	5.88

第二节　江苏高等职业教育国际化发展现状

随着世界经济全球化发展步伐的加快和我国改革发展进入新时代，江苏高职教育的国际化在新的历史方位中也面临着新的目标和要求。

一、江苏高职教育国际化发展的时代背景

我国的改革开放事业迈入新时代，在国际化竞争日益加剧的今天，提升区域产业国际竞争力已经成为江苏省面临的紧迫问题。江苏省以"一带一路"交汇点建设为总揽，努力在全国率先建成开放强省的目标引领下，以高职院校对外合作交流助推全省对外开放承担新责任。在江苏省推进高质量发展走在前列，加快推进教育现代化建设的决策部署下，高职院校对外合作交流承担服务高等教育高质量发展的新任务。在全省教育系统努力实现"办人民满意的教育"奋斗目标的进程中，高职院校对外合作交流在满足人民群众多样化教育需求上实现新作为。

（一）高职教育国际化是江苏区域国际竞争力提升的重要支撑

江苏作为经济大省，与世界各国的经济贸易合作呈现出快速发展的态势，并且正逐步从产业链的中低端向中高端挺进，省内众多跨国经营的企业"走出去"的步伐正不断加快。高职教育作为技术技能人才的主要供给主体，应当随着区域产业发展人才需求的变化不断地调整人才培养规格与方向。需求端发生的重大变化需要高职院校快速做出反应，充分认识国际化办学对支撑区域产业国际化竞争力的重要价值意义，努力实现在课程设置、教学资源、师资队伍、校企合作、技术研发等方面达到国际一流水平，培养世界一流的高素质技术技能人才，支撑江苏区域国际竞争力提升的需要。

（二）江苏高职教育国际化取得突出成绩并位列全国第一方阵

江苏高职教育国际化一直走在全国前列。德国"双元制"、英国"现代学徒制"、新加坡"教学工厂"、澳大利亚"TAFE 学院"等先进的高职教育办学模式都能够在江苏高职院校中看到本土实践，部分高职院校已经开始将自己先进的办学经验和教学资源输出到国外。2018 和 2019 年度，江苏省分别有 18 和 19 所高职院校入选"高职教育国际影响力 50 强"榜单。南京工

业职业技术学院基于国际化项目实践凝练的教学成果"标准对接、项目链接、课程衔接：高职国际合作教育范式探索与实践"、南通航运职业技术学院和森海海事服务（新加坡）有限公司联合申报的教学成果"基于'跨境校企共同体'的高职航海国际化人才培养探索与实践"获2018国家级教学成果一等奖。2019年，江苏高职院校专任教师赴国（境）外指导和开展培训时长达67 747人日，开发国（境）外认可的专业教学标准和课程标准个数分别为247个、1 556个，分别占比全国高职院校专任教师赴国（境）外指导和开展培训时长总量（360 182人日）、专业教学标准输出总量（957个）、课程标准输出总量（5 881个）的18.8%、25.8%和26.5%，充分表明江苏高职教育国际化在我国处于领先地位，不仅为我国"走出去"企业提供了大量的教育和培训服务，而且为世界职业教育的发展贡献了中国方案、江苏智慧。

（三）新形势下江苏高职教育国际化正面临着新挑战与新任务

随着江苏高职教育对"走出去"战略的实施，尤其是对当前国际化发展的理念与路径提出了全新的要求，日益需要江苏高职院校能够走出国门，能够基于江苏高职教育改革探索的实践经验，制定规则与标准。尽管国际化办学水平一直处于全国前列，但国家对外开放的新布局、产业国际化发展的新趋势、学生国际化素养的新要求，都对江苏高职教育国际化工作带来了新的挑战，同时也蕴藏着新的机遇。江苏高职教育发展需要不断在办学要素上实现与国外职业教育的先进标准对接，通过不断调整自身办学方向与行为来适应先进标准和规则。在新的时代背景下，江苏高职教育国际化亟待实现发展路径的转轨，实现从"引进来"到"走出去"的华丽转身，从现有经验与模式的学习者，向标准与规则的制定者和输出者转变。

二、江苏高等职业教育质量年报国际合作篇（2017—2020）

《国务院关于加快发展现代职业教育的决定》《国家职业教育改革实施方案》等文件要求建立高等学校质量年度报告发布制度。教育部每年均会发布高等职业教育质量年度报告编制、发布和报送工作的通知，明确当年年度质量年度报告编制的方向和重点任务。如2019年，职业教育与成人教育司在"通知"中强调，要重点展示贯彻习近平总书记关于教育的重要论述和全国教育大会精神的有效举措，形成中央决策部署在高职教育领域的改革实践。2020年，强调要重点展示中央决策部署在高等职业教育领域的改革实践，特别是服务国家战略、服务地方发展、开展技术研发、服务行业企业、服务学生发展等方面的典型案例，以及在落实高职扩招任务、促进产教融合校企双元育人、开展"1+X"证书制度试点、开展高质量职业培训、打造"双师型"教师队伍、实施中国特色现代学徒制、健全内部质量保证体系、推进国际合作与交流、培育和传承工匠精神、协助抗击疫情等具体做法。

目前，我国已经建立了国家、省、校三级高等职业教育质量年度报告制度体系，通过编制和发布高等职业教育质量年度报告来回应党、政府和社会对高等职业教育事业的关切。江苏从2011年开始实施高等职业教育质量年度报告制度，并通过网络发布、公开出版等多种方式向社会公布年报。

（一）国际影响

江苏初步形成中外合作办学格局。除2020年因新冠肺炎疫情影响，大部分指标下滑外，其余年度各项指标均实现正向增长。以2019年度为例，在国际影响表的7个指标中，江苏国（境）外人员培训量较上一年度下降了0.28%，在校生服务"走出去"企业国（境）外实习时间增长了29.54%，专任教师赴国（境）外指导和开展培训时间增加了0.27%，在国（境）外专业性组织担任职务的专任教师人数增加了40.58%，开发国（境）外认可的专业教学标准和课程教学标准数分别增长了32.80%和45.69%，国（境）外技能大赛获奖数量增长了44.02%，2018年及以前共设立国（境）外办学点53个，2019年新设立国（境）外办学点47个，如表6-4所示。

表6-4　江苏高等职业教育国际影响表（2017—2020年）

序号	指标	单位	2017年	2018年	2019年	2020年
1	全日制国（境）外留学生人数（一年以上）	人	3 900	6 389	/	/
2	非全日制国（境）外人员培训量	人日	82 914	1 473 104	1 055 164	1 031 209
3	在校生服务"走出去"企业国（境）外实习时间	人日	203 352	240 733	311 846	/
4	专任教师赴国（境）外指导和开展培训时间	人日	20 684	67 568	67 747	50 271
5	在国（境）外组织担任职务的专任教师人数	人	255	377	530	/

续表

序号	指标	单位	2017年	2018年	2019年	2020年
6	开发国(境)外认可的专业教学标准数	个	172	186	247	240
	开发国(境)外认可的课程标准数	个	708	1 068	1 556	1 658
7	国(境)外技能大赛获奖数量	项	154	209	301	292
8	国(境)外办学点数量	个	/	53	47	39

(二) 合作交流

1. 建立国际合作平台

江苏省举办多样化的国际交流活动，呈现出学术交流、人文交流、民间交流并进的局面。这些活动平台成为高等职业院校集聚和整合国际化办学资源、拓展国际交流合作渠道、提升国际影响力的有力依托。

比如，2018年，江苏农牧科技职业学院牵头成立了国际农牧业高等职业教育联盟，吸引了来自中国、加拿大、美国、澳大利亚、比利时、柬埔寨、南非等40个国家和地区的139所高等职业院校、农牧企业、研究机构加入。在联盟内积极开展区域（国别）农牧业行业发展与人才需求调研，制定农牧业专业标准和行业标准；组织职教成果和职教名师评选；开展国际农牧类专业教师和学生技术技能大赛；组织成员单位间学生和教师交流项目等。通过联盟成员间交流合作、协同研究和资源共享，将各国经验与世界共享，从而促进国际农牧业高等职业教育发展。又如，江苏经贸职业技术学院部署实施高质量的国际合作，深入推进"两分校、两中心"海外布局，建有江苏经贸—德龙印尼学院、江苏经贸—印尼泗水分校、江苏经贸·柬埔寨职业教育中心、江苏经贸·泰国职业技能培训中心的海外布局，同时建设"中荷体育文化交流中心"，学习和吸收国际先进的教学理念，提升教师和学生跨文化交流能力，为高尔夫专业师生搭建国际舞台。

2020年，世界职业院校与技术大学联盟（World Federation of Colleges and Polytechnics，WFCP）举办世界职教卓越奖颁奖典礼。该联盟由60多个国家和地区的会员机构组成，是世界高等职业教育领域最大、最具影响力的多边非政府国际组织。该联盟每两年召开一次全球职业教育大会，同期举行世界职教卓越奖颁奖典礼。2020年奖项分为"促进学习与就业""应用研究与创新""创新创业""教育可持续发展""高等技术技能""产教融合"

"领导力发展""学生支持服务"八个类别,其中"产教融合"是2021年首次增设的奖项。无锡职业技术学院、江苏经贸职业技术学院分别获得"应用研究与创新""高等技术技能"两大奖项金奖,江苏农牧职业技术学院获得"应用研究与创新"奖项铜奖。

2. 建立双边和多边合作机制

江苏省和加拿大安大略省大学、澳门·葡语国家大学建立合作联盟,和英国高水平大学建立"20+20"合作机制,与东盟职业教育建立合作对话,这些合作机制有助于凝聚职业院校、行业企业之力,优化整合优质资源,促进各方合作发展。

2018年,第四届"江苏-澳门·葡语国家大学合作联席会"在澳门召开,会议总结了"江苏-澳门·葡语国家联盟(JMP联盟)平台"建设发展情况及取得的合作成果,并就继续推动完善合作平台的组织架构、合作培养葡语人才、拓展高校合作内涵、扩大互派留学生规模提出了合作愿景。

2019年,"江苏-英国高水平大学'20+20'联盟"正式成立,部分高校与英国高校签署了校际合作协议,中英与会高校就推动国际大学建设、国际人才培养、国际科技创新、国际文化融合等方面联合发布《江苏宣言》,标志着江苏高校与英国高校实质性创新合作迈出重要一步。这些合作机制有助于凝聚职业院校、行业企业之力,优化整合优质资源,共同打造合作交流机制,促进合作发展。

2020年,江苏成立"江苏-美国高职教育合作联盟""江苏-德国高职教育合作联盟"和"'一带一路'人才培养高职院校合作联盟"等3个中外校群合作平台,省内56所高职院校参与合作平台建设,参与院校占全省高职院校的62.2%。2020年,江苏食品药品职业技术学院"中印尼'校校企'国际化食品行业专业人才培训项目"、无锡职业技术学院"中马立体交叉多维深度合作创新项目"等4个项目获"中国-东盟高职院校特色合作项目"。该项目由外交部亚洲区域合作专项基金资助,计划分5年执行,每年遴选20个特色项目,以建立职教领域长期、稳固的机制化合作平台,发挥示范作用,引领我国与东盟国家在高等职业教育领域的务实合作。

(三)留学江苏

1. 扩大留学生招生规模

2014年,江苏省教育厅发布《留学江苏行动计划》,遵循"扩大规模、优化结构、保证质量、规范管理"方针,推进"完善留学生培养体制机制,扩大留学生规模"国家试点项目,推广中华文化和江苏教育,改善留学生教育整体发展环境,丰富"留学江苏"品牌内涵,提升江苏高等教育国际化程度及江苏教育对外开放综合实力和影响力。

江苏积极支持高职院校开展来华留学教育。以2018年为例,全省有47所高职院校招收留学生8 331人,其中学历生6 187人,占比约为74%。江苏省教育厅,一是组织省内高校分别赴美国、泰国、哈萨克斯坦等国参加国际教育展,并在当地举办"留学江苏"专场推介会,加强海外招生工作,受众超过5 000人。其中,2018年赴泰国、缅甸的"留学江苏"推介活动由15所高职院校组成,通过举办国际教育展、走访中泰中缅友好协会、泰缅两国中学和职校等活动,集中推介江苏高职教育的整体实力,提升江苏高职教育的国际影响力。二是开展高校外国留学生暑期研修项目遴选工作,遴选出52个留学生短期项目,其中高职院校立项"新丝路"航海技能学习项目、古都历史文化夏令营等项目18个,占比约34.6%。三是提升留学生教育质量和管理水平。继续开展江苏省外国留学生英文授课精品课程遴选工作,共有36所学校申报170门课程,遴选出55门精品课程和23门培育课程。四是组织全省高职院校参加《学校招收和培养国际学生管理办法》培训工作,并受到教育部肯定。五是结合江苏省"一带一路"建设和当前教育领域的共性问题设立了10个研究课题,并委托有关高校开展留学生教育研究工作。

2019年,全省有50所高等职业院校招收留学生9 756人,其中学历生6 971人,占比为71.45%。2020年,全省有44所高等职业院校招收留学生7 652人,其中学历生6 533人,占比为85%。全省高职院校共有45门课程入选江苏省外国留学生英文授课精品课程。受中国教育国际交流协会委托,江苏研究制定的高职院校外国留学生教育质量认证标准已由全国协会发布,8所高职院校参与首轮质量认证。扬州工业职业技术学院等5所高职院校外国留学生参与了10个"一带一路"国别研究项目。

2. 启动留学生重大特色项目

召开"留学江苏优秀人才遴选计划"启动会暨"一带一路"来苏留学教育峰会,发布"留学江苏优秀人才遴选计划"。启动省级外国留学生预科基地建设工作。不断探索合作办学的内涵式发展,在人才培养模式改革、现代学徒制、引进国际通用职业资格证书等方面展开了积极的尝试。不断吸收国外先进的教育理念,引进国外的优质教育资源,积极探索人才培养新模式,极大地提升了学校办学品质、专业的整体建设水平及人才培养质量。苏州市职业大学等3所高职院校"中澳机电一体化技术专业教育项目"等4个中外合作办学项目获批江苏高校中外合作办学高水平示范性建设工程。

3. 提升来华留学生教育质量和管理水平

江苏高职院校不断探索合作办学的内涵式发展，在国际化课程体系建设、人才培养模式改革、现代学徒等方面展开了积极的尝试。不断吸收国外先进的教育理念，引进国外的优质教育资源和优质课程资源，创新合作办学发展新路径，积极探索合作办学人才培养新模式，极大提升了学校办学品质、专业的整体建设水平及人才培养质量。继续开展江苏省外国留学生英文授课精品课程遴选工作，共有23所学校申报69门课程，遴选出19门精品课程。

比如，南京铁道职业技术学院主动服务中国铁路"走出去"，实施来华留学生现代学徒制培养。2018年，学校联合中航国际成套设备有限公司共同实施"埃及斋月十日城铁路本土化人才培养"项目。学校和中航国际针对项目岗位需求，联合面试招收埃及本科毕业生，成为学校学生及中航国际准员工，并由中航国际发放工资；联合组建教学混编团队，校企轮转实施专业教育及实践；配备企业师傅带领留学生进行定期的企业在岗培养等，实行留学生现代学徒制模式培养。项目实施取得良好效果和影响，2019年项目招生专业从2018年的1个增加到3个。项目实施模式也得以辐射推广，深圳地铁、中车浦镇公司等企业即将与学校开展类似合作，培养海外本土化铁路人才。

徐州工业职业技术学院改革留学生管理机制，针对留学生教育背景、生活习惯、思维方式迥异的情况，以适应性教育为主导、纪律约束为保障，奖优汰劣，坚持标准，保证质量，2018年劝退不合格留学生32人。

4. 切实加强经费保障

自2015年起，江苏省财政厅对省属高校学历教育外国留学生实行生均拨款政策，拨款标准同中国学生一样。2019年，江苏省财政厅、江苏省教育厅印发《留学江苏政府奖学金管理办法》，奖励和资助知华友华、品学兼优的优秀外国留学生在江苏学习。

5. 留学生疫情防控

新冠肺炎疫情期间，江苏高职院校安排专人负责向留学生介绍省公共卫生突发事情应急响应政策和各校关于疫情防控工作的动态，解读疫情防控指南，介绍防控知识。向学生推送由江苏省外宣办、江苏省外办等部门联手制作的英文版疫情防控新闻，帮助留学生了解疫情防控的最新进展，做好问题解答和情绪安抚，切实丰富留学生应对疫情防范知识。对留学生宿舍区域实行"三值班"制度，宿舍管理员、物业保安24小时在岗，教师白天在岗，与学生嘱防护、话平安，解决学生的难题，晚间时如有突发情况随时到岗。每日更新学生动态信息库，确保全面了解在校学生的情况。加强与学生的沟通和交流，引导留学生不信谣不传谣，客观理性地对待疫情，并进行及时的心理疏导，消除焦虑恐慌，坚定防控信心。通过视频、宿舍走访等形式，加强与留学生沟通，了解和关心留学生学习与生活，做好留学生思想工作。

在 2020 年 11 月举办的江苏省抗击新冠肺炎疫情表彰大会上，扬州工业职业技术学院马俊老师获得了"全省抗击新冠肺炎疫情先进个人"荣誉称号。自新冠肺炎疫情暴发以来，马俊老师迎难而上，全程在岗，经受了来自 21 个国家的 374 名留学生的涉外疫情防控管理的严峻考验，守护了校园平安，展现了一名高职院校来华留学教育管理工作者的风采。

2020 年 12 月，江苏省高等教育学会外国留学生教育管理研究委员会开展了"江苏省抗击新冠肺炎疫情外国留学生管理先进个人"评选，表彰在疫情防控工作期间，坚持政治站位、敢于挺身而出、时刻冲锋在前，为江苏高校外国留学生疫情防控做出突出贡献的留学生管理工作者或教师，109 位同志获此殊荣，全省来华留学生教育工作者均备受鼓舞。

（四）国际标准

1. 引进国际先进标准，加强国际化课程建设

江苏高等职业院校积极引进国际先进标准，引导和支持各专业根据自身特色引入国际通用职业资格证书，并将证书标准和内容融入培养方案和课程内容。构建国际合作课程衔接、学分互认体系。各专业团队共同设计专业衔接课程体系，互认专业基础课程的学分。

比如，南京信息职业技术学院积极践行《悉尼协议》认证，落实《悉尼协议》"学生中心、成果导向、持续改进"三大理念，基于国际工程教育专业建设范式，紧扣培养目标、毕业要求、课程体系、学生服务、师资队伍、支持条件、持续改进七个环节，系统化设计人才培养体系。学校组织教师、校友、企业等利益相关方，重新审订培养目标，确定了"专业能力、问题解决、信息素养、项目管理、终身学习、沟通合作、履行责任、创新能力"八大核心能力，以通信技术、电子信息工程技术、工业机器人技术三个专业为试点，完成了成果导向课程体系优化和课程大纲实施。学校的专业改革实践在全国产生了较大影响，牵头组建的《悉尼协议》应用研究高职院校联盟目前已有高职院校成员 192 家。

2. 输出专业、课程标准

江苏鼓励优质职业院校携手国外学校、跨国公司和企业共同开发国际水平的专业标准与课程标准,并力推标准的有效输出,进一步提升中国职业教育的国际话语权,更好地服务中国走出去企业和"一带一路"沿线国家经济与社会发展。2019 和 2020 年,江苏高职院校开发国(境)外认可的专业教学标准数和国(境)外认可的课程标准数分别达到 247 个、1 556 个和 240 个、1 658 个。以教育部中外语言交流合作中心与南京工业职业技术大学共建的"中文+职业技能"国际推广基地为依托平台,探索推进专业标准、教学资源、国际化师资人才、职业汉语水平考试、国际化"1+X"证书等方面创新发展。

比如,苏州健雄职业技术学院于 2020 年 5 月在苏州正式发布全国首个双元制职业教育标准《双元制职业教育人才培养指南》,英文、德文版同步上线。该标准从质量、专业和产业三个方面构建对接区域产业链的双元制人才培养标准体系,是中德职业教育合作标准化成果。学院在引进德国先进的职业教育理念开展双元制职业教育方面已经进行了多年的探索,先后建立 AHK 中德培训中心、"双元制本科健雄-同济"项目,出版双元制理论研究专著,建成全国最大的德国职业资格考试和培训基地,先后荣获江苏省高等教育教学成果特等奖和国家职业教育教学成果二等奖,在全国范围内形成了双元制职业教育人才培养的太仓品牌。

(五)服务"一带一路"

江苏围绕国家"一带一路"倡议,推动与政府、企业、院校、NGO (Non-Govermental Organization,非政府组织)等的多元合作,提升境外学历生培养、技术技能培训、师资培训、订单留学生培养水平,在探索推进国际合作特色化、多元化的道路上取得了丰硕成果。

1. 成立 "一带一路" 研究机构

为推动"一带一路"务实合作更为机制化、长效化,各高等职业院校相继成立研究院、职教集团、国际课程研发中心等机构,这些举措不仅有助于增强各方合作的持续性和稳定性,也将提升各方的"责任共担"意识,将"共商共建"引向深入。

如江苏海事职业技术学院服务"长江经济带"和"上海国际航运中心"建设,2017 年,学校在"政行企校"四方合作理事会的框架下,以港口与航运类专业为主体,与上海船员服务协会联合发起成立了"泛长三角港口与航运国际职教集团"。集团吸纳了丹麦马士基集团等近 10 家国际知名企业(院校)参与集团,致力于打造专业性、行业性、国际性、泛区域型的合作办学平台。

2. 开展国（境）外学历教育

在境外,江苏高职院校利用优质的教育资源和先进的管理水平,努力"走出去",在院校或企业中寻求合作机会,通过合作共建教学中心等方式,为周边国家培养当地经济发展亟须的技术技能人才。通过建立海外分校,进一步丰富"一带一路"国家职业教育的供给,促进优秀教育资源"走出去"。

3. 扩大国（境）外培训规模

"一带一路"倡议带来了新一轮的全方位开放,校企合作育人面临新的发展机遇和挑战。江苏高等职业院校通过开展学历教育、员工培训为企业培养具备较高汉语水平、较强技术能力、熟悉中国企业文化的技术技能人才,为"走出去"的企业提供职业教育服务,打造江苏职业教育品牌,服务"一带一路"建设和国际产能合作。江苏建筑职业技术学院服务中鼎国际工程集团、华新水泥集团、徐工集团等"走出去"企业,携手建设海外实习基地,设立教师海外工作站,定期开展技术培训和订单式服务。通过选派优秀师资,常年赴分校和中心教授汉语课程,帮助合作院校开发新专业,先后为柬埔寨、老挝5所高校培养电子商务和物流管理师资50多名,培训当地在华企业员工超过5 000人次。

4. 输出专业、课程标准

如前所述,江苏高等职业院校通过多方共同开发国际水平教学标准,有效地输出了中国优质课程标准和专业标准,更好地服务了中国走出去企业和"一带一路"沿线国家。

在上海教科院和麦可思研究院发布的《中国高等职业教育质量年报》中,2017—2019年,高职院校"国际影响力50强"中江苏表现抢眼,数量从14所上升到19所,占比从28%增长到38%。江苏不是单纯的数量递增,而是动态调整式的数量上升。2017年50强院校中有1所院校在2018年落选,到了2019年又有1所落选;而2018年新进50强院校中也有1所在2019年落选,内部竞争激烈。

三、江苏高等职业教育国际化发展政策

(一) 职业教育国际化发展政策

2010年,根据国家关于深化教育体制综合改革的总体部署,江苏成为全国"完善留学生培养体制机制,扩大留学生规模"的四个试点省份之一。江苏将来华留学生教育纳入高等教育改革发展的总体规划,留学生教育的规模、质量、结构均列为高等教育国际化和现代化的基本指标,并先后出台一系列鼓励和支持高校包括高职院校招收留学生的政策,比如制订"留学江苏"行动计划、遴选留学江苏目标(培育)学校等,极大地鼓励了高职院校招收留学生的热情。2014年,在江苏高职院校就读的来华留学生仅有1 051人,其中学历生322人;到2018年,在校留学生已达8 353人,其中学历生有6 187人,四年分别增长7倍和18倍。2018年,全国高职全日制来华留学生的规模为17 000人,江苏高职院校的留学生规模在全国占比达到49%,学历生占比为74%,江苏留学生支持政策成效明显。

2017年9月,江苏省人民政府办公厅印发《江苏高等职业教育创新发展卓越计划》(苏政办发〔2017〕123号),指出江苏高职院校要着眼世界一流,提升国际化水平。适应国家开放大格局,积极参与国际教育分工。依托高水平高职院校、骨干专业,重点建设一批留学江苏目标高职院校。探索高职院校中外合作办学新模式,重点建设50个高水平示范性中外合作办学专业和一批优质课程、实训基地。开展技术技能人才培养中外合作课程改革试点,着力引进国际先进的职业标准、专业课程、教材体系和数字化教育资源,推动专业核心课程与国际通用职业资格证书相衔接。加强教师交流、学生交换、学分互认,支持师生海外学习、实习和工作。服务国家"一带一路"倡议,依托中国-东盟国家职业教育合作对话会等平台,探索校行企联合"走出去"新模式,建立境外职业人才培养培训基地。鼓励高职院校参加世界技能大赛。

2020年7月,江苏省教育厅印发《江苏省职业教育质量提升行动计划(2020—2022年)》(苏教职〔2020〕6号),指出要打造国际化平台,提升开放办学水平。实施江苏职业教育"郑和计划",建设江苏高职院校"一带一路"培养合作联盟。加强与世界职业教育发达国家的合作交流,建设若干职业教育国际合作交流平台,推动建设一批职业教育国际合作高质量项目。服务江苏企业"走出去",在境外建立一批职业教育办学机构,面向国际推

广江苏职业教育专业教学标准和核心课程标准。鼓励职业院校在境外开展学历培养、师资培训、员工培训等。

（二）高等职业教育国际化项目建设

"十三五"期间，在高等职业教育层面，江苏主要开展了中外合作办学专业、中外合作办学示范性建设工程、留学江苏优才计划、外国留学生英文授课省级精品课程等项目申报与建设工作。

2014年，为贯彻落实《留学江苏行动计划》，提升高校教师英文授课能力，江苏省教育厅启动省高校外国留学生英文授课精品课程建设，制定《江苏高校外国留学生英文授课省级精品课程评定指标体系》，要求课程负责人设立课程支撑网站，提供该课程的课程介绍、教学大纲、教学计划、教学队伍、授课教案与习题、实践（实验、实训、实习）指导、参考文献等材料，增加上网授课视频录像，实现全程授课视频上线，并加强课程资源共享。同时，为推动英文授课精品课程建设和维护，教育厅制定了《江苏省外国留学生英文授课精品课程建设经费使用办法》，对各项目高校开展经费绩效评价和检查工作，了解核实资金的预算执行、资金使用效益和财务管理等情况。2020年，江苏省评出外国留学生英文授课精品课程300门，其中高职课程45门，占比为15%，涵盖智能制造、农林农牧、文化旅游等领域。

2015年12月，江苏省教育厅印发《江苏高校中外合作办学高水平示范性建设工程实施方案》（苏教外〔2015〕89号），旨在依据国家及省中长期教育改革和发展规划纲要的要求，进一步加强中外合作办学内涵建设，推动全省高校整体办学水平提升。2016—2018年，江苏连续3年共遴选了67个中外合作办学机构和专业项目作为省中外合作办学高水平示范性建设工程培育点，其中高等职业教育项目14个，占比为20.9%，如表6-5所示。2020年8月，省教育厅公布江苏教育对外开放质量提升工程项目评定结果，其中仅有4个高等职业教育项目成为省高校中外合作办学高水平示范性建设工程，入选率为28.6%。本科教育项目培育单53个，46个成为省高校中外合作办学高水平示范性建设工程，入选率为86.8%。高等职业教育中外合作办学与本科层次教育相比，仍存在不小的差距。

表 6-5 江苏高职院校中外合作办学高水平示范性建设工程培育点

序号	项目名称	批次
1	南通职业大学与加拿大道森学院合作举办建筑工程建筑专业专科项目	第一批
2	南京旅游职业学院与澳大利亚威廉·安格里斯技术与教育学院合作举办酒店管理专业高等专科教育项目	第一批
3	南京科技职业学院与加拿大道森学院合作举办数控技术（机械工程技术）专业专科教育项目	第一批
4	无锡职业技术学院与美国皮特社区学院合作举办机械制造与自动化专业专科合作办学项目	第一批
5	无锡职业技术学院与丹麦国际商业学院（科灵）合作举办市场营销（营销管理）专业专科教育项目	第二批
6	江苏经贸职业技术学院与澳大利亚高登职业技术学院合作举办会计专业专科教育项目	第二批
7	常州信息职业技术学院与韩国明知专门大学合作举办电气自动化技术专业高等专科教育项目	第二批
8	苏州市职业大学与澳大利亚启思蒙职业与继续教育学院合作举办机电一体化技术专业专科教育项目	第二批
9	苏州市职业大学与澳大利亚启思蒙学院合作举办会计专业专科教育项目	第二批
10	扬州工业职业技术学院与澳大利亚西南科技和继续教育学院合作举办会计专业专科教育项目	第二批
11	扬州工业职业技术学院与韩国木浦科学大学合作举办建筑工程技术专业专科项目	第二批
12	南京工业职业技术学院与美国纽约州立大学科贝尔斯基尔农业与技术学院合作举办物流管理专业专科教育项目	第三批
13	南京铁道职业技术学院与俄罗斯圣彼得堡国立亚历山大一世皇帝交通大学合作举办铁道交通运输管理专业专科教育项目	第三批
14	无锡职业技术学院与澳大利亚昆士兰布里斯班 TAFE 技术学院合作举办计算机网络技术（网络信息工程）专业专科教育项目	第三批

2017年12月，江苏出台实施《留学江苏优秀人才遴选计划》，鼓励高校申报科技创新型人才培养、行业精英人才培养和高技能人才培养三类项目，旨在服务"一带一路"建设，遴选和培养国家急需的杰出来华留学人才，积极服务国家和我省"一带一路"建设布局中的人才需求与"一带一路"沿线国家本土化人才的培养需要。其中，高等职业院校申报高技能人

培养项目，旨在对接国家大型企业、国外政府及机构，采用订单班的培养模式，立足于培养本土化的高水平技术人才，立项高技能人才培养项目20个，如表6-6所示。

表6-6 2018年留学江苏优秀人才遴选计划高技能人才培养项目名单

序号	院校	项目名称
1	江苏农林职业技术学院	园林技术专业留学江苏项目
2	南京科技职业学院	校企合作工程类专业现代学徒制印尼项目
3	江苏农牧科技职业学院	印度尼西亚园林技术专业人才培养项目
4	扬州工业职业技术学院	中核华兴建工学院建筑工程技术专业优秀高技能人才培养项目
5	南京工业职业技术学院	"一带一路"沿线国家优秀高技能电子信息人才培养
6	常州信息职业技术学院	软件技术科技创新人才培养项目
7	江苏医药职业学院	"一带一路"沿线国家卓越护士培养项目
8	南通职业大学	建筑工程技术专科项目
9	常州轻工职业技术学院	"校企协同"国际化酒店管理专业高技能人才订单培养项目
10	无锡职业技术学院	嵌入华为ICT学院"云网融合"计算机网络技术专业人才培养
11	江苏建筑职业技术学院	老挝"供用电技术"高技能人才订单培养
12	常州机电职业技术学院	"双主体"培养农机应用技术高技能人才项目
13	江苏经贸职业技术学院	江苏兴达泰国分公司市场营销专业泰国留学生订单培养项目
14	南京铁道职业技术学院	南铁院—中航国际埃及铁路人才订单培养项目
15	苏州市职业大学	先进制造技术国际化人才培养项目
16	常州工程职业技术学院	中缅机电一体化技术优才培育计划
17	江苏工程职业技术学院	道路桥梁工程技术高技能人才培养国际学生项目
18	无锡商业职业技术学院	服务海外中资企业，订单培养工商企业管理人才
19	南京信息职业技术学院	基于"阿斯大学南信中邮建学院"三方联合培养网络与通信工程师
20	江苏食品药品职业技术学院	中国烹调工艺高技能人才培养项目

2020年4月，江苏启动高校中外校群合作项目建设，旨在统筹整合全省高等教育对外开放渠道和资源，聚力拓展与重点目标国家地区及领域的合作交流，完善顶层设计，优化工作机制，发挥高校主体作用，激发高校办学活力，切实提高服务现代化教育强省建设的能力和水平，促进全省教育对外开放提质增效。根据国家及省教育厅对外开放目标任务，结合省教育厅对外合作交流工作基础及发展规划，首批高校中外校群合作项目确定为"江苏-英国'20+20'高水平大学合作联盟"等4个本科高校合作项目，"江苏高职院校'一带一路'人才培养合作联盟"等3个高职院校合作项目。每个联盟确定轮值主席单位、秘书处单位，牵头研究校群平台建设工作思路，制订三年规划，明确目标任务及推进合作交流重点举措。省教育厅对启动实施校群合作平台建设的相关高校给予一次性奖补，并将逐年对各校群合作平台建设情况进行绩效评价，评价结果纳入项目奖补考核。

2021年5月，江苏启动"十四五"期间教育对外开放质量提升工程，开展重点专项建设，旨在贯彻教育部等八部门《关于加快和扩大新时代教育对外开放的意见》，落实全国和全省教育外事工作会议精神，加快推进高层次国际化人才培养、高水平国际科研合作和高质量对外合作交流，推动全省教育对外开放提质增效。项目引导支持高校依托优势特色专业开展中外合作办学、中外学分互认、学位互授联授，推动一线教学科研人员参与国际合作交流，加快具有全球视野的高层次国际化人才培养，重视"一精多会、一专多能"国际化复合型人才、"一带一路"建设急需的懂外语的专业技术和管理人才培养，加强优秀外国留学生的招收和培养，提升我省高等教育人才培养的国际竞争力。8月，省教育厅办公室公布江苏省"十四五"首批高校国际化人才培养品牌专业建设项目名单，总计50个专业入选，其中15所职业院校各获批1个专业建设项目，如表6-7所示。

表6-7　江苏省"十四五"首批高校国际化人才培养品牌专业建设项目（职业教育类）

序号	学校	专业名称	专业带头人
1	南京工业职业技术大学	机电一体化技术	王晓勇
2	江苏经贸职业技术学院	大数据与会计	刘正兵
3	南京信息职业技术学院	现代通信技术	王文轩
4	江苏海事职业技术学院	航海技术	丁振国
5	无锡职业技术学院	数控技术	唐立平
6	常州机电职业技术学院	电子商务	张瑞夫

续表

序号	学校	专业名称	专业带头人
7	江苏工程职业技术学院	现代纺织技术	隋全侠
8	江苏航运职业技术学院	轮机工程技术	王 琪
9	江苏农牧科技职业学院	畜牧兽医	陶 勇
10	南京交通职业技术学院	现代物流管理	姜 军
11	南京科技职业学院	精细化工技术	何学军
12	苏州市职业大学	机电一体化技术	陈 洁
13	苏州卫生职业技术学院	康复治疗技术	肖 波
14	苏州工业园区服务外包职业学院	商务管理	戴 军
15	江苏医药职业学院	护理	孙海燕

第三节 江苏高等职业教育国际化发展对策

2020年11月，习近平总书记在江苏考察，对江苏提出了在改革创新、推动高质量发展上争当表率，在服务全国构建新发展格局上争做示范，在率先实现社会主义现代化上走在前列的要求，这是为江苏高质量发展作出的重大战略指引，也是谋划推动江苏职业教育发展的根本遵循。

当前，职业教育的重要性已成为社会共识，但囿于传统人才观念的限制和低层次办学、"断头教育"等观念的误导，职业教育整体上仍处于"叫好不叫座"的境地。因此，职业教育需走实、走好符合自身特点的"内涵式"发展道路，方可实现高质量发展，切实提升职业教育在教育领域的竞争力和对大众的吸引力。江苏高职教育的国际化就其预期目标而言，主要是为了能够通过积极借鉴吸收国外先进的办学理念、人才培养模式和教学资源等，不断完善优化自身的办学要素，从而提升人才培养质量，满足企业对复合型、创新型并具有国际化素养能力的技术技能型人才。

2020年7月，江苏省职业教育质量提升行动计划（2020—2022年）指出，江苏将积极打造国际化平台，提升开放办学水平。实施江苏职业教育"郑和计划"，建设江苏高职院校"一带一路"培养合作联盟。加强与世界职业教育发达国家的合作交流，建设若干职业教育国际合作交流平台，推动建设一批职业教育国际合作高质量项目。服务江苏企业"走出去",在境外建立一批职业教育办学机构,面向国际推广江苏职业教育专业教学标准和核心课程标准。鼓励职业院校在境外开展学历培养、师资培训、员工培训等。为实现上述目标,江苏应通过制定各种相应的政策、办法来推动全省高职教育向着全方位、多层次、宽领域、高水平的国际化办学方向稳步前进。①

一、加强统筹规划与布局,增强国际化研究及办学成果宣传

推进江苏高职教育的系统化发展应该充分把握国际化发展内在各要素之间的相互逻辑关系,相关政府部门应该根据江苏高职教育国际化发展的现状进行统筹规划与布局,并协调相关影响因素,积极引导江苏高职教育国际化发展的路向,并提供相应的保障措施,从而推动江苏高职教育国际化的稳步推进。深化职业教育"放管服"改革,给予江苏高职院校国际化创新发展的办学自主权,增强学校办学的内生动力,充分激发广大高职教师教书育人的积极性创造性。加大对高职教育国际化的研究工作,建立省级层面的高职教育国际化研究中心,加强科学研究,为江苏高职教育国际化政策的制定提供科学依据。除此之外,还应加强舆论宣传,对于那些在高职教育国际化领域做出突出办学成效的院校要加大舆论宣传,对其经验在全省层面进行宣传推广。

二、深化中外合作办学项目,坚持战略引领、高端合作

作为与经济社会发展联系最为密切的教育类型,高职教育中外合作办学专业的设置应以服务国家战略、促进产业升级、助力企业发展为导向,以引进、借鉴国外优质职业教育资源为路径,以从引进资源到输出资源为目标。

江苏高职教育位列全国职业教育的第一方阵,江苏高职院校首先应主动对接国家发展战略,如依据《中国制造 2025》等政策文件中强调的"先进制造业""战略新兴产业"等相关专业开展合作办学,服务新时期江苏经济高质量发展。其次,高职院校发展定位各有不同,办学各具特色。在选择外方合作对象时,院校应从区域发展需求和自身办学特色出发,主动评估外方合作院校或机构的资质、办学优势及在业内的影响力,与高水平院校开展

---

① 张海宁. 基于八维结构的高职教育国际化发展现状及对策研究:以江苏为例[J]. 中国职业技术教育, 2019(13): 74-79.

"补缺型"合作。明确办学的目的是借鉴吸收优质资源，补齐自身发展短板，夯实学校办学实力，而非完成某项指标，或某个体的主观意志，做到宁缺毋滥。制定学校"优质资源"的认定标准，严把资源引进的质量关。提高优质资源转化率，从运行机制、实施过程、评价反馈、制度保障等方面建立资源本土化建设保障体系。再次，丰富办学形式，开展专本衔接项目试点，探索"2+2""3+1"等跨国分段培养模式，构建专本衔接课程体系，形成人才培养的"立交桥"，切实解决高职院校中外合作办学招生难，办学难以为继的现象。最后，作为中国高职教育的门面担当，江苏的特色高水平高职学校应积极与世界知名的应用技术大学合作举办合作办学机构，特色高水平专业群应依托核心专业与海外高水平应用技术大学合作举办合作办学项目，积极践行合作办学的示范引领和辐射作用，引领高职中外合作办学高层次、高水平、高质量发展。省级教育主管部门应根据国家产业结构的升级和人才需求的变化，推动建立海外优质院校信息平台，指导高职院校从国别选择、办学规模、专业设置等方面选择外方合作院校。针对中外合作办学区域发展不平衡、专业结构不合理等问题，利用政策调控优化高职合作办学区域、层次、专业的整体布局。

三、推动境外办学服务国家战略，坚持顶层设计、质量办学

高职层次境外办学是在国家构建"人类命运共同体"的倡议下应运而生，与国家层面的对外援助战略密不可分。教育主管部门可统筹部署江苏高职院校境外办学，协调教育、外事、商务、文化等部门资源，形成职业教育援外合力。同时，引导高职院校在中资企业海外业务量大，或企业急需开拓业务并具备良好市场潜力的国家和地区办学，取得良好的办学效益和示范效应，带动省内相关院校共同"走出去"。

作为境外办学的主体，高职院校首先应将自身"走出去"的需要和职业教育援外服务结合起来，服务国家开放发展大局和省域经济发展格局，如无锡商业职业技术学院与红豆集团联合申办柬埔寨西哈努克港工商学院，助力中柬国际产能合作园区建设。其次，遵循《高等学校境外办学指南（试行）（2019年版）》文件精神，从招生与学籍、教学质量评估、跨文化管理、风险管理等方面规范境外办学流程，保障办学各方的合法权益。再次，打造中国境外办学国际品牌。如天津市高职院校在亚非欧三大洲16个国家建成了17家鲁班工坊，形成鲁班文化、鲁班标准、鲁班制造为特色内涵的职业教育

境外办学知名品牌。江苏高职院校应以此为借鉴，树立品牌意识，打造和丰富"郑和学院""郑和中心"等江苏职教品牌的内涵，注重境外办学人才培养的成效，全力实施品牌战略，发挥集群效应。

四、加强校企国际化合作，助力企业优质产能"走出去"

国际产能合作是国家推进"一带一路"倡议，推动形成全面开放新格局的重大战略，是我国融入国内国际大循环的重要路径。职业教育要助力国家优质产能走出去，主动发掘和服务"走出去"企业的需求，培养具有国际视野、通晓国际规则的技术技能人才和中国企业海外生产经营需要的本土人才。可见，技术技能人才是我国参与国际产能合作的促进要素，本土技术技能人才培养是高职院校服务国际产能合作的重要契机。

江苏高职院校要建立校企协同机制，培育具备国际竞争力的复合型人才。要调研分析省内"走出去"企业的人才需求，明确人才培养规格，校企共建国际化协同育人平台。基于平台实施专业结构调整、教学模式和标准改革等，如整合相关专业组建与"走出去"企业海外业务需求相契合的专业群，如整合智能制造、电子信息、电子商务等专业的智能制造服务专业群，整合电子商务、商务英语、物流等专业的数字贸易服务专业群等，实现人才培养和企业需求的精准对接。将学生赴实习作为平台建设的重要内容，通过给予学生实习实践的机会，使其了解企业的技术工艺、生产管理和企业文化，为高质量就业打下基础。此外，校企举办国际技能大赛，促进中外学生和全球工匠的技术技能技艺交流，互学互鉴，共同进步。

此外，校企在境外合作，开展企业海外员工技能培训。教育"走出去"极易受到目的国政治、经济、文化差异和两国关系的影响，存在许多不确定性。"走出去"企业在目的国摸爬滚打多年，熟悉目的国的整体社会情况。高职院校与职教联盟内企业协同"走出去"，可有效避免教育跨国流动的壁垒，降低境外合作风险。校企境外合作依据"谁受益、谁投入"的原则，基于校企各自的优势明确双方的责、权、利。在海外共建培训基地，学校提供课程、师资等软资源，企业提供场地、设备、资金等硬资源，通过"订单班""学徒班"等项目，实现"招生即招工，招生即就业"，加速企业人才，尤其是一线操作技能人才的培养速度，对海外人才来华学习，成为企业的中高层管理干部人才形成了有益的补充。此外，在技能培训中融入中国传统文化、劳动教育、工匠精神等，实现海外人才的中国认同，助力人类命运共同体建设。校企境外合作要遵循适应性、有效性和融合性原则,因地制宜,入乡随俗,开设与企业和当地社会经济发展需求相适应的专业,准确办学和人才培养定位。

国务院《关于推进国际产能和装备制造合作的指导意见》(国发〔2015〕30号)明确"企业主导、政府推动"是国际产能合作的基本原则。企业是参与国际产能合作的主体,是连接职业教育和社会经济发展的重要载体。政府是企业参与国际产能合作的"推动者",应架起校企合作的桥梁,实现企业和高职院校信息共享、需求对接、优势互补。江苏教育主管部门应牵头搭建职教联盟,推动办学实力强、有"走出去"基础和经验的高职院校依托联盟建设"郑和学院""郑和中心",引导一般高职院校依据自身办学特色,重点选择"一带一路"沿线相对固定的区域搭建教育平台,开展稳定合作。同时,推动校企、校企行建立协同发展机制,各方全程参与国际化人才培养。

五、输出以标准为核心的职业教育成果,扩大中国职业教育国际影响力

职业教育"走出去",核心是职业教育办学模式和职业标准"走出去"。职业教育标准是职业教育领域内可量化、可监督、可比较的统一规范和技术要求,是一个国家教育标准体系的重要组成部分。长期以来,我国职业教育国际化活动以引进并学习借鉴西方职业教育发达国家优质的教学资源、标准和管理经验为主,输出本国成果并被别国认可及采用的成果较少,呈现出较明显的单向性特征。

江苏高职院校要参与教育领域国际标准研讨活动,发挥院校,尤其是交通、农业类特色院校担任国际(教育)联盟中方负责人或协调员的作用,对外大力推介我国高铁、农林农牧类等职教标准。如江苏农牧科技职业学院2018年牵头成立国际农牧业高等职业教育联盟,40个国家和地区的139所高等职业院校、农牧企业、研究机构加入联盟,学院成为联盟理事长和秘书长单位,先后主办了国际农牧业高等职业教育联盟峰会。南京铁道职业技术学院为欧亚交通高校国际联合会副主席及中国轨道交通应用技术人才培养联盟主席单位,2015年至今先后主办了第八届欧亚铁路院校国际研讨会和"中俄交通大学校长联盟-中国轨道交通应用技术人才培养联盟"成立大会。两校均积极利用联盟负责单位的角色,输出我国职业教育标准。2020年,两

校对外开发并被国（境）外采用专业教学标准、课程标准数为8个、40个和7个、135个。

江苏高职院校要主动参加国际标准组织技术机构并承担有关职务，提升江苏高职教育在国际标准制定工作中的话语权。对目的国机构或院校人员开展标准解读和培训工作，通过配套集音视频、图片、文本等数字化资源为一体的在线开放课程，助力标准"走出去"并真正"走进去"。在境外建立基于中国职业教育标准打造的人才培养基地，中国标准贯穿于援外职业培训的始终，筑牢标准"走进、走深、走实"的根基。通过与外方合作办学、主办职业教育交流活动、参与世界教育大会、校长论坛等多元化的国际合作实践载体，增进与其他国家间的文化互信，促进民心相通，顺利推动职业教育成果"走出去"。此外，改革教育激励和评价机制，将国际化建设相关成果纳入教师的考评体系，给予职称评聘、经济补贴等优惠政策，激励教师积极参与国际化工作。

江苏教育主管部门应认识到标准在职业教育国际化中的作用以及标准输出的意义，成立省级层面的教育标准领导工作小组，布局职业教育标准输出战略。组建"一带一路"智库，聚焦"一带一路"沿线国家的职业教育、法律法规及教育"走出去"的风险防范等研究，为高职院校输出标准提供指导和保障。建立由省、市级教育主管部门牵头，依据区域职教特色，由熟悉标准研究制定的专家、"走出去"行业企业的管理者、一线教师、外事人员等组成的标准建设工作小组，明确对内对外工作机制，统筹标准的制（修）定、输出和质量监管工作。做好标准的多语种文本翻译工作，扩大受众市场。此外，积极构建全方位、多维度、广渠道的立体化宣传格局，对外展示江苏职业教育标准及发展成果。

六、增加国际化经费投入，推动区域间国际化发展均衡化

调研发现，当前江苏各高职院校在国际化发展上的经费投入已经很难紧跟江苏高职教育国际化发展的步伐，而且各个院校之间在经费投入上的差距存在着逐步扩大的趋势。因此，应发挥政府在经费投入上的主体作用，调整和优化政府公共教育投入中高职教育国际化经费投入的比例。逐步建立完善多元经费投入机制，引导鼓励经费投入有困难的地区和院校多渠道融资，吸收各类社会资本对高职教育国际化项目的投入，尤其是要加强与"走出去"企业的合作，形成多渠道经费保障机制。高职院校要在进行项目可行性论

证、绩效分析等充分调研的基础上编制国际化工作预算，制定资金管理办法，做到钱与事相结合、任务与考核相结合，提高资金使用效率。

七、完善国际化保障体系建设，夯实高职教育国际化持续建设能力

充分结合当前江苏高职教育国际化发展的阶段、重点和特色，制定具体的实施细则和地方法规、政策，实现国家战略举措在高职院校的深入贯彻落实。建立全省层面的信息管理平台和共享机制，实现院校间优质资源共享，办学优势互补。构建江苏高职教育国际化发展的质量评价体系，明确该评估体系建立的宗旨不是为了评出"三六九等"，而是为了能够在实际"证据"基础上，对被评估院校国际化发展过程中出现的问题进行"诊断"，并会同院校、专家、政府等利益相关者为院校国际化发展方向及战略进行"开方"。在评估主体的构成上，应坚持利益相关者多元参与的原则，基于利益相关者相关性的高低，确定不同评估主体的评估权重及其评估作用。在评估指标体系的构成上，则根据高职教育发展的特色进行构建，将普适性和特殊性有机结合，根据被评估学校国际化发展的重点和阶段特征进行灵活处理。

从中外合作办学来看，院校要健全学校内部质量保障机制，应从专业设置开始，覆盖招生、课程教学、考核认证、毕业跟踪等整个办学过程。对现有中外合作办学进行定期复核与系统评估，及时公开办学专业设置、证书颁发、合作进展、运营效果等情况，避免低水平专业重复设置、为国外大学提供生源却无实质性合作等问题，规范办学秩序，保障办学质量。从高职境外办学来看，可参照中外合作办学质量保障监督评估体系，牵头建立省级高职境外办学评估制度，委托第三方机构对办学质量实施评估，对办学的各个环节都应有相应的规范性要求及检查制度，并通过及时的信息反馈制度，形成办学质量不断提升的良性循环。从职业教育标准"走出去"来看，建立标准"走出去"的评价体系，聚焦标准的质量建设评价和标准输出后的认可度评价。可参照高校中外合作办学质量保障实施意见，研究制定教育标准的质量认证和评价方案，由院校自主申请，认证结果由教育主管部门采信。

此外，完善涉外办学准入和退出机制，创新高职涉外办学评估模式，强化过程评估，增强评估的科学性和公信力。对优质教育资源引进不足、学生满意度低、办学活动难以持续的中外合作办学项目予以叫停，对无法有效服务中资企业海外人才需求、不能推动中外人文交流的境外办学项目予以淘

汰。规范办学退出过程，公开退出结果，妥善处理相关者利益，尤其要保障学生的利益。

服务经济社会高质量发展是职业教育的历史使命。江苏职业教育通过助力江苏制造、融入"一带一路"、服务扩大中等收入群体比重、打造技能型社会等，服务"强富美高"新江苏建设。进入"十四五"新发展阶段，江苏职业教育将努力践行"争当表率、争做示范、走在前列"的新使命和新要求，以增强适应性为主线，深化改革创新，进一步提升现代职业教育体系一体化发展、示范引领、高质量学生培养、融合发展、对外开放、自身治理等"六大能力"，不断提升人才培养水平。

为提升江苏职业教育对外开放能力，江苏高职院校应进一步增强国际合作交流适应性，推进人才培养国际化，并做好以下两个方面。一是主动对接服务江苏的重大国际工程，与企业"携手出海"，服务中国产品走向国际市场。实施"境外园区建设示范工程"，推进中阿（联酋）产能合作示范园、柬埔寨西港特区、霍尔果斯—东门经济特区等一批示范项目，深化与"一带一路"沿线和周边国家与地区的国际合作。与地方政府和行业企业联手，为江苏重大国际工程培养国际化技术技能人才、提供跨境技术服务。二是搭建职业教育国际合作交流平台。整合江苏优质教育资源，积极组织与承办世界性职业教育会议，为国际职业教育领域搭建相互尊重、平等协商的交流合作平台。组织江苏职业院校实施一带一路"郑和计划"，在符合条件的高职院校成立"郑和学院"，与区域内企业"组团出海"，努力满足"走出去"江苏企业对职业技术技能人才更高层次的需求。①

---

① 葛道凯. 职业教育在服务经济社会发展中提质增效［J］. 中国职业技术教育，2021（12）：21-26.

第七章
苏州市职业大学国际化办学探索与实践

苏州市职业大学是经江苏省人民政府批准、教育部备案，由苏州市人民政府主办的全日制普通高职院校，前身为创办于1911年的苏州工业专科学校。自1981年成立以来，秉承"勤、勇、忠、信"的校训，赢得了显著的社会声誉，成为区域品牌院校。学校有石湖、干将路、潭山和吏舍弄四个校区，占地面积840 000平方米，校舍建筑面积近50万平方米，馆藏纸质图书170余万册，教学科研仪器设备总值近3.9亿元。设有12个学院（部），现有涵盖理工、文史、艺术、师范、体育等科类共53个招生专业，普通全日制在校生15 000万余名。专任教师808名，其中正高职称80名，副高以上职称396名，具有硕士以上学位的教师占专任教师的80%；有省"六大人才高峰"培养对象3人，省"333高层次人才培养工程"培养对象19人，省"青蓝工程"培养对象43人，省级教学名师1人，省级优秀教学团队3个，省级科技创新团队3个。

学校以培养高素质技术技能型和应用型人才为己任，围绕地方产业发展重点和社会对紧缺人才的需求，深入推进教育教学改革，打造人才培养特色。现有教育部重点专业和教改试点专业3个，省高等职业院校高水平专业群2个，省高校品牌专业建设工程一期A类项目1个，省高水平骨干专业3个，省级品牌特色专业9个。省级优秀/精品课程8门次，省级优秀课程群1个，省高等学校精品教材9部，省重点教材17部，入选"十三五"规划教材7部，教师主参编各类教材400余部。

学校大力拓展校地校企合作，建有集教学、培训、服务于一体的校内综合实训基地90个，其中教育部职业教育实训基地建设项目1个、省级实训基地4个；积极与地方政府和部门开展人才培养、技术服务、文化研究等方面的合作，与上海华夏经济发展研究院、上海交通大学苏州人工智能研究院、同济人工智能苏州研究院等大院大所合作 8 个项目；牵头成立苏州市现代装备制造、现代光电、人工智能 3 个职业教育集团，与苏州一批著名企业和行业组织建有企业（行业）学院 21 个、校外实训基地 495 个。全方位、全领域、全过程校地合作、产教融合，呈现良好发展态势。

学校致力于技术技能的积累与服务，坚持将科技创新与培养造就创新型科技人才紧密结合，坚持知识创新、技术创新与成果转化、社会服务协同推进。学校建有 3 个省级工程中心、6 个省级研究所（基地）、10 个市级重点实验室（平台）。"十三五"期间，学校承担各级各类科研项目 777 项，其中承担或合作承担国家级项目 4 项、省部级项目 21 项；获省市两级科研成果奖 92 项，其中省部级科学技术进步奖 2 项，获省哲学社会科学优秀成果奖 1 项，授权发明专利 301 项。

学校积极服务地方经济社会发展，建有大运河文化品牌研究中心、吴文化传承与创新研究中心、石湖智库等研究院所，在多个领域为地方经济建设、政府决策和行业企业发展提供决策咨询并承担课题研究，为吴地文化传承保护、丝绸工艺传承与创新、苏州古城墙恢复重建、城市旅游竞争力评价、模具特色小镇创新发展等做出了重要贡献。

学校注重国际合作与交流，主动融入国家教育对外开放和江苏经济国际化战略，为企业"走出去"提供人才支持，积极助力国家"一带一路"倡议。围绕地方产业发展和人才需求，积极引进境外优质资源，与澳大利亚启思蒙学院、英国博尔顿大学、新西兰奥塔哥理工学院等国外高校，在共建专业、课程合作、教师交流、学生交换、学分互认等方面开展有效合作。与澳大利亚启思蒙学院合作举办的机电一体化技术专业项目、会计专业项目获评"江苏高校中外合作办学高水平示范性建设工程项目"。

学校与巴基斯坦吉尔吉特·巴尔蒂斯坦地区教育厅成立中巴经济走廊文化交流中心，开展两国教育与文化交流合作。在马来西亚建立"一带一路"产业学院，开设工业机器人技术专业学历来华留学生项目。与南非高等教育与培训部工业与制造业培训署（MerSeta）和文化艺术旅游体育培训署（CathsSeta）合作，为中国制造业和工程相关领域在南非的外驻机构培养技能和管理人才，学校与亨通集团、南非开普敦学院、南非中国文化和国际教育交流中心共建"中南非亨通智能制造学院"。"先进制造技术国际化人才培养项目"入选江苏省外国留学生优才计划高技能人才项目。学校为东南亚职业教育产教融合联盟理事长单位，中国职业技术教育学会 21 世纪海上丝绸之路职业教育研究会副主任单位，"中国-南非职业教育合作联盟"中方副理事长单位。

学校国际化办学得到了中外方领导和同行院校的肯定。苏州市领导对学校办学成绩做出肯定批示,巴基斯坦驻华大使纳格曼娜·阿拉姆吉尔·哈什米女士、巴基斯坦吉尔吉特·巴尔蒂斯坦地区领导人哈菲兹·哈菲祖尔·雷赫曼充分肯定学校校企协同培育巴基斯坦技术技能人才工作,南非工业与制造业培训署授予学校"南非高技能人才培养示范基地"称号。学校在中国职业教育创新发展大会、"一带一路"职业教育国际峰会上做经验推广与交流。自 2017 年以来,接待南非、巴基斯坦、印度尼西亚、柬埔寨等外方人员到校交流 150 余人次,国内 30 余所院校到校交流 200 余人次。

国务院新闻网站、学习强国、教育部中外人文交流中心官网,《中国教育报》《中国科学报》《新华日报》《苏州日报》等国内媒体,巴基斯坦《伊斯兰堡周报》、马来西亚《星洲日报》等境外媒体报道学校国际化办学 20 余篇,其中《苏州日报》整版报道学校海外技术技能人才培养 2 篇。学校国际化办学经验入选《江苏高等职业教育质量年度报告》江苏案例。学校与亨通集团、江苏圣祥林控股有限公司合作申报的成果《服务"一带一路"先进制造业技术技能人才的培养模式探索与实践》获 2020 年苏州市教育教学成果奖(高等教育类)一等奖。

第一节　开展中外合作办学,服务地方经济发展

作为江苏省内首批开展中外合作办学项目的高职院校,苏州市职业大学自 2005 年启动与澳大利亚对口院校的合作项目,至今已有 16 年的历程,先后与 3 所澳大利亚 TAFE 院校开展了 9 个专业的合作办学项目,培养了 1 796 名具备较好外语能力和较高专业水平的毕业生。

学校现有在办专业项目 3 个,在校生 377 人。其中,机电一体化技术专业与澳大利亚启思蒙学院合作办学始于 2010 年,先后引进澳方优质课程 26 门,开发本土化课程标准 39 份、课程 11 门,完成在线开放课程建设 16 门,立项江苏省重点教材和外国留学生英文授课课程各 1 门。截至 2020 年年底,项目共有 139 名毕业生获得澳方毕业证书,职业技能证书获证率 98%,就业率 100%,企业满意度 95% 以上。通过中外合作办学项目建设,专业打造了一支具有国际视野、双语教学和信息化教学能力强的团队,专业 21 名专任

教师均获得澳大利亚 TAE（培训和评估课程）四级证书。同时，通过迁移该专业成功经验，有效带动机电一体化技术专业群办学质量的整体提升。

会计专业与澳大利亚启思蒙学院合作办学始于 2012 年，专业面向苏州市地方经济与社会发展对复合型财会人员的需要，培养具有国际视野的新时代会计人才。截至 2020 年年底，项目已有 5 届毕业生，毕业生 237 人，获澳方毕业证书 189 人。毕业生获得职业技能证书率 95%，就业率 100%，企业满意度 95% 以上。合作办学推进了会计专业的教育教学改革，提升了师资队伍水平，对金融服务与管理、大数据与财务管理等专业发挥了引领示范和辐射带动的作用。

学前教育专业与澳大利亚坎根学院合作办学始于 2016 年，专业面向苏州市学前教育产业发展对高素质幼儿教师的需要，培养具有国际视野的幼儿教师。截至 2020 年年底，项目已有 2 届毕业生，毕业生 55 人，获得澳方毕业证书率 100%，职业技能证书率 100%，就业率 100%。目前已有近 20 位毕业生在国际幼儿园和双语幼儿园任教，为学校中外联合办学项目赢得了较高的社会美誉度。

一、工科、文科共建，语言、技能双收

学校自中外合作办学设立起就分别在工科、文科两大领域开办项目，注重跨学科、跨领域协同发展。工科领域的项目主要涵盖机电一体化技术、应用电子技术、计算机网络技术等专业，文科领域的项目则主要涵盖会计、国际商务、学前教育等专业。所有合作专业均在中外双方深入探讨、充分沟通的基础上设置课程，安排师资，最大限度地引入了外方先进的教学理念、专业知识和设施设备。项目内学生均在大一阶段强化雅思学习，夯实语言基础，在第一学年 6 月接受雅思语言能力测试，为今后的外方师资专业课教学做好充分的准备。由于专业技能扎实、英语优势明显，中外合作办学项目的毕业生深受欧美外资企业的欢迎。

二、合作质量共管，中外院校双优

自项目合作以来，学校高度重视办学质量管控，采取了中期评估、年度考核、各方评价等多种方式把控项目质量，对外方院校做到了择优合作，择优续签，从而在整体上提升了项目的吸引力和号召力，2020 年度学校文科最高分考生就花落合作办学会计专业。

与学校合作的澳大利亚启思蒙学院、坎根学院分别在 2019 年对学校开展了第三方质量评价,从师资配备、设施设备、教学管理、实践环节等多个方面,采用了档案查阅、现场观摩、师生访谈等多种方式评估了合作的 3 个专业,最后均给出了高分评价,确定了今后继续开展合作的意向。

中外双方"以评促建,以评促改",有效地提升了各自的办学质量,启思蒙学院荣获澳大利亚年度国家级优质大型培训机构和维多利亚省年度优质大型培训机构,并发来感谢信。

三、国际合作共谋,师生员工双赢

多年来,学校以合作办学为发力点,以国际交流为着力点,沿着国际合作的道路前行,积极推进办学国际化进程。

中外双方主要领导定期互访,共谋发展格局,共绘发展蓝图。在合作办学的基础上,学校与启思蒙学院先后启动了澳大利亚教师四级证书培训、《悉尼协定》框架合作及互派短期留学生项目。学校为启思蒙学院《悉尼协议》授权认证试点高校和坎根学院境外实习基地,完成了首批短期留学生互派计划。2020 年,双方签署了合作协议,确定了 IST 国际技能培训师(IST-TVET Trainer)中国培训中心的合作方案。

学校已有百余名教师前往澳大利亚培训,并获取了澳大利亚 TAE 四级资格证书,提升了全英文授课能力,为来华留学生的招收和培养奠定了坚实的师资基础。近年来,学校已接待了包括 10 名本科生在内的 39 名澳大利亚短期留学生来校交流,他们通过来苏学习生活,见证了中国发展,体验了传统文化,感受了江南风情。

附录1 江苏省中外合作办学高水平示范性专业建设案例

2017 年 7 月,学校中外合作办学机电一体化技术专业、会计专业被省教育厅确定为省中外合作办学高水平示范性建设工程培育点。学校成立中外合作办学高水平示范性建设工程实施领导小组,指导高水平示范性专业建设工作。立项以来,开展校教育对外开放质量提升工程项目建设推进会、中外合作办学项目建设推进会、外方专家质量控制评估会、专业和课程教学研讨会等活动数十次,深入研究项目在推进教育教学改革、提升师资队伍水平、培养国际化人才、发挥示范辐射作用等方面取得的成绩,同时,对照建设指标,查漏补缺,突破创新,不断完善建设成效,实现好中有优,优中有特。

2019年7月,两个专业通过省教育厅项目建设中期考核。2020年1月,专业核心课程工程制图与数字化表达入选2019年省高校外国留学生英文授课培育课程项目。2020年9月,两个专业被评定为江苏高校中外合作办学高水平示范性建设工程,全省仅有3所高职院校的4个项目入选。"工程制图"与"数字化表达"获评为江苏高校外国留学生英文授课省级精品课程。

下面以机电一体化技术专业为例阐释专业建设情况。

一、项目总体情况

机电一体化技术专业项目围绕专业建设和国际化人才培养,全面加强与澳大利亚启思蒙学院的合作,通过学习、借鉴TAFE先进职教理念,开展了深入的教育改革与实践;引进澳方优质教学资源并进行了本土化开发,特别是双语课程开发,满足了项目教学的需求;通过开展国内外中短期师资培养,打造了一支具有国际视野、双语教学和信息化教学能力强的团队;团队通过创新教学方法和手段,坚持专业技能和英语应用能力并重,培养了一批国际化技术技能人才。学校通过该项目建设,迁移成功经验,有效带动了其他专业办学质量的整体提升。同时,学校以此为基础,积极开展多种形式的国际合作办学,实现了"引进—借鉴—输出"的国际合作办学水平质的提升。因此,本项目顺利完成了既定目标,形成了区域协同、产教融合、创新培养和多元发展的"苏职品牌"。

(一)建立了体系完善、资源丰富的教学资源

3年来(指2017—2019年,下同),项目引进澳方优质课程26门,开发课程标准39项和本土化课程11门,编写校本教材31部。项目积极创建优质教学资源,有5门课程立项省级建设项目,1部教材立项省重点教材建设,4门课程获校精品在线开放课程。上述课程资源在面向本校学生开放的同时,还在来华留学生教育中得到广泛应用,3门双语课程被巴基斯坦职业教育管理部门采用。

(二)打造了一支具有国际视野的多元双优的混编教学团队

项目组建了一支由专任教师、外籍教师和企业兼职教师组成的教学团队。3年来,14名教师获得澳大利亚TAE四级资格证书,使教师团队具有TAE证书的比例提高到92%,7人参加国外高级访问学者进修或中短期培训,5人通过PETS5英语培训,36人次参加国培、省培、信息化教学培训和企业实践。团队教师已开出全英文授课课程10门,参加省级教学比赛获一等奖2项、二等奖4项、三等奖5项。

（三）搭建了国际合作交流平台，实现了"苏职教育"的输出

学校与国内外政、行、企、校搭建了多个国际合作办学交流平台，成为《悉尼协议》认证试点高校。在开展中澳合作办学的同时，还积极开展"一带一路"留学生教育，并被南非工业与制造业培训署授予"南非高技能人才培养示范基地"称号。

（四）积极开展教育教学研究与改革，提升了专业建设水平

项目研究学习澳洲TAFE职教模式和《悉尼协议》，积极开展教育教学改革与实践，促进了专业发展，提升了专业水平。专业先后申报立项了省高水平骨干专业、省"留学江苏"优才项目、省教学创新团队和省产教融合集成平台项目，申报各类教改课题12项。获得了苏州市教学成果一、二等奖，优秀新课程和优秀教学团队的荣誉。

二、项目建设成效

（一）推进教育教学改革

1. 深化产教融合，创新专业共建模式

产教融合、校企合作是高职教育发展的必由之路，深化产教融合是提升专业内涵建设、提高应用型人才培养质量的关键所在。专业依托由学校牵头成立的苏州现代装备制造职业教育集团，持续深化产教融合，建机制、搭平台，全方位推进"引企入教"，形成了政、行、企、校多主体专业共建模式，校企协同育人不断深化，专业共建得到不断提升。学校先后与苏州工业园区产业工程师（技师）协会、苏州三星电子液晶显示科技有限公司合作成立"三星科技大学"，三方围绕智能制造产业，在现代学徒制基础上开展机电专业新型学徒制联合人才培养试点项目，培养高技能人才。与深圳市汇川技术股份有限公司共建"苏州市职业大学汇川联盟学院"，共建"双师型"教师培养培训基地，共同开发智能控制技术专业资源库。

2. 对接国际标准，优化专业标准

机电专业通过研究分析澳大利亚TAFE课程包，深入把握"工业4.0"和"中国制造2025"智能生产核心技术要求，围绕苏州及周边地区制造业尤其是智能制造产业的发展趋势和区域特征，梳理国外机电专业的核心能力标准、课程体系框架、课程内容、课程教学特色等，同时融入工匠精神培养要素。依托职教集团、苏州市先进制造业工程师协会等，政、行、企、校共同研究优化了《机电一体化技术专业标准》。着力构建本土化的、适应"产教融合、协同育人"培养需要的柔性开放的课程体系，课程体系以澳方教学

资源包课程为主，同时增加中方必要的专业技能课程，既符合澳方授课标准，又兼顾国内专业设置、学生在国内就业技能需求的特殊情况。

3. 加大优质课程资源引进与开发力度，提升专业建设水平

项目依据中澳双方确定的课程体系，在双方项目负责人的共同努力下引进外方 26 门优质专业课程的教材、授课 PPT、讲义等教学资料，使学生不出国门即可享受到澳大利亚优质的职业教育。同时，项目教学团队在借鉴澳方课程开发理念的基础上，对其中 11 门课程进行本土化开发；与启思蒙学院合作完成 31 门引进课程的校本教材编写；完成了 16 门课程的在线资源建设，"工程制图与数字化表达""机械精度设计与检测""创业基础""机器人技术与应用"4 门课程入选江苏省高校在线开放课程立项建设，《PLC 应用技术双语教程》获江苏省重点教材立项，"工程制图与数字化表达"遴选为 2019 年江苏高校省级外国留学生英文授课培育课程，"机电设备 PLC 控制系统的组建与调试""机械精度设计与检测""实用创新方法概论"获评校精品在线开放课程，以上教学资源全部向本校学生开放。

（二）推进国际化人才培养

1. 发挥项目"技能＋英语"特色，培养具有国际视野的高技能人才

机电专业中外合作办学项目以培养懂机械、会电子、能控制、强语言，能适应苏州经济发展和智能制造行业需要，具有国际视野的机电类复合型、综合性人才为目标。项目贯彻澳大利亚先进职教理念，注重学生英语能力的培养。全部专业课采用英语教学，其中三分之一的专业课程直接由外教授课。项目自开展 10 年来，共招收学生 228 人，已毕业学生 119 人，其中 110 人毕业并取得了澳方高级文凭证书（Advanced Diploma Certificate），获证率达 92.4%。

2. 多渠道创建留学、游学通道，培养学生的国际视野

近年来，学校先后与启思蒙学院和英国博尔顿大学等全球 10 余所高水平大学建立了稳定的交流合作关系，签订了合作办学项目协议，确立了包括学生互换、学分互认和学历提升计划，为学生出国留学、游学提供了通道。积极鼓励学生参加国外访学、交流与学习，拓宽国际视野，培养跨区域、跨文化交流能力，提高综合素质与竞争力。为此，学校专门开设了雅思英语，聘请了专业外教，为学生出国留学和语言学习创造了良好的学习机会。3 年来，学校有百余名学生赴国（境）外参加竞赛、游学及留学。同时，学校每年接收 30 余名国（境）外学生开展基于学分互认的学期交流、跨国分段培养、文凭联授等模式的校级交流项目。通过学生间的互访交流，培养学生对

双语、多元文化的认知，开阔了学生的国际视野，拓展了学生的多元文化思维。

3. 参加国际技能大赛，展现中国职教风采

在国际技能大赛中取得佳绩不仅能反映一个学校的人才培养质量，更能反映一个国家职业教育的培养质量。学校在开展中外合作办学过程中，积极鼓励学生参与国际技能竞赛，走向国际竞技舞台。2017年，学校组织学生参加了第十届英国工程设计挑战赛，获得了中国赛区第一、第二名和最佳设计奖的好成绩。2019年，学校组织学生参加第三届金砖国家技能发展与技术创新大赛国内选拔赛，并在首届逆向工程技能大赛中荣获一等奖，最终代表国家队参加第三届金砖国家技能发展与技术创新大赛俄罗斯欧亚公开赛——逆向工程技能大赛，获得银牌。参加国际技能大赛，不仅为我们学习借鉴国际上技能人才队伍建设的先进经验提供了宝贵的机会，也为学校优秀学子展示才华创造条件，展现了学校人才培养质量，在世界舞台展现了中国职教风采，为推进我国国际化办学进行了有力宣传。

（三）提升师资队伍水平

1. 构建双师队伍发展思路，打造混编师资团队

具有国际竞争力的专业建设和国际化人才培养离不开一支具有国际视野、教育理念先进、双语教学和信息化教学能力强的专业教师团队。学校在创建中外合作办学高水平示范项目的同时，结合学校响应国家"一带一路"倡议，满足来华留学生办学需要，整体性、系统性地确定了高水平双师教学团队建设思路。即牢牢把握社会主义办学方向，按照"坚持一个引领、通过三大途径、建成一流队伍"的总体思路，稳步推进十五大任务，确保十类人员迅速成长为双师型高水平教师。2019年，机电专业教学团队获首批江苏省职业教育教师教学创新团队立项建设，由团队主要成员构成的"机械类专业创新教学团队"通过苏州高职高专院校优秀教学团队建设验收。

2. 健全双师培养体系，培养"三能型"师资团队

根据学校"专任教师双师素质提升计划"，制定团队教师专业实践管理办法，充分利用和发挥已签约共建的"苏州市职业大学-苏州汇川技术有限公司'双师型'教师培养培训基地""苏州市职业大学-苏州三星电子液晶显示科技有限公司'双师型'教师培养培训基地""苏州市职业大学-苏州明志科技培训'双师型'教师培养培训基地"等"双师型"教师培养培训基地，实施骨干教师提升工程，加强团队教师以专业实践应用能力为重点的培训。落实学校的《高级访问研修实施办法》要求，选派团队教师进入

"大院大所"进行高级访问工程师研修。通过多渠道培训锻炼,提高教师的实践能力和科学研究能力,加强对专业"新知识、新技术、新工艺、新标准"的学习,实现关键技术技能改进与创新,提升实习实训指导教学能力。3年来,专业新建教师培养培训基地6个,36人次参加了专业实践培训。

3. 加强教学能力建设,推进教学改革与创新

项目依托学校教师发展中心和智能控制技术国家资源库办公室,定期开展信息技术深度融合课堂教学的专项培训,学习先进的职教理论,提高课程开发能力和教学能力,提升团队教师信息化教育教学水平;积极组织团队教师参加与机电一体化技术相关的国培、省培或网培项目,有针对性地提升教师的专业教学能力。同时,鼓励教师开展课程建设、教材开发,参加各级各类教学能力大赛,推进专业教学改革与创新。

经过3年建设,团队立项省级课程建设项目5门,立项省重点教材建设1部。开发的4门课程获校精品在线开放课程。团队在教学改革中形成的"多主体、深融合、自适应机电一体化技术专业建设探索与实践"获苏州市教育教学成果二等奖。团队成员参加省职业院校教学大赛(省高校信息化教学大赛)获一等奖2项、二等奖2项、三等奖2项;参加省高校微课教学比赛获二等奖2项、三等奖3项。

4. 实施双语教学专项计划,提升教学团队国际化水平

通过安排专任教师赴澳大利亚、德国、美国等职业教育发达国家进行中短期培训和进修,特别是加大团队教师参加澳大利亚TAE四级资格证书培训力度,培养国际化课程标准开发能力;依托学校《悉尼协议》认证试点高校的有利条件,培养团队教师《悉尼协议》范式下的工程专业建设理念,推进专业国际化认证;支持和鼓励团队优秀教师赴国外研修、学习,参加国际学术会议,全面提高团队教师的国际视野;实施双语教学能力培训计划,提升团队教师国际化双语教学能力。同时,结合学校国际化发展需要,积极引进具有海外留学背景、熟悉国际先进职教理念、善教学、精技术的专业教师提升团队整体实力。另外,充分利用外籍教师资源,通过多种方式聘任教学能力强、专业素质高及职业技能强的外籍教师,与中方教师共同教研,共同开展国际化技术服务项目,形成由中澳教师共同组成的国际化教学创新团队。

3年来,专业师资队伍建设中,14人赴启思蒙学院交流培训并获得澳大利亚TAE四级资格证书,19人参加了由澳方教师授课的TAE40116证书继续教育培训,2人赴美国参加了为期一年的高级访问学者进修,5人参加了中青年骨干教师境外研修英语能力提升培训,引进了2位海外留学硕士。目

得到广泛应用，3门双语课程被巴基斯坦政府采用，有效助力了疫情态下巴方青年的在线学习。

实现教学资源共享的同时，专业把先进职教理念根植于师资队伍，提团队的职教理论水平和专业实践教学能力，带动了专业群的高质量发电气自动化技术专业省品牌A类项目建设、机电一体化技术专业省高干专业建设、数控技术专业校骨干专业建设等。学校为启思蒙学院协议》授权认证试点高校，对学校开展国际专业认证创造了有利条件，专业建设和人才培养质量评价与国际快速接轨。

借鉴成熟的国际人才培养模式，促进留学生项目快速发展

思蒙学院是澳大利亚维多利亚州政府投资的最大的职业教育培训机校每年有超过20个国家的约5万名来华留学生在校学习，学校国际培养经验成熟，模式先进。学校在全面深化与启思蒙学院中外合作办时，也学习、借鉴了启思蒙学院成熟的国际人才培养经验与模式。，学校主办"《悉尼协议》范式下中澳合作工程专业建设论坛"，来外近40所高职院校代表参与研讨，对促进各校专业建设和留学生培重要意义。2018年，机电专业申报的"先进制造技术国际化人才培"获批江苏省外国留学生优才计划高技能人才培养项目。目前，学校留学江苏优才项目、南非留学生项目在人才培养方案制订、课程体系课程资源开发等方面都成功将澳洲TAFE先进职教理念、课程资源有，为学校扩大留学生教育提供了宝贵经验。

六）打造国际交流平台

搭建国际交流平台，形成合作长效机制

校在加强与澳大利亚启思蒙学院全面合作、建设中外合作办学高水平项目的同时，坚持"引进来，走出去"的理念，广泛开展国际合作，际交流合作平台，如图7-1所示。

前，8位教师具备全英文授课能力，累计开设10门

（四）促进管理机制创新

1. 健全项目组织架构，明确各部门管理职责

针对中外合作办学项目，学校成立了中外合作办公室为项目归口管理部门，负责相关工作管理与教学安排与管理；教务处、学生处、财务处等部门及财务收支等工作。启思蒙学院国际部委派专人负赴澳学习事务。双方联合设立了合作项目协调小组人。双方分管外事副校长分别担任组长，负责项沟通。

2017年，为推进学校"十三五"事业发展规办学水平，学校成立国际学院，与外事办公室合署作办学。联合教务处、学生处、二级学院等优化学养与"一带一路"倡议对接度，为"一带一路"养出更多更优秀的、具有创新精神的应用型技术技

2. 完善管理制度，促进项目规范、有序运行

为规范学生教学和管理工作，学校制定了《苏管理规定（试行）》；为规范中外合作项目的教学业大学中外合作项目外方授课及助教工作职责》和归档要求》等文件；为促进监督考核机制，制定了作办学项目质量监督管理办法》；为规范教师赴《苏州市职业大学选派教师（管理人员）赴境外法》；为提升人才培养质量，学校设立了学生国际州市职业大学学生国际交流奖学金实施暂行办法》留学生奖学金评审办法》等文件。

（五）发挥示范辐射作用

1. 共享优质资源与先进职教理念，带动其他

机电一体化技术中外合作项目自2010年开始共享。尤其是自高水平示范项目培育点立项建设以更加显著。3年来，项目引进澳方优质课程26门，土化课程11门，编写校本教材31部。项目积极创课程立项省级建设项目，1部教材立项省重点教材在线开放课程。上述课程资源在面向本校学生开放

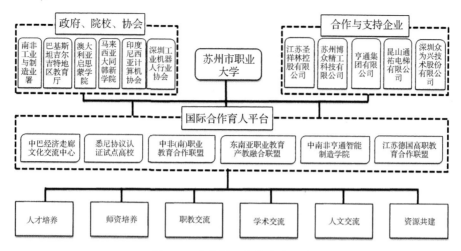

图 7-1 专业国际合作交流平台

学校成为"启思蒙学院《悉尼协议》认证试点高校",共同开展工程教育国际化的研究与探索;作为核心成员参与教育部中外人文交流中心、南非工业与制造业培训署合作成立的"中非(南)职业教育合作联盟",面向先进制造业开展针对南非大学生的中长期实训实习项目,学校、行业协会和企业联合开展人才培养;与巴基斯坦吉尔吉特地区共建中巴经济走廊文化交流中心,开展学术交流、留学生教育与文化交流等活动。与马来西亚大同韩新学院、马来西亚国际交流中心和深圳众为兴工业机器人公司成立"东南亚职业教育产教融合联盟",共建"一带一路"产业学院,开展工业机器人技术专业学历留学生项目。获批教育部中外人文交流中心"智能制造领域中外人文交流人才培养基地",为"一带一路"沿线国家提供国际化人才交流、职业培训、学历与技术技能提升等服务。

2. 开展来华留学教育,助力"一带一路"倡议

专业依托国际交流平台,联合有"一带一路"海外布局的合作企业在招生、培养和就业上加强合作,培养对中国有感情、理解中国文化、熟悉中国设备和技术标准的技术技能人才,为"走出去"企业提供支撑。2018年,机电专业申报的"先进制造技术国际化人才培养项目"获批省外国留学生优才计划高技能人才培养项目。

专业按照省高校来华留学生工作"提高质量、规范管理、完善政策、防范风险"的总体思路,将来华留学生育纳入人才培养规划,坚持规模与质量并举,不断提升学校来华留学生教育发展水平。截至2020年12月,学校累计培养一年期以上来华留学生220余人。其中,2019年招收学生63人。在

教育部严格规范来华留学生招生和管理工作的背景下，学校招生数量位居省同类院校前列，市同类院校第一。

3. 开展中外人文交流活动和国际职教论坛，推荐"苏职品牌"

2019年1月，教育部中外人文交流中心、南非高教部工业和制造业培训署联合成立中国—南非职业教育合作联盟，学校为中方副理事长单位。4月，举办中国—印尼高等教育合作研讨会，开展职业教育教学和人文交流机制研究，开展学历生教育、2+1合作办学、企业委托培训、师生交流等项目。10月，举办东南亚协同育人产教融合大会暨东南亚职业教育产教融合联盟成立大会，探索开展双边、多边联合办学，优质资源共享，共同探索和构建新的人才培养机制、管理理念和发展模式，培养具备广阔视野的高素质技术技能人才。学校为东南亚职业教育联盟理事长单位。

此外，学校还主办了中巴职业教育留学生项目研讨交流会、"熔合·原生"中巴青年艺术家交流联展等活动；参加了中澳项目年终总结会、中国职业教育创新发展大会暨"一带一路"与职业教育国际峰会、中巴经济走廊国际研讨会、第四届中国职业教育创新发展大会暨"一带一路职业教育国际峰会"等，签订多项合作备忘录，响亮地向合作国家、合作院校推荐"中国职教""苏职品牌"。

第二节　搭建对外交流平台，推动中外人文交流

随着"一带一路"倡议的实施，我国积极发展与沿线国家的经济合作伙伴关系，共同打造政治互信、经济融合、文化包容的利益共同体、命运共同体和责任共同体。江苏作为我国的经济大省，外向型经济发达，许多企业都有"走出去"的需求，具备专业技能的目的国人才需求较大。

在此背景下，学校结合自身办学特色和专业资源优势，主动融入国家教育对外开放和江苏经济国际化战略，与巴基斯坦吉尔吉特地区教育厅成立中巴经济走廊文化交流中心，与南非高教部工业与制造业培训署开展南非大学生实习实训项目，与马来西亚院校开办工业机器人学历生合作办学项目等，为"一带一路"沿线国家的发展培养人才，为中资企业在海外生产经营提供本土技术技能人力资源支撑，符合新时期国家推动职业教育走向世界，与世界共享融合中国高职教育模式的优势和经验，培养具有国际竞争力的应用型

人才的要求。

2013年5月，国务院总理李克强在访问巴基斯坦时提出中巴经济走廊（China-Pakistan Economic Corridor，CPEC）远景规划，旨在通过两国全方位、多领域的合作，进一步密切和强化中巴全天候战略合作伙伴关系。2014年5月，巴基斯坦政府从颁布《巴基斯坦2025愿景》（Pakistan Vision 2025），制订全面的战略计划来加快经济的发展。2017年5月，巴基斯坦高等教育委员会出台《高等教育2025愿景》，以更具战略性的雄心来继续推进高等教育改革的进程。在这一人才培养战略中，巴方意识到，中国高等教育机构将发挥重要作用。高等教育委员会期望通过与中国高等教育机构建立联合培养模式，打造智力合作桥梁，以创造性和建设性的方式将这一项目纳入高等教育委员会长期发展计划中。

依据国家《推动共建丝绸之路经济带和21世纪海上丝绸之路的愿景与行动》《"一带一路"文化发展行动计划》等政策文件，2017年3月，苏州市职业大学与巴基斯坦伊斯兰共和国吉尔吉特地区教育厅共同成立中巴经济走廊文化交流中心，承载学术交流，教育产业化培养与文化交流等重要职能，为"一带一路"沿线国家经济和社会发展提供人才培养支持。2017年3月31日和4月1日，中共江苏省委新闻网和国务院新闻办公室分别报道了中巴经济走廊文化交流中心的成立。同时，中心的成立也受到了巴方各界人士和媒体的广泛关注与报道。

一、多方合作，培养本土技能人才

吉尔吉特地区地处巴基斯坦北部，位于传统的丝绸之路上，中国贸易组织是当地最重要的经济组织。该地区职业教育相比巴基斯坦国内平均水平而言较为滞后，具有培训资质的、专业的职业技术院校极少，35岁以下的青年劳动力文化程度较低，技术技能人才严重匮乏。

在此背景下，中心成立至今，已为58名巴基斯坦学生提供奖学金，其中35名学生来自吉尔吉特地区。学校对符合招录条件的学生提供免学费的奖学金政策，吉尔吉特地区政府为学生承担诸如生活费和机票等费用。学生中有来自该地区中华烈士陵园守护者的后代，在烈士陵园里长眠着的在修建被称为"中巴友谊公路"的喀喇昆仑公路中牺牲的88位中国烈士。

学校依据吉尔吉特政府提出的该地区经济发展对技能人才的需求，安排学生学习机械制造类机电一体化技术专业，与巴方及江苏圣祥林控股有限公司在巴基斯坦企业及合作单位合作定制人才培养方案。以机电一体化技术专业与澳大利亚启思蒙学院合作办学为基础，借鉴吸收澳大利亚 TAFE 职业教育的办学经验和优势，引入澳方优质专业核心课程资源进行本土化建设，依据澳方 TAFE 课程包制定课程标准 22 门，编写 7 部校本教材，以此制订来华留学生专业教学计划和课程安排。2018 年 3 月，学校"先进制造技术国际化人才培养项目（机电一体化技术专业）"成功获批江苏省外国留学生优才计划高技能人才培养项目，入选该项目的大部分学生来自吉尔吉特地区。

一流的教学需要一流的师资队伍支撑。该专业 21 名专任教师赴澳大利亚培训，获得澳大利亚 TAE 四级资格证书。"机械类专业创新教学团队"获苏州高职高专院校优秀教学团队，"机电一体化技术教学团队"获江苏省职业教育教师教学创新团队，是一支能够开展全英文授课，通晓国际规则和来华留学教育的师资队伍。

中心重视校企合作，学生在毕业前的一学期赴各合作企业实习，优秀的学生留在企业工作。目前中心正就建设中巴人才储备信息库，在招生、培养、企业实习等各环节对学生进行跟踪性信息收集，为海内外企业人才的招聘提供科学化、系统化的信息库。同时，致力于完成中巴及中巴经济走廊沿线国家之间教育的样板化，以及课程内容、培训方式、学生毕业标准、技能等级的规范化和常态化，并在对学生的培养过程中逐步建立征信体制。以学校良好的课程教学质量、学生的就业率和薪酬打消巴基斯坦国内普遍存在的由于该国职业技术教育课程运作效率和教育质量都相对较低，认为职业技术教育所针对的对象是失败者和智商不高的人这样的偏见。

鉴于该项目取得的成绩和良好的示范性效应，2020 年，中心将继续资助吉尔吉特地区的 20 名优秀学生到校学习机电一体化技术专业。

二、文化驱动，开展中巴文化交流

践行"一带一路"倡议，要加强国家间"五通"，其中，民心相通是最深入、最长久、最基础的互联互通，也是衡量文明交流互鉴成果的重要指标，而文化交流则是促进民心相通最好的纽带。

中心举办"熔合·原生"中巴青年艺术家交流联展活动，展示巴基斯坦著名画家、中国青年艺术家的画作和雕塑，吸引了巴基斯坦各级政府及大使馆、领事馆的高度关注和支持；启动面向巴基斯坦游学与文化交流人员的"吴文化体验营"项目和针对巴基斯坦政府与龙头企业开展的语言和技能中短期培训项目；组织援巴烈属及老兵赴巴基斯坦祭奠中国烈士，向烈士纪念碑敬献花圈、花篮，寄托着祖国和亲人对英雄的无限哀思。

同时，沿"一带一路"及中巴经济走廊线路，在海内外开设以"中国—巴基斯坦"为主题的文化、艺术、贸易展销会，展出中巴艺术品、手工艺品、文化创意产品、非物质文化遗产产品、日用品等，依托中心，将其打造成为平台旗下的中巴会展品牌。

开设"汉语""中国文化概况""吴文化"等课程，让学生学会中文，了解中国文化和苏州文化，组织学生参加校内外丰富多彩的文体活动，加强文化体验，培养知华、友华、爱华的国际友人，为中巴两国巩固世世代代的友好、和谐、亲密的合作关系奠定坚实基础。如教育部"留动中国—在华留学生阳光运动文化之旅"活动、英国机械工程师学会（Institution of Mechanical Engineers, IMechE）工程设计挑战赛（中国赛区）比赛。"梅花三弄：诗画乐"、"阅读非遗——文化之旅"、应急救护技能培训等系列活动、校运动会、学生才艺大赛等。2019年4月，巴基斯坦籍学生贝格在江苏省人民对外友好协会主办的"'悦动江苏 结谊五洲'——在江苏外国人定向越野大赛"中获个人赛项男子组一等奖。

三、引领示范，搭建国际交流桥梁

中心通过高层教育磋商机制和多层次教育交流与合作平台，进一步促进国际交流，提升高等教育服务"一带一路"倡议的能力，为国家外交提供强有力的智力支撑和人才保障，如举办2017年中巴经济走廊国际研讨会，签署合作协议并做中巴跨境教育交流；举办第四届中国职业教育创新发展大会暨"一带一路职业教育国际峰会"，来自巴基斯坦、泰国、老挝、马来西亚、爱尔兰的70多位教育官员和职业教育专家参会，签订6项中巴合作教育备忘录；举办2017年度中巴职业教育留学生项目研讨交流会，18位中国职业教育"百强校""示范校"教育专家组成的参访团来校访问交流，就如何加强教育国际交流，广泛开展国际合作和服务，支持国际汉语教育等议题进行了积极的沟通与探讨；与CPEC相关问题紧密结合，由中心下设的研究机构及其他相关合作机构进行主题课题研究；研究《中国制造2025》与《巴基斯坦2025愿景》在中巴经济走廊下的机遇与挑战。

当前，高校是高等教育交流与合作的主角和中心。在中巴命运共同体和中巴两国的"全天候、全方位"的合作关系中，学校认清自身的优势与特色，与巴方探寻互利共赢的合作机遇，审时度势、顺势而上，将积极与承担"中巴经济走廊"建设的企业、组织、机构开展合作，加强对"中巴经济走廊"建设相关产业布局、行业特征、人才需求的调查分析，对巴基斯坦国内的教育体制、职业教育发展模式和水平、课程体系等进行系统研究，积极开发服务"一带一路"和"中巴经济走廊"建设急需、发挥中国职业教育模式优势、与巴基斯坦职业教育相衔接的国际化、标准化教学模式、课程体系和教学标准。在此过程中，既要考虑兼容性，不能脱离巴基斯坦的教育体系和发展实际，又要发挥引领作用，以新理念和高标准带动巴基斯坦职业教育转型升级，发挥和践行中国高校的优势与责任。

附录2　巴基斯坦驻华大使勉励学校中巴经济走廊文化交流中心首届毕业生——"巴铁"同学的苏州"一千零一夜"

2020年6月下旬，苏州市职业大学首届37名巴基斯坦留学生学成，与苏州深情话别。

3年前，苏州市职业大学与巴基斯坦吉尔吉特·巴尔蒂斯坦地区教育厅共同成立中巴经济走廊文化交流中心，在中巴经济走廊项目的框架下，积极开展两国教育与文化交流合作。

2017年10月，37名巴基斯坦学生来到学校。3年来，37名巴基斯坦留学生在苏州学到哪些知识与技能，如何融入苏州生活，未来如何为巴基斯坦的发展及巴中友谊贡献智慧与力量？

学成

"经过3年努力，你们得到的不仅是一纸文凭，而是通往成功职业生涯的关键。你们获得的知识不仅会改善你们自己的就业前景，还将改善巴基斯坦数以百计人的就业前景。希望你们充分利用学到的知识和技能，为增进巴中友谊做出贡献。"由于新冠肺炎疫情期间的出行限制，无法来毕业典礼现场的巴基斯坦驻华大使纳格玛娜·哈什米通过视频在线勉励37名毕业生。

中巴文化交流缘何成就这一段佳话？"一带一路"倡议提出后，我国积极发展与沿线国家的经济合作伙伴关系，共同打造政治互信、经济融合、文化包容的利益共同体、命运共同体和责任共同体。2013年5月，国务院总理李克强在访问巴基斯坦时提出中巴经济走廊远景规划，进一步密切和强化中巴全天候战略合作伙伴关系。2014年5月，巴基斯坦政府颁布《巴基斯坦2025愿景》，制订全面战略计划，实现经济振兴和可持续发展。2017年5

月，巴基斯坦高等教育委员会出台《高等教育2025愿景》。在这一人才培养战略中，巴方认为，中国高等教育机构将在巴高等教育改革进程中发挥重要作用。

据了解，此次毕业的学生大部分来自巴基斯坦的吉尔吉特·巴尔蒂斯坦地区。该地区地处巴基斯坦北部，位于传统的丝绸之路上，中国贸易组织是当地最重要的经济组织。作为留学生人才培养项目的合作企业单位，巴基斯坦圣福林集团董事长相杨告诉记者："吉尔吉特·巴尔蒂斯坦地区的职业教育相比巴基斯坦国内平均水平较为滞后，具有培训资质、专业的职业技术院校较少，35岁以下的青年劳动力文化程度较低，技术技能人才严重匮乏。"

在巴基斯坦圣福林集团的牵线下，苏州市职业大学依据国家《推动共建丝绸之路经济带和21世纪海上丝绸之路的愿景与行动》《"一带一路"文化发展行动计划》等政策文件，结合自身办学特色和专业资源优势，与巴基斯坦吉尔吉特·巴尔蒂斯坦地区教育厅成立中巴经济走廊文化交流中心。此次毕业的37名留学生的学费、奖学金均由该中心提供。

苏州市职业大学党委书记钮雪林说："中心主要承载中巴文化交流、职业教育合作与人才培养等职能。一方面，积极开展中巴人文交流活动，增进两国间了解和友谊。另一方面，为巴基斯坦经济发展和中资驻巴企业培养技术技能人才，助力中巴经济走廊建设。同时，将文化交流和办学的成果与经验延伸到与其他'一带一路'沿线国家的合作中去。"

项目

依据吉尔吉特·巴尔蒂斯坦地区经济发展对技能人才的需求，大部分留学生在学校攻读机械制造类机电一体化技术专业。该专业于2017年被评为江苏省中外合作办学高水平示范性建设工程培育点。学校以与澳大利亚启思蒙学院合作办学为基础，借鉴吸收澳大利亚TAFE职业教育的办学经验和优势打造留学生专业课程，与巴基斯坦圣福林集团、江苏圣祥林控股有限公司在巴基斯坦企业共同制定人才培养方案。

为让留学生的专业学习更加顺利高效，教师团队进行全英文教学。机电一体化技术专业21名专任教师均赴澳大利亚培训，获澳大利亚TAE四级证书。"机电一体化技术教学团队是江苏省职业教育教师教学创新团队，是一支能开展全英文授课，通晓国际规则，能培养参与国际事务人才的师资队伍。"学校机电工程学院院长陈洁告诉记者。

有了高水平师资队伍的保障，留学生的专业学习如虎添翼。经过理论和实践课程学习，在专业技能考核中，学生能根据图纸要求进行工艺分析和数控编程，在图形模拟纠错后能娴熟进行对刀、加工和检测。为让学生更好地适应真实工作环境，学校还安排学生在毕业前一学期赴巴方校企合作企业实习，优秀学生可留在企业就业。

2018年，学校"先进制造技术国际化人才培养项目（机电一体化技术专业）"获批江苏省外国留学生优才计划高技能人才培养项目，入选该项目的大部分学生来自吉尔吉特·巴尔蒂斯坦地区。2019年，该项目入选教育部"智能制造领域中外人文交流人才"培养基地。

学生沙吉说："感谢中心提供的留学机会，我要努力学习，今后为巴中经济的发展和巴中友谊贡献自己的力量。"

交流

留学生到异国高校就读，面对的不仅是专业学习，更多的是对语言和生活习惯的适应。

语言是留学生们要过的第一关。虽然学生在校期间是全英文授课，但学校安排了3个学期中文课程。面对毫无中文基础的巴基斯坦学生，学校的中文教师从情感和精力方面都投入颇多。来自教育与人文学院的中文教师有课时会早早到校，时常提前半个小时进班准备，课后会耐心为同学们解答学习中的困惑。

部分学生在经历最初的学习新鲜感后，出现懈怠现象。为此，汪渊之老师动了不少脑筋，除了语言鼓励外，他还用些中国特色的小奖品，比如一张书法作品的明信片，一张中国音乐的CD，甚至一杯热气腾腾的茶，运用一系列激励措施提升留学生的学习主动性。

在师生共同努力下，37名毕业生全部通过汉语三级水平考试，部分学生通过四级和五级考试。学生麦迪告诉记者，学习中文帮他打开了一扇窗，使他更好地认识中国，学习中国的先进技术和理念。"每次放假回国，我都会和家人分享我在中国的所见、所闻和所感。巴基斯坦有句话'宁舍金子，不舍巴中友谊'，非常感谢我的老师们。巴中友谊长青！"

对初来乍到的留学生来说，文化和生活习惯的差异是他们需要积极适应的。学校国际学院副院长汤晓军介绍，学校设置了清真餐厅，在宿舍区域配备饮水机、洗衣房和电吹风间等设施。宿管和保安人员24小时值班，与辅导员老师、后勤人员建立微信群，方便沟通和处理应急情况。"鉴于留学生多元的文化背景，学校重视培育学生自我管理的意识，选拔具有奉献精神和卓越才能的学生骨干,发挥他们的协调、组织和服务能力,加强学生间的交流和管理,提高管理和服务工作的效率。"

据了解,受新冠肺炎疫情影响,高校实行相对封闭的管理,但巴基斯坦留学生们都表示理解。在毕业典礼后写给巴基斯坦驻华大使的信中,他们对学校3年来的悉心培养表示感谢。他们提到,疫情期间学校给予了他们生活上的便利和照顾,为他们介绍疫情防控知识,发放口罩和体温计,宿舍定期消杀,餐厅、超市正常开放等。同时,学校开展线上线下教学,回国学生的学习也没有落下。

相通

为让学生更好地了解中国文化与苏州文化,学校为留学生开设了"中国文化概况""吴文化""文化体验"等课程。校内的吴文化园按照吴地园林风格布局,精心设置七大特色展馆,集中展示吴地文化的精华。第一次走进吴文化园时,学生雅各布说:"太难以置信了!我为苏州文化的精彩和魅力折服。"3年来,学校组织学生参加教育部"留动中国——在华留学生阳光运动文化之旅"、iCity在苏州国际友人才艺盛典、"梅花三弄:诗画乐"、"阅读非遗——文化之旅"等80余项活动,学生获校级以上荣誉40余项。

为帮助留学生尽快适应在苏的学习和生活,中国学生与留学生们开展了多种形式的交流活动。同时,参与交流的中国学生以身作则,遵守各项规章制度,积极上进,为留学生起到表率作用。"通过中外人文交流活动,一方面,中外学生学习了解对方文化,加深同学间友谊。另一方面,向留学生展现中国人民崇尚和平、和睦、和谐的理念,从情感上号召外籍友人与中国共享和平发展机遇,共建人类命运共同体。"学校副校长、国际学院院长张健说。

中巴经济走廊文化交流中心自成立以来,还开展了中巴经济走廊国际研讨会、中巴职业教育留学生项目研讨会等教育交流合作活动,提升高等职业教育服务国家"一带一路"倡议的能力。"新冠肺炎疫情暴发后,学校应巴基斯坦国家职业技术培训委员会邀请,向巴方开放机电一体化技术、智能控制技术专业5门英文授课课程资源,有效助力疫情防控下巴方青年的在线学习,积极践行高等职业教育服务'一带一路'建设的职责。"苏州市职业大学校长曹毓民说。

3年教育与文化交流结出累累硕果。目前,37名留学生中已有20余名学生拿到南京信息工程大学、扬州大学等高校的本科段预录取通知书,12名学生即将完成在企业的实习，马苏都等学生将去江苏圣祥林控股有限公司在巴基斯坦全资控股企业就业，南礼等学生计划去俄罗斯、意大利等国家留学。

原载于《苏州日报》2020-07-09

第三节　培养海外技能人才，助力企业"走出去"

一、苏州制造业企业"走出去"的现状

苏州是国内知名的制造业基地，是最早一批提出建设国家智能制造示范区的城市。2015年发布的《中国制造2025苏州实施纲要》提出，加快打造苏州工业经济升级版，构建苏州特色的新型工业化体系，到2025年，将苏州打造成全国领先、世界知名的先进制造业强市；到2035年，力争苏州成为具有全球影响力的产业科技创新中心和具有国际竞争力的先进制造业基地。《2019中国人工智能城市报告·苏州篇》显示，作为江苏经济发展的前沿阵地，苏州智能制造产值占工业产值的比例达48%。

2012年1月，苏州市政府印发《关于更加积极地实施"走出去"战略的若干意见》，鼓励本地企业"走出去"，主动融入世界经济循环。2015年，苏州工业园区"国家级境外投资服务示范平台"正式揭牌，平台包括公共服务、人才培训、投融资服务和国际化服务等功能，为企业"走出去"提供综合性一站式服务。苏州"一带一路"建设工作领导小组办公室举办"走出去"企业工作研讨活动，研究"一带一路"交汇点建设的主要举措、推进情况和不同阶段的工作重点，落实省、市关于强化"一带一路"建设风险防范的工作部署。2016年9月，苏州发布《关于打造先进制造业基地的若干措施》，重点开展投资促进、国际市场开拓和"走出去"等外经贸活动，健全"走出去"战略支持服务体系和服务保障平台，创新金融支持模式，为企业"走出去"提供安全、有序、可预期的良好环境。截至2018年2月，苏州对外投资企业达到1 674家，中方境外协议投资额227.8亿美元。

自"一带一路"倡议实施以来，苏州一些制造业龙头企业、特色企业加速走出国门，对外输出制造业，尤其是智能制造服务，加快布局未来产业，

努力抢占未来竞争制高点。比如中国光纤光网、智能电网等领域的国家创新型企业亨通集团,践行"看着世界地图做企业、沿着一带一路走出去"的理念,拥有全资及控股公司70家,上市公司3家,在全国13省市和欧洲、南美、南亚、南非、东南亚设立产业基地,在全球30多个国家设立营销技术服务分公司,119个国家注册商标,业务覆盖100多个国家及地区,在全球的光纤网络市场占有率超过15%。

拥有近千项专利的苏州胜利精密制造科技股份有限公司是智能制造整体解决方案的领跑者,是中国CCC:China Compulsory Certification,中国强制性产品认证行业结构模组系统解决方案提供商,在波兰、芬兰、日本等地拥有多家全资、控股和参股子公司,涉及精密制造、智能制造等领域。公司是中国民营企业在中东欧投资的排头兵,早在2007年就在波兰设厂,积极参与"一带一路"的建设。

中国机械工业集团有限公司成员苏州苏福马机械有限公司,是国家火炬计划重点高新技术企业、江苏百强高新技术企业和20世纪中国木工机械行业"十佳企业",产品远销欧洲、南美洲、非洲、东南亚、日本等国家和地区。

电梯出口品牌苏州昆山通祐电梯有限公司集电梯设计、研发、制造、销售、安装、维保为一体,秉承并引进德国技术,将德国精湛严谨的制造工艺糅合中国传统美学特点,为全球用户提供舒适、便捷、安全、环保的楼宇交通设施解决方案,产品自2002年起,畅销德国、法国、意大利、美国、英国、南非等116个国家和地区,代表中国制造走向全球。

二、苏州制造业企业"走出去"的需求研究

苏州制造业企业"走出去"面临诸多的问题,除了政治风险、汇率风险等不可控因素外,还包括目的国技术技能人才缺口大、技术创新能力不足、法律风险和政治风险应对能力欠缺等方面,结合当代高校人才培养、科学研究、社会服务、文化传承与创新、国际交流合作五大基本职能,笔者认为,高职教育有能力服务对接企业"走出去",至少可以聚焦在培养企业需要的本土技术技能人才、为企业"走出去"提供决策咨询和助力企业技术创新等方面。

(一)企业对本土技术技能人才的需求

调研显示,苏州"走出去"企业普遍认为国际化人才是"走出去"的

关键。中国前有色矿业集团有限公司党委副书记许树森认为,"走出去"企业的后发劣势非常明显,重要因素之一是资源所在国劳动力技能水平低、劳动生产率低导致生产成本居高不下。①

其一,企业输出的产业在目的国属于不发达产业,员工技能水平低,行动力弱,且不熟悉我国企业的文化、管理制度、岗位操作规范等,企业在目的国境内开展本土员工的职业技能培训,投入大、风险高、收益难以预估。②

其二,目的国法律对外资企业在外籍劳工雇佣上有严格的规定。如泰国法律规定,泰国注册资金在1亿泰铢以上的外资企业,其外籍劳工和当地劳工雇佣比不低于1:4;注册资金不足1亿泰铢的外资企业,其雇佣比不低于1:5。坦桑尼亚法律规定,外资企业需制订将非公民的雇佣者转化为坦桑尼亚本国居民的计划,并负责培训坦桑尼亚居民,使其适应社会的多种需要,且企业雇主在每年6月和12月向坦桑尼亚劳工组织递交申请表并汇报本企业外籍劳工的人数。③南非政府严格限制外籍劳工入境,原则上一个就业岗位只要能找到合适的南非籍劳工人选,就不允许招募外国人。南非的重要技能工作签证实行配额制管理,每年由内政部协同其他有关部门共同确定本年度工作许可的配额数量及其在各领域中的分配。④"走出去"企业无法从国内带去更多的员工,且从国内带过去的人员管理成本大,据一般估算,比使用目的国的员工成本高出5倍左右,并涉及不易融入目的国的文化习俗、生活习惯等诸多方面的问题。

其三,与海外市场相比,我国人力资源管理理念与体系存在显著差异,职级体系、人才评估的标准机制、薪酬管理理念、工作生活平衡观的不同等,都是企业与国外各类人才产生沟通障碍的原因,对于"走出去"企业来说是极大的挑战。基于以上问题,在我国高职院校学习并进入"走出去"企业实习实践过的本土技术技能人才是企业成功"走进去"目的国市场的重要

---

① 许树森. "走出去",职教应与企业同行 [N]. 光明日报,2017 - 02 - 16 (014).

② 李晓龙. "一带一路"倡议背景下高职院校服务地方制造类企业"走出去"的策略与路径研究:以襄阳职业技术学院为例 [J]. 襄阳职业技术学院学报,2020,19 (6):6 - 10.

③ 刘康康. 东非共同体成员国限制外国人就业法律与中资企业的应对研究 [D]. 湘潭大学,2017.

④ 洪永红,方晓庆. 警惕南非限制外国人就业法的升级 [J]. 中国投资(中英文),2020 (Z7):104 - 105.

促进因素。

（二）企业对"走出去"投资决策的信息需求

企业"走出去"最难把握的因素是对投资目的国综合信息的了解。调研显示，大多数企业对目的国的法律法规、贸易壁垒和境外安全管理等方面不甚了解。2014—2018年，我国在"一带一路"沿线国家的对外直接投资失败主因是目的国的非经济风险和企业自身的运营风险。目的国的非经济风险是导致投资项目运营前失败的主因，企业自身运营风险如经营不善、债务杠杆、不合规等是交易完成后失败的主因。[1] 此外，企业需通过目的国语言对其产品和服务进行营销，部分企业由于不重视语言服务，在对外贸易中不仅损失了国际市场份额，也损害了企业品牌和形象。因此，企业在"走出去"之前，需充分研究目的国的投资环境，把握投资面临的信用风险、经营风险、市场风险、法律政治风险等因素，在"走出去"之后，仍需持续分析投资项目的市场、建设方案及经济效益等。为此，企业往往会积极寻求多方的智力支持，以保障在运营中做出恰当、准确的决策。

（三）企业对技术创新转型升级的需求

调研显示，"走出去"企业中开展技术研发和创新的比例低，存在创新主体认识不足、创新机制不完善、重引进轻培育、重短期利益轻技术沉淀等问题，企业技术储备不足，自主创新能力较弱，具有高技术含量的产品少，严重制约了企业国际竞争力的增强。以制造业为例，"走出去"制造业企业普遍面临向"高端智能化制造"转型升级难的问题。产品附加值低、生产成本高、研发投入和人才供给不足是"走出去"制造业向"高端智能化"转型难的主要原因，也是中国制造业的"大而不强"亟须突破的瓶颈。因此，企业要加快技术创新转型升级，加速抢占新技术蓝海，积极实施打造"技术品牌"战略。

三、苏州市职业大学助力制造业企业"走出去"的实践探索

作为与产业、行业和企业联系最为密切的高等教育类型，高职教育助力"走出去"企业开展海外业务，是新时期职业教育参与配合"一带一路"建设和国际产能合作的重要使命，对构建更加紧密的人类命运共同体、促进世

---

[1] 李国洋，方旖旎. 中国制造业对外投资失败项目特征与风险来源分析 [J]. 现代工业经济和信息化，2019，9（4）：3-4.

界各国人民友好往来有着重要的意义。面对苏州制造业企业"走出去"的需求，苏州市职业大学（以下简称"学校"）结合自身工科办学特色和专业资源优势，主动融入国家教育对外开放和江苏经济国际化浪潮，摸索出一条"校企共育、产教融通"的助力制造业企业"走出去"的高质量发展育人之路，为助推我国职业教育走进世界舞台中央贡献"苏职大"智慧和方案。

（一）校企共育，培养"一带一路"高技能人才

高等职业教育国际化不同于普通高等教育国际化的重要特征之一是在于高职教育国际化是由企业国际化推动的，其与企业"走出去"发展战略的联系更为紧密。① 当前，高职院校在国际化校企合作方面普遍做得不够，与企业海外业务拓展的需求对接不足，学生赴企业往往以参观考察等低层次学习为主，难以培养出符合企业参与"一带一路"建设所需的技术技能人才。究其原因，在于高职院校对"走出去"企业人才需求的针对性调研不足，还停留在国内产业发展状况和趋势上，培养的人才不符合"走出去"企业的要求。学校主动联系"走出去"制造业企业，积极破解他们面临的本土技能人才缺乏、培训质量难以保障等难题。自2017年起，学校与亨通集团、江苏圣祥林、昆山通祐电梯等本地企业合作开展来华留学生"现代学徒制"人才培养项目。

以与亨通集团合作的项目为例，自2018年以来，学校同南非高等教育与培训部工业与制造业培训署、文化艺术旅游体育培训署、南非中国文化与国际教育交流中心开展南非大学生实习实训项目，累计招收学生90余人，其中与亨通集团合作招生20人。

在机制建设上，校企合作设立产教融合工作协调组，学校在企业设立留学生实践实习基地，企业派导师进校指导教学，确定校企"双主体育人"的责任和权益。设立留学生培养工作专项资金，分别用于校内理论课程授课、企业实践补贴、校企合作运行管理等方面。

在人才培养上，校企共同制定"两标准一体系"，即课程标准、实习标准和教学质量监控体系，细化为招生、培养和就业上的指标，保障人才培养质量。实行育人"双导师"制，学校专任教师和企业工程师结对，联合指导3～5名留学生。定期召开留学生培养工作例会及研讨会，及时反馈、汇总、

---

① 莫玉婉."走出去"办学：高职院校国际化发展路径简论［J］. 职业技术教育，2016，37（1）：13-17.

沟通和协调解决留学生培养过程中遇到的困难和问题。鼓励学生参与企业内部的员工技能竞赛，与中国员工的技能比拼使学生进步飞速，既认识到自身的不足，又能通过努力后的成绩和进步增强自己学习的信心和成效。

在专业建设上，学校在分析苏州制造业企业海外业务发展趋势的基础上，建立与企业海外业务需求相契合的整合智能制造、电子信息、电子商务等专业的智能制造服务专业群，整合电子商务、商务英语、物流等专业的数字贸易服务专业群等，最大限度地满足企业对国际化人才的需求。2020年，14名学生被亨通、通祐电梯等企业海外公司和海外业务伙伴录用，30余名学生获得上述企业的业务能力推荐函，以更好地在其他海外中资企业就业。企业对学生实习的满意度达到100%，对录用的学生有着清晰的职业生涯规划，学生在熟悉一线生产操作业务一段时间后，会被择优遴选为企业的中高层管理干部，实现"走出去"企业"当地人管理当地事"的目标。

此外，学校借助"走出去"企业之力，同外方政府部门或高校共建合作平台。学校在巴基斯坦圣福林集团、江苏圣祥林控股有限公司的牵线下，与巴基斯坦吉尔吉特·巴尔蒂斯坦地区教育厅共同成立中巴经济走廊文化交流中心，在中巴经济走廊项目的框架下开展两国教育与文化交流合作。一方面，积极开展中巴人文交流活动，增进两国间的了解和友谊。另一方面，为巴基斯坦经济发展和中资"走出去"企业培养技术技能人才。目前，首届37名毕业生里有17人进入中资驻巴基斯坦企业实习，5人在中资企业就业。

（二）境外合作，开展企业海外员工技能培训

对接企业需求，校企合作在境外设立办学机构，共建援外教育平台，是职业院校服务企业"走出去"的重要形式。境外办学容易受到国家政治、经济、文化差异和双边关系的影响，存在许多不确定性。对于在目的国摸爬滚打多年的"走出去"企业，其熟悉目的国的整体社会情况，高职院校与其合作，能有效避免教育跨国流动的壁垒，降低潜在的合作风险。企业为高职教育国际化办学活动提供平台，尤其给予学生实习和实践的机会，使学生了解中国企业的技术工艺、生产管理和企业文化。高职教育则依据当地产业发展和产业工人受教育的现状，结合企业的实际需求，合理制订培养培训方案，满足企业海外生产经营的人才需求。与校企在境内培养海外人才的模式相比，境外合作的模式既能为学生提供更直接的在"走出去"企业实习实践的机会，实现校企"招生即招工，招生即就业"，又能缩短学生的培养周期，加速企业的人才，尤其是一线操作员工的培养速度，对在境内培养学生成为

企业的中高层管理人才形成了有益的补充。

学校与亨通集团、南非开普敦学院在南非共建中南非亨通智能制造学院，与苏州工业机器人公司、马来西亚院校在马来西亚共建中马工业机器人学院，重点开展海外技能人才培养，服务企业"走出去"的用工需求，辅助开展中外师资交流、学术研讨和文化交流活动。海外技能人才培养采取分国内外分阶段的"1+1.5+0.5"模式，其中1年在外方院校，1.5年在中方院校，0.5年在企业（含企业驻外公司及其他中资在南非、马来西亚的企业）实习。校企建立协同工作机制，中方院校负责师资和教学监管，外方院校负责教学场地和运营管理，企业负责提供实习和部分教学设备，并择优录用人员就业。外方院校、企业负责招生和中方派驻师资的工作、生活、安全保障，三方共同负责专业标准制定和教学资源开发等，聚焦"学历教育与岗位技能认证相结合，专业课程与职业技术标准相结合，企业人文教育和职业素养教育相结合"的人才培养关键要素，实现海外本土化人才培养和企业需求的精准对接。

此外，学校协助企业完善内部管理制度和标准化项目管理体系建设，如参与制定企业的岗位标准和设备操作准则等，规范企业的管理行为和员工的工作流程。学校制定《选派教师（管理人员）赴境外合作院校工作暂行管理办法》，加强相关保障制度和激励措施建设，规范赴国（境）外人员管理，激发教师和管理人员参与项目的积极性，提升管理效益和对外教学质量。

新冠肺炎疫情下，国家间技术人员之间的实地交流变得异常困难。为帮助企业在境外开展员工技能培训，培养操作工人，学校境外教学人员为企业本土员工开设中国语言文化、产品生产工艺和标准、电梯设备维护维修等技术培训课程。同时，遴选智能制造学院优秀的学生学员赴企业实习，有效助力企业的用工需求，受到企业的好评。

（三）文化育人，培养知华、友华的国际友人

企业对本土技术技能人才的需求中重要一环是海外员工不了解中国的基本国情和文化，不熟悉中国企业的管理文化，不知道如何与中国人打交道等。高职院校助力企业"走出去"不仅仅是为企业培养技术技能人才，还承

担着传播中国优秀传统文化、企业文化等重任。① 因此,学校在人才培养中积极实施文化育人,体现在让海外学生了解中国的基本国情和文化,通过课程育人让学生体会专业课程中蕴含的中国元素,以及让学生走进"走出去"企业,在学习中国最新科技成果和生产技术的同时切身感受企业文化和企业精神三个方面。其一,学校为学生开设了"中国文化概况""吴文化""文化体验"等课程,组织学生学习习近平总书记给北京科技大学全体巴基斯坦留学生的回信精神、iCity在苏州国际友人才艺盛典、"梅花三弄:诗画乐""阅读非遗——文化之旅"等活动,帮助学生感知中国,了解苏州。其二,专业课程教师以中国优秀传统文化和改革开放以来中国发展取得的巨大成就为主线,梳理专业课程中蕴含的中国元素。如在开展省级外国留学生英文授课精品课程"工程制图与数字化表达"时,教师除了讲授专业知识外,还围绕中国制造业全门类的发展,中国科学家和工程师的科学创新与奋斗精神等方面开展教育。其三,组织学生走进企业,校企联合开展"专业+文化"双向融入活动,将文化课堂开到智能制造车间,由企业技能大师授课,帮助学生了解企业管理运行模式和销售市场,学习企业的文化,优秀的学员作为项目协调员参与企业管理。校企联合培养的人才在快速融入企业方面有着巨大的优势,能有效解决当地员工适应中国企业文化需要一定时间的难题。

(四)智力支持,服务企业"走出去"决策咨询

制造类海外投资项目普遍具有前期投资大、建设周期长、收益见效慢、非可控风险点较多等特征,企业"走出去"需评估目的国的政治、经济、文化、社会等影响项目运行的各类风险因素②,学校积极运用国际合作和人才资源,为企业"走出去"提供决策咨询。一方面,学校委托在南非、印度尼西亚、巴基斯坦等国的合作机构和院校帮助苏州市有意愿"走出去"的企业调研诸如区位状况、法律政策、市场行情、人力资源市场等内容,为企业节约实地调研所需的时间、精力和经济成本,服务企业海外投资项目的决策。另一方面,学校智库充分发挥智囊团的功能,为企业"走出去"建言献策,开展投资环境和风险预测等信息分析咨询工作,助力"走出去"企业主动参

---

① 王屹,王忠昌. "一带一路"视域下职业院校伴随企业"走出去"的多向度探究[J]. 职业技术教育,2017,38(16):19-23.

② 李晓龙. "一带一路"倡议背景下高职院校服务地方制造类企业"走出去"的策略与路径研究:以襄阳职业技术学院为例[J]. 襄阳职业技术学院学报,2020,19(6):6-10.

与国际市场竞争，规范有序开展对外投资，在竞争中占领先机、赢得优势、掌握主动。协助有"走出去"需求的校企合作单位建立健全的境外安全管理制度、境外安全突发事件应急处置机制、落实安全风险评估等，增强风险识别和抵御能力。以 2020 年为例，学校智库在苏州市委、市政府各级内参上发表决策咨询报告共计 42 篇，获省、市主要领导肯定性批示 10 篇。数十篇文章涉及企业外向发展的方向与对策，为企业"走出去"在利用新技术、新业态、新动能和重视目的国产业发展与企业自身投资互补性等方面提出了新时代顺应苏州经济实现转型升级、"弯道"超车的路径，有力辅助了企业对海外投资的前景预判。

（五）搭建平台，助力"走出去"企业技术创新

工业 4.0 和《中国制造 2025》的演进使企业愈发认识到技术创新是其"走出去"并"立得住"的重要保障。高职院校应瞄准"走出去"企业技术创新的瓶颈，打造技术技能创新服务平台，突出需求和应用"双导向"，积极开展应用技术开发和推广等创新工作。将学校的人力资源和设备设施资源全面开放，向企业发布"科技服务清单"，开展青年博士进企业等"科技进厂"活动，与企业在技术攻关、研发平台建设、科研项目申报等方面密切合作，切实解决企业的研发人员匮乏、研发设备不足、研发水平不高等问题。推动学校创新成果向企业集聚，使核心技术快速转化为现实生产力，增加企业"走出去"的优势和胜势。

参考文献

一、文件报告类

[1] 国务院.关于印发国家职业教育改革实施方案的通知(国发〔2019〕4号)[Z],2019.

[2] 国务院.关于推进国际产能和装备制造合作的指导意见(国发〔2015〕30号)[Z],2015.

[3] 国务院.关于加快发展现代职业教育的决定(国发〔2014〕19号)[Z],2014.

[4] 中共中央办公厅、国务院办公厅.关于加强和改进中外人文交流工作的若干意见[Z],2017.

[5] 国务院办公厅.国务院办公厅关于深化产教融合的若干意见(国办发〔2017〕95号)[Z],2017.

[6] 教育部等九部门.关于印发《职业教育提质培优行动计划(2020—2023年)》的通知(教职成〔2020〕7号)[Z],2020.

[7] 教育部、外交部、公安部令第42号.《学校招收和培养国际学生管理办法》[Z],2017.

[8] 教育部、财政部.关于实施中国特色高水平高职学校和专业建设计划的意见(教职成〔2019〕5号)[Z],2019.

[9] 教育部.关于印发《推进共建"一带一路"教育行动》的通知(教外〔2016〕46号)[Z],2016.

[10] 教育部.高等职业教育创新发展行动计划(2015—2018年)(教职成〔2015〕9号)[Z],2015.

[11] 教育部.教育部关于印发《来华留学生高等教育质量规范(试行)》

的通知(教外〔2018〕50号)[Z],2018.

[12] 教育部办公厅.关于开展《高等职业教育创新发展行动计划(2015—2018年)》项目认定的通知(教职成厅函〔2019〕8号)[Z],2019.

[13] 教育部办公厅、外交部办公厅.关于严格规范来华留学招生和管理工作的通知(教外厅函〔2017〕56号)[Z],2017.

[14] 天津市人民政府.天津市人民政府关于加快发展现代职业教育的意见(津政发〔2016〕3号)[Z],2016.

[15] 广西壮族自治区人民政府.关于印发广西教育提升三年行动计划(2018—2020年)的通知(桂政发〔2018〕5号)[Z],2018.

[16] 江苏省人民政府办公厅.省政府办公厅关于印发江苏高等职业教育创新发展卓越计划的通知(苏政办发〔2017〕123号)[Z],2017.

[17] 江苏省教育厅.省教育厅关于印发江苏省职业教育质量提升行动计划(2020—2022年)的通知(苏教职〔2020〕6号)[Z],2020.

二、著作类

[1] 林金辉,刘志平.高等教育中外合作办学研究[M].广州:广东高等教育出版社,2010.

[2] 任君庆.宁波高等职业教育国际化研究[M].杭州:浙江大学出版社,2018.

[3] 上海市教育科学研究院,麦可思研究院.2017中国高等职业教育质量年度报告[M].北京:高等教育出版社,2017.

[4] 上海市教育科学研究院,麦可思研究院.2018中国高等职业教育质量年度报告[M].北京:高等教育出版社,2018.

[5] 上海市教育科学研究院,麦可思研究院.2019中国高等职业教育质量年度报告[M].北京:高等教育出版社,2019.

[6] 伯顿·R.克拉克.高等教育系统:学术组织的跨国研究[M].王承绪,等译.杭州:杭州大学出版社,1994.

[7] 简·奈特.激流中的高等教育:国际化变革与发展[M].刘东风,陈巧云,译.北京:北京大学出版社,2011.

[8] Arum S., Van de Water. The need for a definition of international education in U. S. Universities[A]// Klasek C. B., Garavalia B. J., Kellerman K. J. *Bridges to the futures*:*Strategies for internationalizing higher education.* Carbondale, IL: Association of International Education Administrators,1992.

[9] Carolyn A. Brown. *Globalization*, *International Education Policy and Local Policy Formation*: *Voices from the Developing World*[M]. New York and London: Springer Dordrecht Heidelberg, 2015.

[10] Christina Tay. *International Marketing of Education Services*: *Trends*, *Obstacles and Issues*[M]. Berlin: Springer Berlin Heidelberg, 2013.

[11] Joseph Zajda. *Second International Handbook on Globalization*, *Education and Policy Research*[M]. New York and London: Springer Dordrecht Heidelberg, 2015.

三、论文类

[1] 葛道凯.职业教育在服务经济社会发展中提质增效[J].中国职业技术教育,2021(12):21-26.

[2] 熊建辉,高瑜,王振,等.新时代职业教育国际化发展战略与创新路径思考(下)[J].中国职业技术教育,2019(36):5-16.

[3] 任君庆,刘亚西.职业教育国际化平台的构建与功能发挥[J].中国职业技术教育,2019(12):20-23.

[4] 黄华.高职院校开展国际交流与合作的战略分析[J].职业技术教育,2011(22):45-48.

[5] 黄华,陈黔宁.江苏高职院校来华留学生教育现状与展望[J].江苏高教,2020(2):120-124.

[6] 杨旭辉.高职教育国际化:内涵、标准与策略[J].中国高教研究,2006(12):64-65.

[7] 唐现文,吉文林.新时期高职教育国际化:形势、对策与评价[J].教育与职业,2019(7):44-51.

[8] 胡忠喜.高职教育国际化探析[J].中国成人教育,2013(17):22-25.

[9] 罗汝珍."一带一路"背景下高等职业教育第三方评价的国际化研究[J].成人教育,2019,39(10):57-62.

[10] 杨德广.经济全球化与教育国际化[J].中国高教研究,2002(3):25-27.

[11] 宿莉,吕红.高职院校国际影响力:特征与对策——基于近三年"国际影响力50强"高职院校的质量年报数据可视化分析[J].中国职业技术教育,2020(30):48-54.

[12] 姬玉明.关于我国高职教育国际化现状的思考[J].教育与职业,2015(10):107-109.

[13] 王屹,王忠昌."一带一路"视域下职业院校伴随企业"走出去"的多向度探究[J].职业技术教育,2017,38(16):19-23.

[14] 王忠昌."一带一路"建设中职业教育校企协同创新研究[J].当代职业教育,2018(5):25-29.

[15] 王忠昌,董磊,李晓娟.共建"一带一路":新时代职业教育校企协同国际育人探析[J].教育与职业,2020(21):28-35.

[16] 张慧波."双高"建设背景下高职学校国际化发展策略[J].教育与职业,2019(21):47-51.

[17] 余姗姗,何少庆."双高计划"背景下高职院校国际化发展的导向、问题与对策[J].教育与职业,2020(10):33-39.

[18] 凌镜."一带一路"背景下高职教育输出助推经济国际化的若干思考[J].教育与职业,2019(1):38-42.

[19] 李盛兵.大学国际化评价指标体系初探[J].华南师范大学学报(社会科学版),2005(6):113-116,160.

[20] 张海宁.基于八维结构的高职教育国际化发展现状及对策研究:以江苏省为例[J].中国职业技术教育,2019(13):74-79.

[21] 王少东,朱军文.教育国际化的内涵、动因与路径设计[J].苏州大学学报:哲学社会科学版,2002(2):123-127.

[22] 汤晓军,陈洁,陆春元.新时期高职院校国际化发展的形势、问题与对策[J].教育与职业,2021(10):43-48.

[23] 莫玉婉."走出去"办学:高职院校国际化发展路径简论[J].职业技术教育,2016,37(1):13-17.

[24] 莫玉婉.高职教育国际化:内涵、实践及改革趋势——基于国家百所高职示范校的调查分析[J].职业技术教育,2017,38(16):24-28.

[25] 康卉,党杰,黄晓洲.高职院校中外合作办学的现状、问题与对策[J].教育与职业,2020(15):35-39.

[26] 李春红.高职教育人才培养国际化目标模式的探讨[J].教育理论与实践,2005(20):27-29.

[27] 高炳亮.高校来华留学生心理健康问题的预防与危机干预机制研究[J].思想教育研究,2018(5):131-134.

[28] 张原."一带一路"背景下的跨境劳务合作与中国职业技术教育发展:基于大数据视角的分析[J].中国职业技术教育,2017(30):7-16.

[29] 庞世俊,柳靖.职业教育国际化的内涵与模式[J].职教论坛,2016

(25):11-16.

[30] 张健,陈洁,陆春元,等."一带一路"背景下对外合作交流与国际人才培养的实践:以苏州市职业大学为例[J].科技与创新,2020(5):142-144.

[31] 陈洁,陆春元,朱学超,等.机电一体化中外合作办学示范建设项目实践探索:以苏州市职业大学为例[J].广东职业技术教育与研究,2020(5):39-43.

[32] 陆春元,陈洁,朱学超,等."一带一路"背景下先进制造技术国际化人才培养的实践探索:以苏州市职业大学为例[J].教育教学论坛,2020(19):211-214.

[33] 姜翔耀,韩旭.在华高校留学生安全问题及对策研究[J].河北公安警察职业学院学报,2019,19(2):77-80.

[34] 赵南森,何磊磊,李家辉.新形势下外籍留学生安全管理的挑战与对策[J].吉林广播电视大学学报,2019(6):158-160.

[35] 袁媛,袁张帆.中华文化认同目标下的来华留学生思想教育工作探析:以福建5所高校在华留学生调查为例[J].高校辅导员学刊,2019,11(6):11-15.

[36] 王建滨,张艳波,赵庆松.重构与机遇:高职教育国际化的制度逻辑和要素探究[J].天津中德应用技术大学学报,2021(1):11-16.

[37] 郭广军,金建雄.高职教育质量保障多元协同治理模式研究[J].高等职业教育探索,2019,18(4):13-18.

[38] 王保华,申金霞,刘海燕,等.全球公共危机时代的来华留学舆情:现实图景与应对之策[J].对外传播,2020(11):39-41.

[39] 陈超群,胡伏湘."双高计划"下高职院校国际化师资建设的现实审视与发展路径:基于湖南省70所高职院校的数据分析[J].职业教育研究,2020(3):80-84.

[40] 汤晓军.新形势下高校来华留学生思想教育工作探析[J].九江职业技术学院学报,2021(1):58-61.

[41] 汤晓军.新形势下职业院校国际学生安全管理工作探析[J].淮南职业技术学院学报,2021,21(1):104-107.

[42] 汤晓军.高校来华留学生安全教育管理研究与实践[J].哈尔滨职业技术学院学报,2021(1):70-72.

[43] 李健.基于"双高计划"的我国高职院校教育国际化问题与对策[J].天津中德应用技术大学学报,2020(4):26-36.

[44] 王位. 全球六种大学国际化评价指标体系的比较及启示[J]. 上海教育评估研究,2012,1(4):25-32,62.

[45] 李德正. 对高职院校实现教育国际化改革的初探:以广西英华国际职业学院为例[J]. 太原城市职业技术学院学报,2012(2):24-26.

[46] 徐国祥,马俊玲,于颖. 人才国际化指标体系及其比较研究[J]. 上海财经大学学报,2006(3):85-90.

[47] 刘一顺. 新西兰《教育(职业教育改革)修正案》三读通过[J]. 世界教育信息,2020,33(4):75.

[48] 熊英. 高等职业教育国际化探索与实践:以无锡职业技术学院为例[J]. 无锡职业技术学院学报,2018,17(4):8-11.

[49] 刁翔正. "一带一路"倡议下高等职业教育国际化实践探索:以江苏经贸职业技术学院为例[J]. 江苏经贸职业技术学院学报,2020(5):72-75.

[50] 李晓龙. "一带一路"倡议背景下高职院校服务地方制造类企业"走出去"的策略与路径研究:以襄阳职业技术学院为例[J]. 襄阳职业技术学院学报,2020,19(6):6-10.

[51] 李国洋,方旖旎. 中国制造业对外投资失败项目特征与风险来源分析[J]. 现代工业经济和信息化,2019,9(4):3-4.

[52] 全克林. 意识形态安全视角下的来华留学生管理[J]. 教育观察(上半月),2017,6(5):45-46,55.

[53] 洪永红,方晓庆. 警惕南非限制外国人就业法的升级[J]. 中国投资(中英文),2020(Z7):104-105.

[54] 孙芳仲,林若红. 高职教育国际化发展策略探析[J]. 闽西职业技术学院学报,2006(9):39-43.

[55] 王琪. 高职院校服务企业"走出去"的现状、问题与优化策略[J]. 职业教育(下旬刊),2020,19(09):29-34.

[56] 刘康康. 东非共同体成员国限制外国人就业法律与中资企业的应对研究[D]. 湘潭大学,2017.

[57] 刘亚琴. 山西省普通高校教育国际化评价指标体系研究[D]. 山西财经大学,2016.

[58] 杨玥. "一带一路"背景下基于校企合作的高职国际化人才培养体系研究[J]. 高等职业教育(天津职业大学学报),2018,27(4):55-58.

[59] Jane Knight. Internationalization of Higher Education[C]//Knight and DeWit. Quality and Internationalization of Higher Education. OECD,1999:15.

四、报纸类

[1] 方寅.聚焦教育现代化2035 办好新时代留学生教育[N].中国社会科学报,2020-06-04(006).

[2] 姜大源.高等职业教育:中国对世界教育的独特贡献[N].光明日报,2015-10-27(015).

[3] 张健.发挥文化对工匠精神和人才的塑造作用[N].中国社会科学报,2019-12-17(007).

[4] 胡解旺.高职院校走稳国际化之路[N].中国教育报,2018-01-02(009).

[5] 许树森."走出去",职教应与企业同行[N].光明日报,2017-02-16(014).

[6] 刘立新.加快推进中国职业教育国际化[N].中国教育报,2016-06-28(005).

五、网络信息类

[1] 山东省高等职业教育质量年度报告(2019)[EB/OL].[2019-06-19].http://edu.shandong.gov.cn/art/2019/6/19/art_12061_7735351.html.

[2] 新华网.泰国举行"中文+职业技能"大赛[EB/OL].[2019-09-16].http://www.xinhuanet.com/world/2019-09/16/c_1125002192.htm.

[3] 教育部.2018年来华留学统计[EB/OL].[2019-04-12].http://www.moe.gov.cn/jyb_xwfb/gzdt_gzdt/s5987/201904/t20190412_377692.htm.

[4] 中华人民共和国商务部.苏州对外投资企业达1674家[EB/OL].[2018-02-28].http://fec.mofcom.gov.cn/article/ywzn/xgzx/guonei/201802/20180202715861.shtml.

[5] 中华人民共和国商务部.2020年我对"一带一路"沿线国家投资合作情况[EB/OL].[2021-01-22].http://fec.mofcom.gov.cn/article/fwydyl/tjsj/202101/20210103033338.shtml.

[6] 中华人民共和国商务部.2019年我对"一带一路"沿线国家投资合作情况[EB/OL].[2020-01-22].http://fec.mofcom.gov.cn/article/fwydyl/tjsj/202001/20200102932470.shtml.

[7] 中华人民共和国商务部.2018年1-12月我对"一带一路"沿线国家投资合作情况[EB/OL].[2019-01-22].http://fec.mofcom.gov.cn/article/fwydyl/tjsj/201901/20190102829089.shtml.

前，8位教师具备全英文授课能力，累计开设10门全英文授课课程。

（四）促进管理机制创新

1. 健全项目组织架构，明确各部门管理职责

针对中外合作办学项目，学校成立了中外合作办学工作领导小组，外事办公室为项目归口管理部门，负责相关工作管理与协调；机电工程学院负责教学安排与管理；教务处、学生处、财务处等部门负责学籍教务、学生管理及财务收支等工作。启思蒙学院国际部委派专人负责专业事务、学生管理及赴澳学习事务。双方联合设立了合作项目协调小组，其中中方4人、外方3人。双方分管外事副校长分别担任组长，负责项目教学及学生管理事务沟通。

2017年，为推进学校"十三五"事业发展规划实施，提升学校国际化办学水平，学校成立国际学院，与外事办公室合署办公，扎口推进国际化合作办学。联合教务处、学生处、二级学院等优化学科专业设置，提高人才培养与"一带一路"倡议对接度，为"一带一路"沿线国家和产业发展，培养出更多更优秀的、具有创新精神的应用型技术技能人才。

2. 完善管理制度，促进项目规范、有序运行

为规范学生教学和管理工作，学校制定了《苏州市职业大学来华留学生管理规定（试行）》；为规范中外合作项目的教学活动，制定了《苏州市职业大学中外合作项目外方授课及助教工作职责》和《中澳项目教学文档资料归档要求》等文件；为促进监督考核机制，制定了《苏州市职业大学中外合作办学项目质量监督管理办法》；为规范教师赴境外教学与交流，制定了《苏州市职业大学选派教师（管理人员）赴境外合作院校工作暂行管理办法》；为提升人才培养质量，学校设立了学生国际交流奖学金，制定了《苏州市职业大学学生国际交流奖学金实施暂行办法》和《苏州市职业大学来华留学生奖学金评审办法》等文件。

（五）发挥示范辐射作用

1. 共享优质资源与先进职教理念，带动其他专业高质量发展

机电一体化技术中外合作项目自2010年开始运行起，就注重优质资源共享。尤其是自高水平示范项目培育点立项建设以来，在资源共享方面成效更加显著。3年来，项目引进澳方优质课程26门，开发课程标准39项和本土化课程11门，编写校本教材31部。项目积极创建优质教学资源，有5门课程立项省级建设项目，1部教材立项省重点教材建设，4门课程获校精品在线开放课程。上述课程资源在面向本校学生开放的同时，还在来华留学生

教育中得到广泛应用，3门双语课程被巴基斯坦政府采用，有效助力了疫情防控状态下巴方青年的在线学习。

在实现教学资源共享的同时，专业把先进职教理念根植于师资队伍，提升师资团队的职教理论水平和专业实践教学能力，带动了专业群的高质量发展，如电气自动化技术专业省品牌A类项目建设、机电一体化技术专业省高水平骨干专业建设、数控技术专业校骨干专业建设等。学校为启思蒙学院《悉尼协议》授权认证试点高校，对学校开展国际专业认证创造了有利条件，使学校专业建设和人才培养质量评价与国际快速接轨。

2. 借鉴成熟的国际人才培养模式，促进留学生项目快速发展

启思蒙学院是澳大利亚维多利亚州政府投资的最大的职业教育培训机构，学校每年有超过20个国家的约5万名来华留学生在校学习，学校国际化人才培养经验成熟，模式先进。学校在全面深化与启思蒙学院中外合作办学的同时，也学习、借鉴了启思蒙学院成熟的国际人才培养经验与模式。2018年，学校主办"《悉尼协议》范式下中澳合作工程专业建设论坛"，来自国内外近40所高职院校代表参与研讨，对促进各校专业建设和留学生培养具有重要意义。2018年，机电专业申报的"先进制造技术国际化人才培养项目"获批江苏省外国留学生优才计划高技能人才培养项目。目前，学校开展的留学江苏优才项目、南非留学生项目在人才培养方案制订、课程体系构建、课程资源开发等方面都成功将澳洲TAFE先进职教理念、课程资源有效植入，为学校扩大留学生教育提供了宝贵经验。

（六）打造国际交流平台

1. 搭建国际交流平台，形成合作长效机制

学校在加强与澳大利亚启思蒙学院全面合作、建设中外合作办学高水平示范性项目的同时，坚持"引进来，走出去"的理念，广泛开展国际合作，搭建国际交流合作平台，如图7-1所示。